Gianluca Falanga

Italien

Gianluca Falanga

Italien

Ein Kompass durch das geliebte Chaos

Ch.Links

Ch. Links Verlag, Berlin

An S.

quando l'ora è blu
gli dei stanno a guardare

Die Deutsche Nationalbibliothek verzeichnet diese Publikation in der Deutschen Nationalbibliografie; detaillierte bibliografische Daten sind im Internet über http://dnb.d-nb.de abrufbar.

1. Auflage, März 2010

Schönhauser Allee 36, 10435 Berlin, Tel.: (030) 44 02 32-0
www.christoph-links-verlag.de; mail@christoph-links-verlag.de
Umschlaggestaltung: KahaneDesign, Berlin,
Foto vorn: Altstadtgasse in Amalfi (imago/Steffen Schellhorn);
Foto hinten: Fischmarkt in Venedig (imago/imagebroker)
Lektorat: Günther Wessel, Berlin
Satz: Agentur Siegemund, Berlin
Druck und Bindung: F. Pustet, Regensburg

ISBN 978-3-86153-574-4

Inhalt

Die Regionen Italiens

1 Aostatal
2 Piemont
3 Lombardei
4 Trentino-Südtirol
5 Venetien
6 Friaul-Julisch Venetien
7 Emilia-Romagna
8 Ligurien
9 Toskana
10 Marken
11 Umbrien
12 Latium
13 Abruzzen
14 Molise
15 Apulien
16 Kampanien
17 Basilikata
18 Kalabrien
19 Sizilien
20 Sardinien

»Schade, dass man hier nicht dauernd leben kann. Von diesen kurzen Besuchen hat man nichts als ungestillte Sehnsucht und die Empfindung der Unzulänglichkeit auf allen Seiten.«

Sigmund Freud

Italien: halb Garten und halb Kerker

Womit soll ich anfangen, will ich *deutschen Lesern* von Italien berichten? Was weiß man hier von, was versteht man unter Italien? Obwohl das Stiefelland zu den von den Deutschen am meisten besuchten Ländern der Welt gehört, ist es augenscheinlich ziemlich wenig. Gehen wir also auf Nummer sicher und beginnen mit Goethe.

Der größte deutsche Dichter kam dreimal nach Italien. In die Geschichte eingegangen ist die erste Reise, die er Anfang September 1786 unternahm, als er Weimar bei Nacht und in aller Heimlichkeit in Richtung Süden verließ. Es war eine Flucht. Goethe war nicht nur ein anerkannter Dichter, sondern auch Geheimer Legationsrat, sprich: Minister im Kabinett des Herzogs Carl August von Sachsen. Ein Job, der ihn von seiner literarischen Tätigkeit ablenkte und seine Kunst erstickte. Deshalb zog er nach Süden, nach Italien: Wo sollte er sonst neue Inspiration und frischen Antrieb für seinen Geist finden?

Allerdings war Goethe auf der Suche nach einem sehr bestimmten Italien. Genauer gesagt, es ging ihm gar nicht um Italien. Er wollte nur eine Vision bestätigt sehen – einen Traum mit offenen Augen träumen: »*Kennst du das Land, wo die Zitronen blühen*...«. Die großen Maler des Mittelalters und der Renaissance interessierten ihn wenig. In Florenz weilte er gerade mal drei Stunden, und in der Sixtinischen Kapelle schlief er sogar ein. Die prunkvolle Barockkunst ließ ihn ziemlich kalt wie auch die zeitgenössische politische Situation des Landes. Nur in Rom, Paestum, Pompeji, Agrigent fand der Dichter das ersehnte Ambiente für seine künstlerische Wiedergeburt: das griechisch-römische Altertum.

Weit weniger bekannt als Goethes Italien-Aufenthalt von 1786 bis 1788 sind die gescheiterten Versuche des Dichters, diese

Erfahrung zu wiederholen. Eine zweite Reise endete schon in Venedig, beim dritten und letzten Mal schaffte er es nur noch bis zur italienisch-schweizerischen Grenze und machte gleich wieder kehrt. Seine innere Einstellung hatte sich wesentlich verändert, ihn bewegte kein Bedürfnis mehr nach einem Ausbruch aus dem Alltagsleben in Weimar. Italien war nicht mehr das Land, das ihn früher so sehr begeistert hatte. Die Wirklichkeit, für die er bloß keine Augen gehabt hatte, hatte das Ideal abgelöst und war in den Vordergrund gerückt. Aus Mignons »Land der Zitronen« wurde:

»Noch ist Italien, wie ich's verließ, noch stäuben die Wege,
noch ist der Fremde geprellt, stell er sich, wie er auch will.
Deutsche Rechtlichkeit suchst du in allen Winkeln
vergebens,
Leben und Wesen ist hier, aber nicht Ordnung und Zucht;
jeder sorgt für sich, ist eitel, misstrauet dem andern,
und die Meister des Staats sorgen nur wieder für sich.
Schön ist das Land! Doch ach! Faustinen find ich nicht
wieder.
Das ist Italien nicht mehr, das ich mit Schmerzen verließ.«

Was lehrt uns Goethe? Schon bei ihm zeigt sich, dass die beinah sprichwörtliche Italien-Liebe der Deutschen traditionell von einem Widerspruch charakterisiert ist: Die Leidenschaft für die jahrhundertealten Kulturschätze, Naturschönheiten und die Leichtigkeit des Lebens ist von einem doch recht deutlichen Desinteresse an der sozialen und politischen Wirklichkeit begleitet. Bei keinem anderen Land auf der Welt klaffen Ideelles und Reales in der Wahrnehmung der Deutschen so weit auseinander wie bei Italien. Daraus resultieren einerseits eine weitgehend ehrlich empfundene, teilweise rührend naive Faszination für Italien, andererseits eine Ignoranz dem gegenüber, was die Italiener gerade beschäftigt oder welche historischen Erfahrungen sie geprägt haben. Diesseits der Alpen scheint man für ein statisches Italien-Bild zu schwärmen. Für eine Ansichtskarte. Und wie schön wäre Italien ohne Italiener!

Wie entsteht diese Wahrnehmung? Zum einen dadurch, dass Italien in Deutschland als Ferienland schlechthin gilt. Zum andern liegt es nicht an den Deutschen, sondern an Italien selbst – an seiner Komplexität. Tatsächlich ist die Halbinsel ein schwieriges, geradezu unfassbares Land. Unter der dünnen, aber festen Oberfläche von heiterer Unbekümmertheit, von verführerischer Unverantwortlichkeit, kurz: dem sogenannten *dolce vita,* verbirgt sich ein zutiefst unruhiger Kern, eine Wirklichkeit von heftigen, nicht selten gewaltsam ausgetragenen Konflikten. Hier bestehen in einer einmaligen, seltsamen und faszinierenden Harmonie Gegensätze nebeneinander, die sich bekämpfen und gegenseitig durchdringen: Avantgarde und Rückständigkeit, Leidenschaft und Gleichgültigkeit, Anmut und Brutalität, Genie und Stumpfsinn, Macht und Anarchie. Um das Gewirr der italienischen Wirklichkeit zu verstehen, sind Unvoreingenommenheit und Neugier für die widersprüchlichsten Aspekte des Menschlichen und des Zusammenlebens vonnöten. Das kann man natürlich nicht von allen, die sich Italien hauptsächlich auf der Suche nach Erholung und Ablenkung zuwenden, verlangen. Aber was wäre, wenn Sie, lieber Leser aus Berlin, Dortmund oder München, sich dafür entscheiden würden, sich irgendwo in dem *Belpaese* niederzulassen und mit dem italienischen Alltag wirklich auseinanderzusetzen?

Ein Trost vorweg: Italien ist selbst den Italienern ein Rätsel. Noch mehr: Der Widerspruch, der der deutschen Italien-Sehnsucht innewohnt, ist den Italienern alles andere als fremd. Ganz im Gegenteil. Nichts ist Millionen Italienern vertrauter als der Widerspruch zwischen dem, wie ihr Land ist, und dem, wie es sein könnte. Die soziale und politische Wirklichkeit Italiens, die in Deutschland meistens undurchsichtig, geradezu absurd und unerklärbar erscheint, bietet seiner Bevölkerung genug Gründe für ernste Sorgen, Wut, Fassungslosigkeit und Verzweiflung. Doch die überwältigende Mehrheit der Italiener lebt in einem Zustand permanenter Ablenkung von ihrer eigenen Realität, und das nicht mit Gelassenheit, sondern in Resignation vor der vermeintlichen Unveränderbarkeit des Bestehenden.

Um es mit den Worten eines mutigen Staatsanwaltes auszudrücken, der seit vielen Jahren Mafia, Korruption und Wirtschaftsverbrechen bekämpft: »Italien ist ein Land, das desillusioniert. [...] Zu feige und unreif, um in seine Wirklichkeit zu schauen. [...] Von Zeit zu Zeit scheint mir, dass es immer weniger ernst wird. Anstatt sich so zu sehen, wie es wirklich ist, erzählt es sich immer neue, mittelmäßige Geschichten und Märchen, an die es am Ende auch glaubt, und verliert so seine Identität.« Das Fernsehen – mindestens ein Gerät läuft in jeder Familie zwölf Stunden lang ununterbrochen – ist der am häufigsten gewählte Fluchtweg aus den unzähligen Ungerechtigkeiten und Miseren, die das angeblich süße Leben in Italien so *amara,* so bitter machen können. Aber es ist nicht das einzige Betäubungsmittel. Jede Mode erfasst die Italiener mit einer Intensität, die eine Wahrheit verrät: Die meisten wissen nur in der Gegenwart zu leben, ohne ein kollektives Gedächtnis und ausreichende Kenntnisse über die Wurzeln ihrer Probleme zu haben, kurz: ohne sich allzu viele (gemeinschaftsrelevante) Fragen zu stellen.

Dieser Fatalismus löst in Deutschland Lächeln und Kopfschütteln aus, wirkt gleichzeitig aber auch sympathisch. In Italien ist er jedoch mit Bitterkeit erfüllt, einer Bitterkeit, die in dem Gefühl gründet, in einem außergewöhnlichen Land zu leben, das der westlichen Zivilisation so viel gegeben hat. Was hat Italien in den Jahrhunderten alles geleistet, was könnte aus diesem Land werden, wenn nur … – immer wieder hört man solche Seufzer auf den Plätzen von Mailand, Rom, Palermo. Das Gejammer über den Niedergang Italiens vereint den großen Dichter mit dem Mann von der Straße. Doch – und das ist das Kuriose dabei – gab es offensichtlich niemals ein Goldenes Zeitalter, dem nachgetrauert werden könnte, denn über Korruption und Unsitten beklagten sich schon mittelalterliche Dichter, und zwar in einem Tonfall, der sich kaum von demjenigen unterscheidet, mit dem die Presse weltweit über Andreottis Italien berichtete oder heute Berlusconis Italien darstellt.

Die Kluft zwischen den Visionen von Italien und der tatsächlichen Wirklichkeit des Landes findet sich also nicht nur bei den Deutschen. Vielmehr ist sie dem Bild und der Identität Italiens eigen. Ein Halbvers in einem Lied des populären römischen Sängers Francesco De Gregori von 1979 drückt dieses Dilemma treffend aus, das jeder Italiener mit sich durch das Leben trägt. Auch wenn er uns jetzt dunkel vorkommt, lassen Sie uns ihn durch die Seiten dieses Buches mitnehmen, wo er wie ein kleines Leitmotiv im Hintergrund erklingen wird: *L'Italia, metà giardino e metà galera* – Italien, halb Garten und halb Kerker.

Italienische Zustände

Was ist Italien? Ein Land, eine Nation? Klemens Fürst von Metternich behauptete 1814/15 beim Wiener Kongress, dass Italien nicht mehr als »ein geographischer Ausdruck« sei. Passend für ihn, denn für die Habsburger-Monarchie war die politische Zersplitterung des Landes sehr günstig. Unbeabsichtigt hat er aber mit diesem oft zitierten Ausspruch einen nützlichen Interpretationsschlüssel geliefert: Geographie. Ein Blick auf die Landkarte kann vieles vom Wesen und Schicksal eines Landes verraten. Für das Verständnis Italiens ist dieser Blick sogar unabdingbar.

Der *Belpaese,* das schöne Land, ist ein Zipfel Europas in dem Meer, an dem die Wiege der europäischen Zivilisation liegt. Am Mittelmeer begegnen sich drei Kontinente, und das macht aus Italien auf sehr eigene Art und Weise ein Grenzland. Allerdings eines mit fester Verankerung am Kontinent Europa. Diese beiden Aspekte prägen nicht nur das Leben und die Kulturen Italiens, daraus resultiert auch die historische Entwicklung der Halbinsel: vom Kreuzungspunkt und Katalysator von alledem, was aus dem Mittelmeerraum kommend über Jahrhunderte die Geschichte und die Identität Europas bestimmt hat, hin zur Peripherie und Frontlinie eines Okzidents, der sich zu Beginn des zweiten Millenniums von Globalisierung und Massenmigration bedroht fühlt.

Ein »geographischer« Standpunkt hilft auch dabei, einen weiteren grundlegenden Aspekt der italienischen Wirklichkeit zu erkennen. Italien gibt es nur im Plural. Damit meine ich die Vielfalt lokaler Identitäten und Kulturen, die in ihrer Gesamtheit Italien erst ausmachen – Kulturen und Identitäten, die teilweise in so starkem Widerspruch zueinander stehen, dass es verwundert, dass Italien noch nicht daran zerbrochen ist. Der traditionelle Nord-Süd-Konflikt kann nicht allein die großen regionalen Unterschiede und unzähligen Lokalpatriotismen erklären. Gleichwohl ist die Analyse dieses Konflikts hilfreich, um die Zerrissenheit des Landes und seine vielfältigen Gegensätze zu verstehen.

Italiener behaupten oft, Italien sei keine Nation, denn seine Einwohner könnten ihre Partikularismen nicht überwinden. Die *italianità* sei im Vergleich zum Nationalbewusstsein anderer europäischer Länder eine eher schwache nationale Identität. Ein Grund dafür liege darin, dass Italien, ähnlich wie Deutschland, ein junger Nationalstaat ist. Das schwache Nationalgefühl, vereint mit einem hartnäckigen Misstrauen gegenüber dem Staat, habe im Laufe der Jahrzehnte dazu geführt, dass sich immer wieder Teilidentitäten behauptet hätten – und zwar oft als Polarisierung: Faschisten gegen Antifaschisten, Katholiken gegen Laizisten, Nord- gegen Süditaliener.

Ich zweifle daran, denn eine solche Analyse berücksichtigt nur die letzten 150 Jahre, aber die Wurzeln Italiens und der Italiener reichen viel weiter zurück. Ganz sicher ist die Bevölkerung der Halbinsel dem Nationalstaat gegenüber nicht grundsätzlich feindlich und skeptisch eingestellt. Dennoch glänzt sie weder durch Nationalpatriotismus noch durch »Staatssinn«. Diese Einstellung ist kein Produkt ihres natürlichen Anarchismus, wie man in Deutschland oft glaubt, sondern eher das Ergebnis einer langen Geschichte.

Italien ist eines der wenigen Länder auf der Welt, das sich schon als Kulturnation verstand, bevor die Vorstellung von einer Nationalgemeinschaft und einem Einheitsstaat politisch wirksam wurde. Die Herausbildung der nationalen Identität erfolgte frei sowohl von jeglicher zentralstaatlichen Instanz als auch von einem maßgebenden wirtschaftlichen Zentrum. »Italien ist ein literarischer Ausdruck«, sagte der Dichter Giosué Carducci Ende des 19. Jahrhunderts. Für ihn war der wahre Vater der Nation weder ein Staatsmann noch ein Politiker, sondern ein Dichter. Und zwar Dante Alighieri, der bereits zu Beginn des 14. Jahrhunderts in seiner *Göttlichen Komödie* als Erster die *italianità* in allen ihren Facetten, dem spezifischen Geflecht von Trieben, Lastern, Sehnsüchten und Hoffnungen, beschrieb.

Das römische Erbe, die katholische Kirche, die Renaissance, Kunst und Literatur bildeten jahrhundertenlang die Grundlage der eigenen Identität, einer Identität, die spontan, unabhängig von dem Willen eines Königs oder einer Regierung, entstanden war. Die *italianità* war vom Anfang an eine Lebensform, ja eine Lebenskunst, eine Kultur der Geselligkeit, des Benimms, eine besondere Weise, Kreativität im Leben aufzufassen und einzusetzen. Italiener definieren sich bis heute beispielsweise gern über Küche und Esssitten, die ein sehr starkes Moment des Zusammenhalts darstellen und besser als alles andere Italien symbolisieren.

Von daher erscheint die vermeintlich historische Unfähigkeit der Italiener zur Staatsbildung bzw. zu einer effizienten Organisation des Staates in einem anderen Licht. Es ist eher ein Versagen der Italiener als ein Versagen der Nationalstaatsidee. Der politisch-ideologische Entwurf einer Nation ist nicht einfach gescheitert: Er befand sich schon immer in der Krise, weil er sich vornahm, den unregierbaren, zersplitterten und streitlustigen Pluralismus der italienischen Wirklichkeit in ein – seinen Bewohnern zutiefst wesensfremdes – Herrschafts- und Organisationsmodell hineinzuzwängen. »Italiener«, so schrieb Goethe treffend, »sind auf die wunderbarste Weise sämtlich Widersacher, haben den sonderbarsten Provinzial- und Stadteifer, können sich alle nicht leiden, die Stände sind in ewigem Streit und das alles mit immer lebhafter gegenwärtiger Leidenschaft«.

So stehen wir vor dem ersten unlösbaren Widerspruch Italiens: Es gibt ein klar definiertes Selbstbewusstsein, das sich in einer Vielzahl von starken, kaum einigungswilligen Partikularismen und Egoismen äußert, aber diese lassen sich nicht in einer Nation zusammenfassen. Heute scheint im Gegenteil das fragil ausbalancierte Gleichgewicht, das zeitweise ein verträgliches Zusammenleben von National- und Lokalidentitäten ermöglicht hat, wieder stärker verlorenzugehen. Schon in den frühen 1990er Jahren begann man Italien als eine künstliche nationale Gemeinschaft zu bezeichnen. Seitdem wird das Land mehr und mehr als »zerfaserte« Gesellschaft am Rand der endgültigen Auflösung wahrgenommen.

Italiener sind nicht daran gewöhnt, darüber nachzudenken, was sie vereint. Lieber konzentrieren sie sich darauf, was sie teilt und trennt. Kürzlich hielt der populäre Komiker Roberto Benigni, der für den Film *Das Leben ist schön* einen Oscar gewann, einen Monolog zur Eröffnung einer seiner Fernsehlektüren von Dantes *Divina Commedia:*

> »Wir dürfen nicht vergessen, woher wir kommen. Denn wenn ein Volk an seine Vergangenheit nicht mehr denkt, kann es nur noch verzweifeln. [...] Wir gehören zu einem winzig kleinen Land in der Welt, über dem der Himmel ein Füllhorn von Schönheiten ausgeschüttet hat. [...] Wir dürfen nicht vergessen, was wir alles ohne Hilfe anderer erfunden haben. Sämtliche Reiche, die es in der westlichen Welt gegeben hat, sind blasse Nachahmungen des Römischen Reiches. [...] Italien hat alles erfunden, was modern ist. In der Welt, in den Künsten, in den Wissenschaften, im Recht. Die Straßen, die Zivilisation. Jede Kunstbewegung ist nichts im Vergleich zum italienischen *Rinascimento*. Die Pariser oder Wiener Schule, das elisabethanische und viktorianische England, das New York der 70er Jahre: Kleinigkeiten. Das italienische *Rinascimento* ist einzigartig. [...] Die Musik: Wir haben die Musik alphabetisiert. Wir haben Noten und Instrumenten ihre Namen gegeben. *Piano, violino, con dolcezza, con brio, toccato, contrappunto, maestro, orchestra:* alles wunderschöne italienische und zugleich allgemeingültige Wörter. [...] Ebenfalls in der Architektur: *arco, tetto, piazza, palazzo, mezzanino, studio.* In der Malerei: *barocco, manierismo, introspezione, prospettiva, affresco.* [...] Im Bankwesen: *finanza, conto, cassa, credito.* Alles italienischen Wörter. [...] Italien ist der einzige Ort auf der Welt, wo zuerst die Kultur vor der Nation entstand. Wir sollten stolz darauf sein.«

Seine Worte berührten die Zuschauer tief – allerdings nur kurz. Benignis Absicht war – jenseits von Chauvinismus –, den Stolz sowie das Selbst- und Kollektivbewusstsein der von Wirtschaftskrise und Tagespolitik bedrückten Italiener zu kitzeln. Und das tat er eben nicht, indem er die Erfolge Italiens als Nationalstaat aufzählte, sondern eine einfache Tatsache in Erinnerung rief: Italien war nach der Antike nie wieder eine politische Weltmacht, jedoch immer eine kulturelle Weltmacht – ein Ort, der der ganzen Menschheit Kultur und Forschritt in einem unvorstellbaren Maß geschenkt hat. Die westliche Zivilisation verdankt Italien sehr viel, und angesichts der bescheidenen Dimensionen des Landes kann man das in jeder Hinsicht für ein kleines Wunder halten.

Doch der Alltag bietet den Italienern kaum Gelegenheit, sich an dieses Wunder zu erinnern. Eigentlich keine. Was ist also Italien heute für ein Land? Der Philosoph Lucio Colletti: »ein Land, das in den Strudel der Modernisierung hineingerissen wurde und aus diesen herauskam, ohne geschichtliche Erinnerung seiner selbst und ohne Beziehung mehr zu seinen eigenen Traditionen«. Journalisten und Publizisten in der ganzen Welt überschlagen sich mit ihren alarmierenden Berichten aus Italien, und tatsächlich gibt es im heutigen italienischen Alltag Tendenzen, die schon mehr als beunruhigend bezeichnet werden müssen.

Was ist Italien? Jenseits aller geographischen und historisch-politischen Betrachtungen ist Italien weniger ein Land, sondern ein Zustand. Dieser kann sich durchaus verändern, doch unter der Oberfläche der Gesellschaft verbergen sich Verhältnisse, die nicht wandelbar erscheinen. Italiens Geschichte der letzten eineinhalb Jahrhunderte kennt Momente des beschleunigten und radikalen Wandels, die wie Revolutionen aussehen: die Einigung Italiens 1861 nach den Unabhängigkeitskriegen, die Machtergreifung des Faschismus 1922, die Befreiung vom Nationalsozialismus und die Einführung der Demokratie 1945, der Zusammenbruch des gesamten Parteiensystems der Nachkriegszeit infolge der Schmiergeldskandale 1992/93. Trotzdem scheint keine andere Formel zu der italienischen Geschichte und zum Schicksal des Landes besser zu passen als das von Giuseppe Tomasi di Lampedusa in seinem Meisterwerk *Der Leopard* wunderbar dargestellte Prinzip des *cambiare tutto, perché nulla cambi* – alles ändern, damit sich nichts ändert.

Mir erscheint Italien wie ein Schachbrett, auf dem Hoffnung und Resignation eine nicht enden wollende Partie spielen. Manchmal führt der eine Spieler, manchmal der andere. Blickt man auf das Italien von heute, scheinen Resignation und Aussichtslosigkeit wieder die Oberhand gewonnen zu haben. In der Öffentlichkeit wird nur noch vom Niedergang gesprochen. Die Angst vor Verelendung, vorm Abstieg Italiens zur Randprovinz einer Welt, deren neue Macht- und Antriebszentren inzwischen weit entfernt liegen, beherrscht die Gemüter. Doch liegen die

Zeiten, in denen ziviles und politisches Engagement starke soziale Bewegungen hervorgebracht hat, nicht so weit zurück. Damals übernahm die Hoffnung auf Veränderung die Initiative. Gewiss ist die Partie, in der es nicht nur um das Schicksal Italiens geht, noch nicht entschieden.

Die Palmengrenze

Die meisten Einwohner der Halbinsel verstehen sich nur im Ausland als Italiener oder wenn sie vor dem Fernseher sitzen und der *nazionale,* ihrer Fußballnationalmannschaft, zujubeln. Sonst definieren sich Italiener in der Regel über den Geburtsort, egal ob das eine Großstadt, ein Stadtteil, ein Dorf oder ein Tal ist.

In Deutschland, in England und in den Vereinigten Staaten trifft man häufig Menschen, welche die Frage – für Italiener geradezu eine Gretchenfrage – »Woher kommst du?« mit einem nachdenklichen Gesichtsausdruck und Unentschiedenheit beantworten: »Ich weiß nicht so genau. Ich wurde in Dortmund geboren, bin aber in Bremen groß geworden. Ich habe in Heidelberg studiert und in Hannover gearbeitet. Jetzt lebe ich in Berlin.« Auf eine solche Antwort reagiert ein Italiener mit einer schlecht verborgenen Verlegenheit, wenn nicht gerade mit Mitleid für seinen anscheinend wurzellosen Gesprächspartner. Weil Italiener immer genau wissen, woher sie kommen.

Wer in Mailand oder Catania das Licht der Welt erblickt hat, hält sich und wird auch meistens von den anderen auf Lebenszeit für einen Lombarden oder einen Sizilianer gehalten. Ob er noch in seinem Heimatort lebt oder inzwischen woanders hingezogen ist, ist dafür vollkommen irrelevant. Falls der Mailänder dann mit einem Lombarden aus Bergamo oder der Cataneser mit einem Sizilianer aus Agrigent zusammensitzt, nutzen sie sofort die Gelegenheit, ihre Identität noch genauer zu bestimmen, indem sie auf die Grenzen ihrer Herkunftsstadt, ja sogar des Stadtviertels verweisen.

Die Gründe für die starke Verbundenheit der meisten Italiener mit ihrem Geburts- oder Kindheitsort sind zahlreich. Vieles hängt mit der jahrhundertenlangen Kleinstaaterei und den unterschiedlichen historischen Erfahrungen der einzelnen Regionen zusammen. Nicht zuletzt tragen die starken Mundartunterschiede zu diesem als *campanilismo* bezeichneten Phänomen bei. Die italienischen Dialekte machen auch die elementarste Verständigung zwischen einem Sizilianisch und einem Emilianisch sprechenden Italiener, zwischen einem piemontesischen Bauer und einem apulischen Maurer, zwischen Jugendlichen aus Friaul und Gleichaltrigen aus Padua äußerst schwierig. Und Sprache ist ein grundlegendes Element für die Identitätsbestimmung.

Campanilismo heißt frei übersetzt etwa »Treue zum eigenen Kirchturm«. Diese »Treue« hat ganz offensichtlich zwei Seiten, eine positive und eine negative. Eindeutig zu wissen, wo man hingehört, ein Bewusstsein für die eigenen Wurzeln ist zweifelsfrei gut für die persönliche Entwicklung und auch für die Glücksfindung. Eine solche Identität verweist nicht auf einen abstrakten Begriff wie die Nation, sondern auf einen bestimmten Ort mit konkreten Sitten und Gewohnheiten. Andererseits ist die Emanzipation des Individuums von seiner Familie und seiner ursprünglichen Umgebung ebenso wichtig. Es ist kein Zufall, dass in dem von Lokalidentitäten und -patriotismen beherrschten Italien inländische Mobilität praktisch nur Migration heißt – ein Begriff, der mit negativen Gefühlen beladen ist: Frust wegen der erzwungenen Entfernung aus der vertrauten Umgebung, Leiden an der Eingewöhnung in eine neue Umgebung, unter »anderen Italienern«, die jeden von außerhalb Kommenden stets über dessen Herkunft definieren. Die Leichtigkeit, mit der beispielsweise Amerikaner aus Jobgründen den Wohnort wechseln, ist Italienern absolut fremd.

Campanilismo bedeutet nicht nur eine sympathische Rivalität, ein modernes Überbleibsel der mittelalterlichen Zeit der Stadtstaaten, als sich Kommunen wie Siena und Florenz bekriegten. *Campanilismo* verkörpert auch ein spezielles Provinzdenken, das nicht selten die gesellschaftlichen und individuellen Horizonte beschränkt. Aber schlimmer noch: Er kann von egoistischen, unsolidarischen, teilweise sogar fremdenfeindlichen Gefühlen durchtränkt sein.

Italien erscheint heute mitunter wie ein Land, das nicht in der Lage ist, die verschiedenen Teile, aus denen es besteht, zusammenzuführen. Diese Unfähigkeit beruht auf der falschen Prämisse des nationalen Einheitsstaates – dem Streben danach, die unterschiedlichen Mentalitäten und Lebensarten in ein einziges Gesellschaftsmodell hineinzuzwängen statt sie sich frei entfalten zu lassen. Deshalb konnte der Staat seit seiner Gründung im 19. Jahrhundert den Konflikt zwischen Nord- und Süditalien nicht lösen.

Die *questione meridionale,* die »Südfrage«, stand mal ganz oben auf der politischen Agenda von Regierungen und Parteien wie beispielsweise am Ende des 19. Jahrhunderts oder nach dem Zweiten Weltkrieg, mal wurde sie verleugnet und vergessen wie unter Mussolini und heute. In ihr findet die innere Zerstrittenheit der italienischen Gesellschaft ihren radikalsten Ausdruck. Die Lösungsversuche gingen immer von derselben Voraussetzung aus: Der Süden solle sich dem sozialen und wirtschaftlichen Modell des Nordens anschließen. Ob der Süden eigene Modelle des Wirtschaftens und der sozialen Organisation hätte hervorbringen können, wurde nie bedacht, selbst von den lokalen intellektuellen und politischen Eliten nicht.

Die spezielle historisch-politische Entwicklung der »Südfrage« werde ich an anderer Stelle ausführlich behandeln. Allgemein geht der Nord-Süd-Konflikt in Italien über den bisher dargestellten *campanilismo* hinaus. Rivalitäten und Lokalegoismen führen keineswegs direkt zu einem Gegensatz zwischen nord- und süditalienische Zentren und Regionen. Eine natürliche Solidarität des Nordens gegenüber dem Süden gibt es nicht. Beispielsweise war das nordöstliche Venetien bis in die 1970er Jahre hinein ein armes Agrargebiet, aus dem viele Menschen in die industriellen Großstädte auswanderten. Auch die venezianischen Emigranten bekamen die Feindseligkeit der örtlichen Bevölkerung zu spüren und wurden lange Zeit wenig schmeichelhaft als *meridionali del nord,* als »Süditaliener des Nordens«, bezeichnet. Nachdem Venetien zu einer der reichsten und produktivsten Regionen Italiens aufgestiegen ist, ist es in den Block der »fleißigen« Regionen Norditaliens aufgenommen worden.

Beim Nord-Süd-Konflikt geht es um Unterschiede im Weltbild. Dem arbeitsamen, produktiven Norden wird ein weitgehend chaotischer, unregierbarer und unproduktiver Süden entgegengestellt. Trotz aller Vorurteile, Verallgemeinerungen und Vereinfachungen ist diese Sicht nicht aus der Luft gegriffen. Doch bevor ich näher darauf eingehe, möchte ich daran erinnern, dass es ein »drittes Italien«, das *Centro,* gibt. Mittelitalien setzt sich aus den Regionen zusammen, die von der quasi »protestantischen« Arbeitsmoral des Nordens genauso weit entfernt sind wie von der Mentalität und den gesellschaftlichen Dynamiken des Südens. Merkwürdigerweise prägen gerade diese im Nord-Süd-Schema vergessenen Regionen das Bild Italiens für Millionen von Touristen weltweit, für die Italien ein friedliebendes, entspanntes und genießerisches Land ist: die Weinhügel der Toskana, die *osterien* der Emilia Romagna mit karierten Tischdecken und Rotwein in Korbflaschen, die ländlichen Idyllen der umbrischen Bergdörfer.

Die unsichtbare Grenze, die Italien durchschneidet, überschreitet man beim Durchfahren der Halbinsel auf einem nicht eindeutig bestimmten Breitengrad, der gewöhnlich irgendwo südlich von Rom lokalisiert wird. Wo sie genau verläuft, ist unbekannt, aber ihre Existenz ist nicht zu leugnen, und wenn man sie einmal überschritten hat, fällt es einem sofort auf. Man hat nicht das Gefühl, eine geographische Grenze passiert zu haben, sondern eine Welt hinter sich zu lassen und eine völlig andere zu betreten. Eher als von Welten sollte man besser von grundverschiedenen menschlichen und kulturellen Einstellungen reden. Der französische Wirtschaftsphilosoph Serge Latouche spricht davon, dass sich in Italien auf krasseste Weise ein Konflikt ausdrückt, der überall in Europa zu finden ist: der Gegensatz von protestantischer Rationalität und mediterraner Vernunft.

Latouche bezieht sich auf die Theorie des italienischen Soziologieprofessors und Philosophen Franco Cassano, der an der Universität in Bari lehrt und 1996 das Buch *Il pensiero meridiano* (etwa *Der südliche Gedanke*) veröffentlichte. Die westliche Kultur und unsere Weltanschauung haben ihre Wurzeln im Süden, am Mittelmeer. Im Laufe der Jahrhunderte hat sich der Okzident aber davon entfernt, indem er sich den ökonomischen Rationalismus zu Eigen gemacht hat, der Werte wie Effektivität, Schnelligkeit und Profit in den Mittelpunkt stellt. Die Kultur der Langsamkeit, der Lebensweisheit, der spontan empfundenen Solidarität sowie des kulturellen Kompromisses, die für eine Grenzwelt wie das Mittelmeer, wo sich verschiedene Kulturen seit Jahrhunderten begegnen und gegenseitig beeinflussen, typisch waren, ist so durch den rationalistischen Fundamentalismus und die Ethik des Kapitalismus abgelöst worden. Letztere sind heute nicht nur in den nordwestlichen Regionen des Globus verbreitet, sondern weltweit. In den Mittelmeerregionen sind allerdings Elemente jenes ursprünglichen Kultursystems teilweise noch vorhanden. In Italien, einem Land, das vom Mittelmeer gänzlich umgeben, aber auch fest an den Kontinent gebunden ist, ist der Konflikt zwischen zwei kulturellen Modellen damit vorprogrammiert.

Geradezu paradox scheint allerdings, dass sich heute niemand mehr daran erinnern will, dass Langsamkeit, Lebensweisheit und Kompromiss die Grundlagen der westlichen Kultur darstellen. Das Diktat des nordwestlichen Entwicklungsmodells lässt die Kulturen des Südens als rückständig erscheinen. Sie seien zum Tode verurteilt, sie sollen korrigiert oder bekämpft werden. Das verursacht in den südlichen Bevölkerungen ein Minderwertigkeitsgefühl, löst Frust und nicht selten auch Hass aus. Laut Cassano wäre die Wiederentdeckung und Aufwertung der südlichen Kulturen, des »mediterranen Wegs«, die einzige Möglichkeit, den Westen, ja sogar die ganze Welt aus einer unerträglich gewordenen, gefährlichen Situation herauszuführen. Man denke nur an die Beschleunigung des Lebens, die für viele Neurosen verantwortlich ist, an die zunehmende Ökonomisierung aller menschlichen Beziehungen sowie an die Verwüstung der Umwelt durch Massenkonsum und Überproduktion. Für all diese Probleme sei eine radikaler Kurswechsel nicht nur wünschenswert, sondern dringend notwendig. Die uralten Kulturen des Südens und ihre Werte könnten, laut Cassano, Ansätze zur Veränderung bieten. Cassano weiß, wie schwierig eine Wiederaufwertung des mediterranen Denkens ist. Nachdem man sich jahrzehntelang minderwertig gefühlt und eine Randexistenz geführt hat, ist das Selbstbewusstsein des Südens erschüttert. Darüber hinaus hat sich ein negatives Urteil gegenüber den mediterranen Kulturen in der Öffentlichkeit verfestigt.

Für Cassano und Latouche bietet der Süden ein vergessenes Vermögen und eine Chance für die gesamte Menschheit. In Italien existiert diese Vision neben einer anderen, die ihr komplettes Gegenteil ist – sie warnt vor der sogenannten Meridionalisierung Italiens. In den 1970er Jahren sprach der sizilianische Schriftsteller Leonardo Sciascia erstmals von der »Palmengrenze«. Ähnlich wie bei der Erderwärmung, die jedes Jahr die Verbreitungsgrenze der Palmen um einige hundert Meter weiter nach Norden verschiebt, würden sich auch Korruption, politische Unsitten und mafiöse Methoden immer mehr vom Süden nach Norden ausbreiten.

In Mittel- und Norditalien ist das Gefühl, dass diese »Palmengrenze« näher rückt, weit verbreitet. Das erklärt den Erfolg der Lega Nord in den letzten beiden Jahrzehnten, einer Partei, die die Verteidigung und Befreiung des Nordens von Süditalien ganz oben auf ihre politische Agenda gesetzt hat. Darauf werden wir an anderer Stelle genauer eingehen. Doch offensichtlich ist die »Palmengrenze« ein Konstrukt, das auf einem Vorurteil beruht. Korruption, politische Unsitten und mangelhafte öffentliche Ethik sind kein alleiniges Laster Süditaliens. Beispiele finden sich auch im Norden zuhauf: etwa das gewaltige Korruptionssystem zur illegalen Finanzierung aller Parteien, das 1992/93 aufgedeckt wurde. Das System war vor allem in Norditalien, genauer gesagt in Mailand verankert. Die illegale Entsorgung von Industrieabfällen in der Region Campania ist ein Beispiel aus jüngerer Zeit, bei dem norditalienische Betriebe mit der Camorra Geschäfte gemacht haben.

Die beiden gegensätzlichen und miteinander unvereinbaren Auffassungen von Süden – einerseits als kulturelles Vermögen und Potential, andererseits als Bedrohung und Hindernis für die Entwicklung und das gute Funktionieren des Landes – machen zusammen die schwierige Identität Süditaliens aus. Vom Umgang mit dieser Identität hängt die Heilung einer tiefen Wunde im Selbstbewusstsein des gesamten Landes ab.

Zukunftsängste

Die in den letzten beiden Jahrzehnten stattgefundene Massenmigration aus Entwicklungsländern hat Italien in seinen Grundfesten erschüttert. Wie sich das Land verhalten und verändern wird, ist schwer zu sagen. Nur eines steht fest: Italien wird ein multiethnisches Land – eigentlich ist es längst schon ein solches. Seine geographische Lage sowie seine jahrhundertealte Geschichte, zurück bis zur Zeit des alten Roms, erlauben keinen

Rückzug in eine Festung, keine Abriegelung und Abschirmung. Italien ist das gegenüberliegende Ufer für die Menschen in Afrika und Kleinasien. Für Millionen, die Armut und Hunger leiden, ein gelobtes Land.

Gegenwärtig fühlen sich die Italiener belagert und einer »Naturkatastrophe« ausgesetzt, mit der sie nicht fertig werden können. Die Spannungen in der Gesellschaft sind stark. Die Einwanderung verändert die Stadtlandschaft, verwirrt, entzieht Bezugspunkte, erschüttert Gewohnheiten und Gebräuche, stellt Gewissheiten in Frage. Ein Bild steht symbolisch für alle anderen – ein Fernsehbild, das in die Geschichtsbücher aufgenommen wurde: Ein Haufen Verzweifelter, zusammengepfercht in einem Schiffswrack, nähert sich der Küste Apuliens. Albaner, sagt der Berichterstatter in den Abendnachrichten. Das Wort kommt schnell in Umlauf. Der Name eines vergessenen benachbarten Volkes, nur wenige Kilometer von der adriatischen Küste entfernt. Von der Wende in Osteuropa nach dem Fall der Berliner Mauer ist auch das kleine, jahrzehntelang von einem absurden Regime isolierte Balkanland erfasst worden. Dessen katastrophale wirtschaftliche Lage führt zu einer gewaltigen Massenflucht. Im Sommer 1991 kapern über 10 000 Albaner im Hafen von Vlora einen Frachter und nehmen Kurs auf Bari.

So beginnt die »Invasion«. So beginnt das italienische Trauma. Die *emergenza immigrazione,* der »Notstand Zuwanderung«, wie das Phänomen der Massenmigration bis heute von vielen bezeichnet wird, erreicht in kürzester Zeit die Straßen aller Großstädte, die Haustür von Millionen Italienern. Ich denke zum Beispiel an die Stadt, in der ich groß geworden bin. Binnen weniger Jahre hat der massive Zuzug von Migranten aus nahezu allen Kontinenten – Tunesier, Marokkaner, Nigerianer, Senegalesen, Chinesen, Singhalesen, Ecuadorianer, Bolivianer, Pakistaner – ganze Viertel verändert. Ghettos entstanden. Aus den ärmsten Ecken Osteuropas kamen weitere Migranten, und die Albaner wurden von Ukrainern und vor allem Rumänen abgelöst. Letztere sind heute die größte Ausländergruppe in Italien. Die Italiener staunten und schauten zuerst schweigend zu. Empörung ließ allerdings nicht lange auf sich warten, während die politische Führung wie gewöhnlich viel zu sehr mit sich selbst beschäftigt war. Schließlich gestand sie zähneknirschend ein, dass sie machtlos sei, weil Italien offen und ungeschützt im Herzen des Mittelmeeres liege. Eine Steuerung der Migration ist bis heute kaum durchführbar. Ein erster Versuch 1990, nach dem Namen des damaligen Justizministers als Martelli-Gesetz bezeichnet, brachte wenig. Der »Notstand« wurde nicht gestoppt, er verwandelte sich sogar in eine alltägliche Tragödie. Die illegale Einwanderung fordert seit Jahren Todesopfer im Mittelmeer, erzeugt in Italien Frust und Zorn sowie bis dato für undenkbar gehaltene Ausbrüche rassistischen Hasses.

Bittere Ironie des Schicksals: Den Italienern fällt es heute sehr schwer, sich an ihre eigene Vergangenheit als Emigranten zu erinnern. Als sie zahlreich ihre Heimat für eine Arbeit in den belgischen Minen oder in deutschen Fabriken verlassen mussten. Millionen Italiener kennen – wenn nicht persönlich, dann durch die Erzählung von Verwandten oder Freunden – das Schicksal von Opfer, Entbehrung und nicht selten auch Demütigung, das denjenigen trifft, der sein Land aus Not verlassen muss. Ja, aber wir verhielten uns korrekt und diskret, erwidern manche, wenn sie daran erinnert werden. Wir arbeiteten fleißig, ließen uns nichts zuschulden kommen und waren immer unseren Gastgebern gegenüber respektvoll und dankbar. Zudem waren wir alle Europäer, die kulturellen Grundwerte waren nicht so verschieden, wie es jetzt bei den Afrikanern oder Asiaten der Fall ist. Das stimmt alles nicht. Man vergisst, wie viele italienische Kleinkriminelle (und manchmal auch nicht nur Kleinkriminelle) ihre »Geschäfte« ins Ausland verlagerten und dort weiterverfolgten. Man vergisst die im Nordwesten Europas vorhandenen Vorurteile über die schlechte Arbeitsmotivation der Italiener, die großen Eingewöhnungsschwierigkeiten vieler Emigranten, die Ghettoisierung in Barackenlagern oder Schlafstädten.

Solche Einwände regen aber kaum zum Nachdenken an. Sie stoßen auf eine Mauer von Unbehagen und Gereiztheit. Toleranz, Bereitschaft zum Kompromiss und Verständnis, Menschlichkeit, Vorsicht und Flexibilität bei der Urteilsbildung: Alle diese Eigenschaften, die sich die Italiener immer gern zuerkennen und mit denen sie sich gern schmücken, scheinen sich in Luft aufgelöst zu haben. An ihrer Stelle hat sich ein politischer Zynismus durchgesetzt, der Vorstellungen einer multikulturellen Gesellschaft als naiv und illusorisch verspottet. An jeder

Ecke hört man laut den Ruf nach einer »starken Hand«, den Wunsch nach autoritärer Führung, die Ordnung schaffen soll. Ich bezweifele allerdings, dass die Italiener auch wirklich bereit wären, einer solchen Führung zu folgen und zu dienen. Selbst Mussolini, dem es wohl an Autorität nicht fehlte und der von den Italienern Gehorsam wie wenige andere Herrscher erfuhr, soll auf die Frage eines Journalisten geantwortet haben, dass die Italiener zu regieren nicht unmöglich, sondern zwecklos sei. In ihrem Inneren wissen die Italiener sehr gut, dass es keinen autoritären Ausweg aus dieser Situation gibt. Die Welt geht ihren Weg, und Italien wird sich wohl damit abfinden müssen.

Seit ich in Berlin lebe, und das sind mehr als zehn Jahre, habe ich mich mit der italienischen Zuwanderung befasst. Wolfsburg nahm beispielsweise in den 60er und 70er Jahren des 20. Jahrhunderts eine große Zahl an italienischen Emigranten auf. Der Grund dafür waren bekanntlich die VW-Werke. Wolfsburg war eine »Fabrikstadt«, deren Bevölkerungspolitik von den Bedürfnissen des Konzerns diktiert wurde, was nicht nur auf die soziale Lage, sondern auch auf die Befindlichkeit der Arbeitsmigranten Einfluss hatte. Bis in die 70er Jahre galten die Italiener nur als temporäre Gäste, als zeitlich befristete Arbeitskräfte ohne Anspruch auf eine Zukunft in Deutschland. Deshalb lebten sie lange am Rand der Gesellschaft in Barackenlagern und Ghettos. So konnten die Emigranten ihren Aufenthalt nur als *sacrificio* verstehen, als Opfer, das man für eine Zeit erbringen musste, um die Familie zu ernähren. Perspektive und Hoffnung verhieß allein die Rückkehr nach Italien.

Doch diese Hoffnung erfüllte sich selten. In Gesprächen mit Gastarbeitern im Ruhestand wurde mir klar, was das eigentliche Problem für zahlreiche italienische Auswanderer war. Es war weniger die Trennung von der Heimat, sondern viel stärker der nicht in Erfüllung gegangene Traum, dorthin zurückzukehren. Viele Gastarbeiter schufteten jahrzehntelang, um sich ein Häuschen in Italien zu kaufen und dort die letzten Lebensjahre zu verbringen. Ihre Bemühungen waren oft vergeblich. Die, die es schafften und endlich nach Italien zurückkehrten, machten eine andere bittere Erfahrung. Sie waren nach den vielen Jahren im Ausland dem Leben und Alltag in ihrer Heimat völlig entfremdet. Es fiel ihnen schwer, mit den einstigen Landsleuten zurechtzukommen. Einige kehrten sogar aus Enttäuschung nach Deutschland zurück, wo sie sich wiederum auch nicht zu Hause fühlen konnten. So mussten sie erkennen, ein ganzes Leben in Deutschland im »Wartestand« gelebt zu haben, nur um am Ende erleben zu müssen, dass sie in einer Art Vorhölle steckengeblieben waren – als Fremde sowohl in Deutschland als auch in Italien.

Das erzwungene Verlassen des Heimatlandes aus Armut und Mangel an Perspektive gehört zu den wichtigsten Erfahrungen der Italiener im Laufe der letzten 150 Jahre. Das betrifft sowohl die Auswanderung ins Ausland als auch die sogenannte innere Migration von Süd- nach Norditalien. Meine eigene Familie ist hierfür ein gutes Beispiel. Zwar ist niemand nach Deutschland ausgewandert, dennoch bezeichnen wir uns als Einwanderer, da beide Elternteile Anfang der 70er Jahre ihre Heimatstadt Salerno verließen und nach Turin zogen. So kenne ich das Gefühl der Entwurzelung und Fremdheit im eigenen Land aus persönlicher Anschauung, wenn vielleicht auch nicht in der Intensität, wie sie Menschen erlebt haben, die aus Italien fortgingen.

Mein Vater verließ 1972 seine Heimatstadt Salerno für einen Arbeitsplatz als Lokführer in Turin. In Italien bezeichnet man einen solchen Vorgang als »Emigration«, was einen Deutschen wundern mag. Kein Hamburger, der nach Baden-Württemberg zieht, würde sich ernsthaft als »Emigrant« bezeichnen. Doch in Italien sieht es anders aus. Tatsächlich hatte mein Vater, wie Hunderttausende anderer Menschen süditalienischer Herkunft, in der ersten Zeit in Norditalien das Gefühl, in einem anderen Land zu leben. Er wohnte eine Zeitlang in einem Heim, dann heiratete er meine Mutter, die auch aus Salerno stammt, und holte sie nach Turin, wo sie als Französischlehrerin angestellt wurde. Ihre Geschichte mag nicht spektakulär sein, aber sie ähnelt denen anderer Italiener: Das Weggehen aus der Heimat geschah nicht freiwillig und hatte wenig mit Abenteurergeist und Unternehmungslust zu tun. Für meine Mutter war dieser Wegzug eine traumatische Erfahrung, für uns Kinder prägte er den Alltag. Turin, hieß es, sei nicht unsere Heimat. Der Traum wurde genährt, so bald als möglich nach Salerno heimzukehren. Viele Jahre versuchten meine Eltern, sich zumindest nach Rom versetzen zu lassen, um ihren Familien näher zu sein. Anträge wurden gestellt und auch bewilligt, nie aber für beide gleichzeitig. Die sicheren Arbeitsplätze wollte man nicht aufgeben, sich aber auch nicht – nicht einmal zeitlich befristet – trennen. In den 90er Jahren gaben die Eltern auf. Sie kauften eine Wohnung in Turin und teilten uns Kindern mit, dass wir jetzt keine Angst mehr haben müssten, die Familie würde eines Tages doch noch wegziehen. Meine Schwester und ich hatten die Pläne der Eltern nie gemocht. Dieser Verzicht war daher für uns eine Erleichterung. Ich weiß aber, dass er meine Mutter sehr geschmerzt hat. Erst nach meinem Wegzug nach Deutschland ist mir bewusst geworden, wie schwer es für sie war und wie sich ihre jahrelange Weigerung, sich in Turin einzuleben, auf mich ausgewirkt hat. Sie hinderte auch mich daran, Turin als meine Heimat zu betrachten. So war ich, als ich die Stadt verließ, keineswegs traurig, obwohl ich dort mein ganzes bisheriges Leben verbracht hatte. Noch heute, wenn ich zurückfahre, um meine Familie und Freunde zu besuchen, bin ich zwar voller Erinnerungen, fühle mich aber überhaupt nicht daheim. Das Drama meiner Mutter bedeutete für mich somit ebenfalls eine gewisse »Wurzellosigkeit«. Doch überwiegen für mich die Vorteile: Ich habe die Freiheit gefunden, mir selber einen Ort zu suchen, an dem ich mich niederlassen und mich zu Hause fühlen kann – Berlin. Für meine Mutter – und nicht nur für sie – ist der Anspruch darauf, selbst die Heimat zu bestimmen, allerdings unverständlich, ja sogar unerträglich.

Hört man Gespräche auf Italiens Märkten, wie Leute wütend verlangen, die Grenzen endlich dicht zu machen (wie wäre das möglich bei dieser langen Küste!), liest man die Schlagzeilen der italienischen Tageszeitungen, die über die Jahre die Vorstellung einer direkten Verbindung zwischen Migration und Zunahme der Alltagskriminalität in den Köpfen vieler verankert haben, betrachtet man den erstaunlichen Erfolg von politischen Parteien wie der Lega Nord, die sich den Schlachtruf *prima gli italiani* (»Die Italiener zuerst«) auf die Fahne geschrieben haben, liest man Berichte aus den berüchtigten CPT (Centri di permanenza temporanea), Übergangslagern für abzuschiebende Nicht-EU-Ausländer, in denen Haft- und Lebensbedingungen herrschen, die Europas unwürdig sind – betrachtet man all das, gewinnt man vom heutigen Italien das Bild eines kranken Landes, das seine Fassung verloren hat. Deutschland und die Europäische Union tun sich schwer, die Situation in Italien zu verstehen. Es wird aber auch nicht viel unternommen, um den Italienern bei der Lösung des Problems zu helfen. In gewisser Hinsicht ist Italien Opfer eines Phänomens, das es als »entwickeltes« Industrieland zwar mit-, aber nicht allein verursacht hat. Die Gründe für die Massenmigration sind global, und die Verantwortung dafür trägt die gesamte westliche Welt.

Italien belegt mit fast vier Millionen Bürgern mit Migrationshintergrund Platz drei nach Deutschland und Spanien unter den europäischen Einwanderungsländern. Die Frage der sozialen Integration von Zugewanderten stellt sich mit besonderer Dringlichkeit. Man sieht es in den Schulen, wo mehr als eine halbe Million Kinder ausländische Eltern haben und häufig mehr als ein Drittel der Schüler in den Klassen stellen – Tendenz steigend, besitzt Italien doch seit Jahrzehnten eine extrem niedrige Geburtenrate.

In der Wirtschaft, in der Arbeitswelt ist der Beitrag der zugewanderten Bürger kaum zu unterschätzen. Zahlreiche Betriebe Norditaliens können auf die Leistungen von Hunderttausenden von Arbeitern ausländischer Herkunft nicht verzichten. Die Verankerung der legalen Migranten in der italienischen Gesellschaft schafft Güter und Dienstleistungen, vergrößert die Steuereinnahmen des Staates und hält insgesamt das soziale Gefüge lebendig und in Bewegung. Für die Zukunft lässt sich hoffen, dass eine neue Sicht der Dinge entsteht: Die Einwanderung ist nicht ein Problem der Sicherheit und öffentlichen Ordnung, sondern eine unerlässliche Ressource für das Land.

Altes Land, junge Nation: eine kurze Geschichte Italiens

Das Risorgimento: die Geburtsstunde der italienischen Nation

Betrachtet man die Geschichte des modernen Italien, so finden sich vordergründig Ähnlichkeiten zur Geschichte Deutschlands in den letzten eineinhalb Jahrhunderten. Doch sind diese Übereinstimmungen zumeist trügerisch. In Italien und Deutschland entstand im Vergleich zu anderen europäischen Mächten wie Frankreich, England oder Spanien erst spät, nämlich in der zweiten Hälfte des 19. Jahrhunderts, ein nationaler Einheitsstaat. Auch Italien hatte sein Preußen: das Königreich Sardinien-Piemont unter dem Haus Savoyen. Doch anders als das Hohenzollern'sche Preußen, unter dessen Führung im Jahre 1871 die Reichsgründung gelang, war Piemont nur einer unter den vielen Akteuren im Prozess der nationalen Einigung. Dieser begann Anfang des 19. Jahrhunderts mit dem Aufkommen der Verbreitung von patriotischen Ideen innerhalb intellektueller und bürgerlicher Kreise.

Obwohl ein Bewusstsein der kulturellen Einheit der Halbinsel bereits lange vorhanden war, schien die politische Einigung Italiens zu Beginn des 19. Jahrhunderts utopisch. Um 1815 war die Halbinsel, mit Ausnahme vom savoyischen Piemont-Sardinien, dem einzigen Staat, in dem eine italienische Dynastie herrschte, ein Spielball fremder Mächte. Der Norden, von der Lombardei bis Venetien, stand unter Habsburgischer Herrschaft, Mittelitalien war in eine Reihe von Fürstentümern, teils unter französischer, teils unter österreichischer Kontrolle, sowie Besitztümern des Kirchenstaates gegliedert, Süditalien wurde als Königreich beider Sizilien von der französischen Dynastie der Bourbonen regiert. Das war die Ordnung, die beim Wiener Kongress 1815 verabschiedet worden war.

Im Laufe des Jahrhunderts artikulierte sich der Ruf nach einem einheitlichen freien Italien immer lauter. Zu der Forderung nach Beendigung der Besatzung durch ausländische Großmächte gesellten sich Rufe nach Presse- und Versammlungsfreiheit sowie nach einer Verfassung, welche die Macht der Monarchie über die Bürger einschränken sollte. Auch radikalere Stimmen waren zu hören: radikal-demokratische, sozialistische, föderalistische, laizistische, sogar anarchistische Vorstellungen. So war das Risorgimento (auf Deutsch »Wiedererstehung«), wie die Zeitspanne vom Wiener Kongress 1815 bis zur Gründung des Einheitsstaates 1861 genannt wird, ein Zeitalter großer Ideale und ein buntes Ensemble politischer und sozialer Bewegungen.

Die Erinnerung an diese Epoche, in der die italienische Nation das Licht der Welt erblickte, ist eng mit drei Personen verknüpft: Giuseppe Mazzini (1805–1872), Giuseppe Garibaldi (1807–1882) und Camillo Benso von Cavour (1810–1861). Um sich dies bewusst zu machen, ist es nicht nötig, dicke Bücher über die Geschichte Italiens zu lesen. Es reicht ein Spaziergang durch das Zentrum einer beliebigen italienischen Stadt. Gleichgültig, ob Metropole oder Dorf: Eine Piazza Cavour, eine Via Garibaldi oder ein Corso Mazzini finden sich immer. In den Großstädten handelt es sich in der Regel um geräumige Alleen und monumentale Plätze, zumeist Fußgängerzonen und ausgestattet mit einem Denkmal der historischen Persönlichkeit, nach der sie benannt sind. In Turin, der Hauptstadt des Risorgimento, ist die Via Garibaldi gleichbedeutend mit Shopping oder Sonntagsbummel und Eisessen. In Genua trägt die Straße der herrschaftlichen Paläste des 16. Jahrhunderts, der Zeit also, in der die Stadt eine wirtschaftliche Großmacht im Mittelmeerraum darstellte, den Namen des Nationalhelden. In Venedig ist Garibaldi eine Allee mitten in der historischen Altstadt gewidmet, ganz in der Nähe der Giardini, dem Hauptschauplatz der berühmten Biennale. Mazzini kann sich der *corsi* und *vie* in ganz Italien rühmen, von der Emilia-Romagna (Faenza, Forlì) über die Marken (Ascoli) bis hin zu Kalabrien (Cosenza) und Sizilien (Ragusa). Sehr beliebt bei den zahlreichen Touristen, die aus aller Welt dorthin reisen, ist die Via Giuseppe Mazzini in Verona, im Herzen der Altstadt. Die Straße führt direkt zur populärsten Sehenswürdigkeit, der Arena. Imposante Statuen von Cavour herrschen über zentrale Plätze in Ancona, Bologna, Turin und Rom. In der Hauptstadt Italiens kehrt der piemontesische Staatsmann in weißem Marmor seinem Zeitgenossen Mazzini, ebenfalls auf einem Sockel, gleich nebenan den Rücken zu. Die Gründe für diese »Untat« sind ein Rätsel, das allerdings nur ganz verbohrte Historiker dazu bewegen mag, nach einer Lösung zu suchen.

Man kann nicht sagen, dass die Erinnerung an Mazzini, Cavour oder Garibaldi in den heutigen Italienern Emotionen hervorruft. Sie gelten als Protagonisten einer als eher langweilig erlebten Geschichte, die zu weit zurückliegt, um den Mann von der Straße noch irgendwie berühren zu können. Vielleicht verärgern sie noch einige Lega-Nord-Anhänger, die nach wie vor die Vereinigung Italiens unter dem »römischen« Zentralstaat für den Ursprung allen Übels halten. Italienische Schüler werden mit dem Risorgimento sprichwörtlich gefoltert. Diese ereignisreiche und spannende Zeit des Wandels vertrocknet im Unterricht zu einer Aneinanderreihung von Daten und Schlachten, Invasionen und Kriegsbündnissen. Territoriale Einverleibungen und Abtretungen von Gebieten bilden das Hauptinteresse. Und alles muss gnadenlos auswendig gelernt werden! So verknöchern die drei »Helden« der Bewegung zu Hauptfiguren eines humanistischen Patriotismus, der sogar für die rechtsgerichtete Kultur Italiens als passé gilt. Allein Garibaldi vermag noch eine gewisse Neugier zu wecken. Seine revolutionäre Rastlosigkeit lässt ihn mit etwas gutem Willen und viel Phantasie als ein Art Che Guevara seiner Zeit erscheinen. Zumindest wagte diesen Vergleich mein alter Geschichtslehrer. Er war nach Kräften darum bemüht, unsere Aufmerksamkeit auf die heroischen Aspekte des Risorgimento-Epos zu ziehen. Richtig erfolgreich war er damit nicht. Wer sich zum damaligen Zeitpunkt und mit unseren 16 Jahren für Geschichte interessierte, tat dies zumeist aus – um es einmal so zu nennen – politisch-ideologischen Gründen radikaler Ausprägung. Allerdings fanden die Autonomen und Kommunisten Garibaldi nationalistisch, und es wäre aus diesem Grund einem Sakrileg gleichgekommen, ihn mit dem »heiligen« Che zu vergleichen. Den Anarchisten wiederum erschien der Revolutionär als zu bürgerlich und zu wenig radikal. Für die Rechten schließlich stellte sich Garibaldi als unbequemer Nationalheld dar, der zu sehr nach Sozialismus roch. Beim Rest der Schüler, die Geschichte als ein Schulfach unter vielen betrachteten – und sie waren in der Mehrheit –, sorgten solche Vergleiche nur für Verwirrung und Irritation und führten unweigerlich zum gelangweilten Erdulden des Unterrichts, den man sich durch Herumalbern und andere klassische Ablenkungen zu verkürzen suchte.

Mazzini gründete 1831 den Geheimbund Giovine Italia (Junges Italien) mit dem Ziel, aus Italien eine von fremder Herrschaft befreite, unabhängige und demokratische Republik zu machen. Seine Visionen gingen aber über Italien hinaus: Das Europa der Monarchen und Prinzen sollte von einem Europa der Völker abgelöst werden, weshalb er ähnliche Netzwerke wie Giovine Italia auch in Deutschland und Polen initiierte. 1834 schlossen diese sich unter dem vielversprechenden Motto »Freiheit, Gleichheit, Humanität« zu dem Geheimbund Junges Europa zusammen. Sein Glauben, Volksaufstände würden die Österreicher und Bourbonen aus Italien vertreiben, stellte sich allerdings bald als illusorisch heraus. Zwar waren die fremden Armeen nicht allzu stark, dem Giovine Italia gelang es jedoch nicht, die Bevölkerung im großen Maße zu Aufständen zu bewegen. Nach dem Scheitern der Volkserhebung in Mailand vom Frühjahr 1848 und dem Zusammenbruch der kurzlebigen Römischen Republik im Jahre 1849 – der Versuch, Rom von der päpstlichen Herrschaft zu befreien, wurde nach knapp fünf Monaten durch das französische Militär beendet – ging Mazzini ins Exil nach London, wo er zusammen mit anderen Befreiungskämpfern aus ganz Europa für eine gesamteuropäische Republik arbeitete.

Die Ideen Mazzinis fanden allerdings in Giuseppe Garibaldi einen zu allem entschlossenen Kämpfer. Aufgrund seines Engagements bei Aufständen und Militärunternehmungen in Südamerika als »Held beider Welten« in die Geschichte eingegangen, beteiligte sich Garibaldi an vorderster Front an sämtlichen Volksaufständen im Italien der 1840er Jahre. Er wollte Italien nicht nur von ausländischen Mächten befreien, sondern auch revolutionieren, und zwar im radikaldemokratischen Sinn. Geschlagen von französischen Truppen, zog er sich ins Exil nach New York zurück. Graf Camillo Benso von Cavour wurde 1852 Ministerpräsident im Königreich von Piemont-Sardinien. Als Bewunderer des ökonomischen Liberalismus sowie des englischen Regierungsmodells hielt Cavour eine konstitutionelle Reform der Monarchie für nötig und erstrebenswert. Er führte die institutionelle und wirtschaftliche Modernisierung des Savoyer-Staates durch und weitete gleichzeitig dessen Einfluss in der gesamtitalienischen Politik aus – Savoyen war daran interessiert, sich an die Spitze der nationalen Befreiungsbewegung zu setzen, die Österreicher zu schlagen und erst einmal Norditalien unter seiner Herrschaft zu vereinen. Im sogenannten Ersten Unabhängigkeitskrieg 1848 konnten aber die Piemontesen die Armeen von Marschall Radetzky nicht bezwingen.

Ermutigt durch den französischen Kaiser Napoleon III., der gegen die Abtretung von Savoyen und Nizza bereit war, die Entstehung eines italienischen Nationalstaates zu unterstützen, konzipierte Cavour die Idee eines politisch-militärischen Dreibunds zwischen Piemont, der Befreiungsbewegung und Frankreich, um Italien von den Habsburgern zu befreien. Garibaldi, der zwar keine Sympathien für den Realpolitiker Cavour aufbrachte, entschied sich dennoch, nach Italien zurückzukehren, um 1859 im Zweiten Unabhängigkeitskrieg gegen Österreich zu kämpfen. Mazzini dagegen ließ sich für Cavours Vorhaben nicht gewinnen. Nach der Befreiung der Lombardei und den Volksabstimmungen in der Toskana und der Emilia-Romagna für ihren Anschluss an Piemont führte Garibaldi den »Zug der Tausend« an, der sich in Genua einschiffte und am 11. Mai 1860 in Sizilien landete. Mit einer 1067 Mann starken Truppe aus Freiwilligen startete Garibaldi zu einem Befreiungsmarsch durch Süditalien. Nachdem er mit seinen Rothemden Neapel erreicht hatte, bereitete er einen Angriff auf Rom vor.

Cavour, der einen Bruch des Bündnisses mit Kaiser Napoleon III. fürchtete, da sich Frankreich gern als Beschützer des Katholizismus ausgab, zwang Garibaldi, die von ihm befreiten Gebiete der piemontesischen Krone zu übergeben. Im Sommer 1861 wurde das Königreich Italien offiziell gegründet. Es fehlte nur noch Venetien – die Gebiete erhielt Italien nach dem Dritten Unabhängigkeitskrieg 1866, in Deutschland eher als Deutscher Krieg bekannt – sowie Rom. 1870 beendeten Truppen der italienischen Armee die jahrhundertelange Herrschaft des Papstes über die Ewige Stadt.

Der Papst konnte den Verlust seiner Besitztümer in Mittelitalien und noch weniger den Gewaltakt von Porta Pia – so hieß der Ort, an dem die italienischen Soldaten eine Bresche in die Stadtmauer des Vatikans schlugen – nur schwer verdauen. Die Feindseligkeit der katholischen Kirche war allerdings nicht das einzige Problem, mit dem der neugeborene italienische Staat zu kämpfen hatte. Obwohl damals rein geographisch gesehen einer der größten Staaten Europas, war Italien aufgrund seiner institutionellen Zerbrechlichkeit, seines geringen außenpolitischen Gewichts sowie seiner wirtschaftlichen Schwäche keine Großmacht. Turin wurde erste Hauptstadt und Regierungssitz des neuen Königreichs.

»Italien ist geschaffen, jetzt müssen die Italiener geschaffen werden«, lautete die Parole, unter der die Regierung antrat. Kein leichtes Unterfangen, waren doch die ökonomischen, sozialen und kulturellen Unterschiede riesig. Armut und Analphabetismus waren verbreitet; und vor allem der rückständige, infrastrukturschwache Süden bereitete der piemontesischen Führung die größten Sorgen. Denn dort genossen die Institutionen des neuen Staates kaum Anerkennung. Unter den lokalen Großgrundbesitzern und Bürgerlichen, die sich vor dem Verlust ihrer Privilegien fürchteten, gab es viele Sympathien für die abgesetzten Bourbonen. Die Mehrheit der Bevölkerung, größtenteils arme Landarbeiter und Tagelöhner, war mit dem Kampf um das Überleben beschäftigt – sie stand der nationalen Einheit gleichgültig gegenüber. In den Städten und auf dem Land kam es zu gewalttätigen Protesten und Volksaufständen, und dazu entwickelte sich eine Art Räuber-Guerilla, der *Brigantaggio,* die jahrelang durch Morde die Autorität des neuen Staates ernsthaft herausforderte.

Der reagierte häufig falsch. Die ersten Regierungen der sogenannten Historischen Rechten – das politische Lager, das die Interessen der Bourgeoisie, Grundbesitzer, Industriellen und Offiziere vertrat – beschäftigten sich mehr mit der Vollziehung der Einheit auf institutioneller Eben als mit den wirklichen Problemen der Bevölkerung. Aufstände und Proteste wurden mit äußerster Härte niedergeschlagen, im Süden wurden die *Briganti* mit einer militärischen Besetzung des Territoriums durch die Armee bekämpft. Die Konservativen schenkten den wahren Gründen der sozialen Unruhe kaum Aufmerksamkeit, unternahmen wenig gegen die bittere Misere, in der Millionen von Italienern lebten, und setzten ein zentralistisches Regierungsmodell durch, das die Spannungen sowie das Nord-Süd-Gefälle weiter verschärfte. Die Folge: Die staatlichen Institutionen wurden als fremdartig aufgefasst. Die Bürger fühlten sich vom neuen Staat nicht repräsentiert. Kein Wunder, sie waren es auch nicht: Das erste Einheitsparlament bestand aus 85 Abgeordneten, alles Prinzen, Grafen, Offiziere, Anwälte, Ingenieure und Ärzte, die von rund 170 000 Wählern, größtenteils Staatsbeamten, gewählt worden waren. Die machten ungefähr 0,6 Prozent der damaligen Bevölkerung der Halbinsel aus.

Mitte der 1870er Jahre musste die Historische Rechte in die Opposition. Die Führung des Landes übernahm nun die Historische Linke. Doch auch die Anführer des fortschrittlichen Lagers zeigten sich kaum sensibler für die wirklichen Probleme Italiens als die Konservativen. Abgesehen von Untersuchungen über die realen Lebensbedingungen der Bevölkerung und einer ersten Wahlrechtsreform bestand das größte Projekt aller italienischen Regierungen bis zum Ende des 19. Jahrhunderts darin, Italien zu einer europäischen Großmacht zu machen. Ihr Rezept gegen den Minderwertigkeitskomplex, den sie ihren europäischen Kollegen gegenüber pflegten, hieß Ausbau einer Industrie durch massive Staatsinvestitionen und Beginn einer kolonialen Eroberungspolitik in Ostafrika. Beide Schwerpunkte beanspruchten die nicht sonderlich großen finanziellen Ressourcen des Staates erheblich. Die soziale Frage wurde hingegen als eine der öffentlichen Ordnung betrachtet und mit Polizeimaßnahmen angegangen. Bereits um die Jahrhundertwende hatten die Probleme, mit denen Italien als Nation zur Welt gekommen war, chronische Züge angenommen. Die unleugbare wirtschaftliche Entwicklung und die Modernisierung der Infrastruktur betrafen kleine begrenzte Gebiete des Landes, und deren Förderung durch die öffentliche Hand führte schon bald zu einer Kollision zwischen politischer und wirtschaftlicher Macht, die für die ersten großen Korruptionsskandale in der neueren Geschichte Italiens sorgte. Das Nord-Süd-Gefälle vergrößerte sich konstant, und die Armut löste eine massive Auswanderungswelle aus, die in wenigen Jahren einige Millionen Italiener nach Amerika, Australien und Nordeuropa trieb. Ein einziges Desaster war die

Kolonialpolitik. Die von der italienischen Armee erlittene Niederlage 1896 in Adwa beim Versuch Äthiopien zu erobern wurde zu einer schweren Schmach für die politische Führung Italiens, die sich so sehr um das internationale Prestige der Nation bemüht hatte.

So begann das 20. Jahrhundert im Zeichen stärkster sozialer Spannungen. Am 29. Juli 1900 erschoss ein italienischer Anarchist namens Gaetano Bresci in Monza König Umberto I. Das Attentat war eine Antwort auf das etwa ein Jahr zuvor von der Armee angerichtete Massaker in Mailand, als Soldaten des Generals Bava Beccaris das Feuer auf unbewaffnete Demonstranten eröffnet hatten. König Umberto I. hatte den General, der für Hunderte von Toten verantwortlich war, für seine Tapferkeit ausgezeichnet. Die Geschehnisse von Mailand und Monza zeigten, dass sich die sozialen Konflikte immer weiter verschärften. Es gab nicht mehr nur verzweifelte Bauern, die den Besitz eines Landstücks verlangten, um ihre Lebensbedingungen zu verbessern, die Industrialisierung im Norden hatte auch zur Entstehung eines Stadtproletariats geführt, das sich in einer starken und kämpferischen Arbeiterbewegung formierte. 1892 war in Mailand auch die erste marxistische Arbeiterpartei in der Geschichte Italiens gegründet worden – die Partito Socialista Italiano (PSI). Die Massen verlangten nicht mehr bloß Brot und Arbeit, sondern auch Mitbestimmung. Zum ersten Mal sah sich die politische Führung des Landes dazu gezwungen, die Zusammenarbeit mit den politischen Repräsentanten der Arbeiter zu suchen.

Der liberale Staatsmann Giovanni Giolitti war von 1892 bis 1921 mehrfach Ministerpräsident und Innenminister. Er modernisierte den Staatsapparat, leitete erste soziale Reformen zur Armutsbekämpfung ein, unter anderen das erste Gesetzespaket für die Entwicklungsförderung Süditaliens, und bemühte sich darum, dass der Staat eine gewisse Neutralität bei Arbeitskonflikten einhielt, damit diese von Unternehmern und Belegschaft untereinander gelöst werden konnten. Die neue Politik Giolittis konnte den sozialen Konflikt jedoch nicht lösen. Er entzündete sich nach dem Ersten Weltkrieg mit neuer Gewalt. Italien war in den Krieg gezogen, um die unter der Herrschaft Österreich-Ungarns stehenden Gebiete Trentino/Südtirol, Dalmatien und

Istrien einzugliedern. Obwohl Italien seine Ziele erreichte – als wirklicher Sieger konnte sich das Land nicht fühlen. Der Krieg zeigte deutlich, wie schwach die italienische Wirtschaft war, und verschlechterte die Lebensbedingungen der Bevölkerung dramatisch. Die erfolgreiche Oktoberrevolution 1917 in Russland löste zudem innerhalb der Arbeiterbewegung eine heftige Auseinandersetzung zwischen dem reformistischen und dem radikalen Flügel aus. Aus Letzterem, der jegliche Zusammenarbeit mit der bürgerlichen Regierung ablehnte und die soziale Revolution anstrebte, entstand 1921 die Partito Comunista Italiano (PCI). Im sogenannten Roten Biennium 1919/20 kam es zu zahlreichen spontanen Fabrik- und Landbesetzungen, und das Bürgertum zitterte vor einer sozialistischen Revolution wie in Russland. Das politische Klima radikalisierte sich rasch, das alte Machtsystem geriet ins Wanken, und 1919 wurde dann das allgemeine Wahlrecht für Männer eingeführt. Die neugegründeten Massenparteien wie die PSI und die katholische Partito Popolare Italiano (PPI) entrissen den politischen Kräften, die fast 60 Jahre lang Italien regiert hatten, die absolute Mehrheit. Zwei gegenläufige Tendenzen waren zu beobachten: Während sich einerseits große Hoffnungen auf eine gerechtere Gesellschaftsordnung verbreiteten, wuchs andererseits bei vielen Bürgern die Angst vor einer Revolution und die Sehnsucht nach einer autoritären Lösung des gesellschaftlichen Konflikts und der Wiederherstellung der öffentlichen Ordnung.

Ein beschämendes *Made in Italy:* der Faschismus

Benito Mussolini, Sohn eines Schmieds aus der Romagna und in Jugendjahren glühender Sozialist, entwickelte in der Geschichte ein Herrschaftsmodell, das im Laufe des 20. Jahrhunderts weltweit Anhänger und Nachahmer fand, von Spanien und Deutschland über Ungarn und Portugal bis hin zu den Militärdiktaturen in Südamerika. Dass der deutsche Nationalsozialismus den »Duce« und dessen Regime in den Schatten stellte, indem er den italienischen Faschismus an Radikalität und brutaler Konsequenz weit überholte, lag hauptsächlich an den Italien eigenen strukturellen und wirtschaftlichen Schwächen (weniger, wie oft behauptet, an menschlichen und kulturellen Hemmungen), die den italienischen Faschismus daran hinderten, seine verbrecherischen Eroberungspläne bis zur letzten Konsequenz zu verfolgen. Deshalb stehen Mussolini und seine Diktatur in dem Ruf, ein gemäßigteres Regime als Hitlers Herrschaft in Deutschland gewesen zu sein, was bis heute erhebliche Folgen für die Rezeption des italienischen Faschismus hat. Doch von Mythos und Rezeption einmal abgesehen, was war Mussolinis Faschismus wirklich?

Im Grunde genommen war der Faschismus eine italienische Antwort auf die Politisierung der Massen. Sie war eine autoritäre und zugleich für die Zeit besonders wirksame Entgegnung. Denn sie inszenierte eine illusorische Miteinbeziehung des »Volkes« in die politische Entscheidung, doch fand eine tatsächliche Partizipation nicht statt. In Wirklichkeit wurden extrem autoritäre, totalitäre Strukturen geschaffen, um die Menschen als Mittel zu Herrschafts- und Eroberungszwecken zu missbrauchen. Der italienische Faschismus war das Produkt einer Zeit und einer Gesellschaft, die zwischen starken revolutionären und reaktionären Stimmungen schwankte. Mussolinis Weltanschauung war eine eigenartige Mischung aus Reaktion und Revolution, aus Politik und Populismus, die in modernen, industrialisierten Ländern wie Deutschland, aber auch in rückständigeren, agrarisch geprägten Ländern wie Rumänien Anhänger fand und sich zuletzt durchsetzte.

Unter den Unterstützern und Mitbegründern der italienischen Faschistischen befanden sich Künstler der ersten Avantgarde des 20. Jahrhunderts, übrigens der einzigen, die in Italien ihren Ursprung hatte: die Futuristen. In Deutschland, wo während der Zeit des Nationalsozialismus zeitgenössische Kunstbewegungen wie Kubismus, Surrealismus, Dadaismus usw. als »entartete Kunst« unterdrückt wurden, ist es heute schwierig, sich vorzustellen, dass eine Gruppe extravaganter und anarchistischer Künstler ihre Werke einem autoritären und intoleranten Regime zur Verfügung stellte. Der Grund dafür ist unter anderem in einigen Grundprinzipien der futuristischen Weltanschauung zu finden, die auch von den sogenannten Linksfuturisten wie Carlo Carrà oder Mario Carli geteilt wurden, die sich ansonsten vom Faschismus eindeutig distanzierten.

Der Futurismus entstand vor dem Ersten Weltkrieg um 1909 aus einem anarchistischen Impuls heraus. Im Mittelpunkt der futuristischen Ideologie standen die konsequente Ablehnung der Beschäftigung mit der Vergangenheit in irgendeiner Form, die Hinwendung zu Subversion und Gewalt als kreativem und befreiendem Akt, die Verachtung für bürgerliche Institutionen. Das Gedankengut der Bewegung rekrutierte sich im Wesentlichen aus den Schriften von Philosophen wie Friedrich Nietzsche oder denen des Individualanarchisten Max Stirner. Angesiedelt waren sie in einer Zeit des Umbruchs: der Erste Weltkrieg, der soziale Wandel, politische Umwälzungen wie der Niedergang der Monarchie, technische Innovationen auf dem Gebiet der Kommunikation (Telegraphie, Funk) und des Verkehrs (Flugzeug, Automobil). Dem menschlichen Leben wurde allenthalben die Dimension der Schnelligkeit hinzugefügt. Dieser Wandel beeinflusste auch wesentlich das kulturelle Schaffen. Aus dem Futurismus erwuchs aber – im Gegensatz zu allen anderen zeitgenössischen Kunstrichtungen – mit der Zeit eine kriegsverherrlichende und fanatische Ideologie.

Verantwortlich für diese Entwicklung war in erster Linie der Agitator und Dichter Filippo Tommaso Marinetti, der anerkannte Anführer der Futuristen. Es genügt, einige Passagen seines Manifests des Futurismus von 1909 zu lesen, um zu verstehen, warum Futurismus und Faschismus eine ideologische Verbindung eingingen:

> »Wir wollen den Krieg verherrlichen – diese einzige Hygiene der Welt –, den Militarismus, den Patriotismus, die Vernichtungstat der Anarchisten, die schönen Ideen, für die man stirbt, und die Verachtung des Weibes.
> Wir wollen die Museen, die Bibliotheken und die Akademien jeder Art zerstören. […] Von Italien aus schleudern wir unser Manifest voll mitreißender und zündender Heftigkeit in die Welt, mit dem wir heute den Futurismus gründen, denn wir wollen dieses Land von dem Krebsgeschwür der Professoren, Archäologen, Fremdenführer und Antiquare befreien. […] Wir wollen es von den unzähligen Museen befreien, die es wie zahllose Friedhöfe über und über bedecken.«

Diese Prinzipien wurden vom Faschismus missbraucht, indem er sie vereinnahmte und sie ihrer dynamisch-revolutionären Kraft beraubte. Der Faschismus Mussolinis begriff und präsentierte sich der Welt als ein modernes, avantgardistisches Regime, als Ausdruck eines neuen Menschenbildes, seiner Zeit voraus, vor allem aber entschieden antibürgerlich. Tatsächlich war dieses revolutionäre Image purer Schein und konservierte das Regime die Machtverhältnisse in der Gesellschaft. Vom Einsatz neuer Medien abgesehen, wie zum Beispiel dem Film, stellt sich die Herrschaft Mussolinis alles andere als avantgardistisch dar. Der Futurismus diente ausschließlich dazu, den Faschismus mit dem Anschein von Modernität auszustatten.

Die Widersprüche zwischen dem tatsächlichen Wirken des Faschismus und den Grundsätzen des Futurismus waren Marinetti und der gesamten futuristischen Bewegung immer präsent. Der Futurismus betonte beispielsweise das Prinzip der Auflehnung, der Faschismus verherrlichte die Disziplin. Marinetti war daher sehr bald enttäuscht von der Entwicklung der faschistischen Bewegung, besonders als diese im Zuge ihrer Machtergreifung begann, die Arbeiterbewegung zu unterdrücken und sich mit den Großindustriellen, den Monarchisten und dem Vatikan zu verbünden. Schon um 1920 distanzierte sich Marinetti erstmals von Mussolini, vollführte dann aber wieder eine Kehrtwendung und unterschrieb 1925 das Manifest der faschistischen Intellektuellen, womit er sich die Gunst des Regimes erwarb. Seiner absurden Vision des Kriegs als Befreiungsakt hielt er bis zu seinem Tod die Treue. Im fortgeschrittenen Alter von 66 Jahren beteiligte er sich noch am Russland-Feldzug. Er überlebte diesen Einsatz, kehrte aber krank zurück. Nach seinem Tod ordnete Mussolini ein Staatsbegräbnis an.

Der Futurismus konnte sich nicht der propagandistischen Vereinnahmung durch den Faschismus entziehen – dafür gab es einfach zu viele Gemeinsamkeiten. Trotzdem bleiben er und seine Ästhetik interessant, so die Darstellung von Bewegungen in der *aeropittura* (Flugmalerei): Wer jede Verherrlichung des Krieges ablehnt, kann keine Sympathie für Kampfflugzeuge empfinden, dennoch ist die Art der künstlerischen Darstellung des Fluges als Ausdrucksform von Dynamik und Lobpreisung der Schnelligkeit originell. Auch das Konzept futuristischer Stadtbaukunst bzw. der Stadtbegriff des Futurismus, der in einigen Architekturzeichnungen umgesetzt wurde, bleibt interessant. Die Utopie-Stadt des Futurismus ist eine sich ständig verändernde Stadt, eine permanente Baustelle, die in vollkommenem Gegensatz zu der typisch italienischen konservativen Städtebaukultur steht.

Etwas bizarr sind einige Ausdrucksformen der futuristischen Ideologie. Marinetti entwarf 1931 ein Manifest der futurischen Küche, in dem er dem Nationalgericht der Italiener, der *pasta asciutta,* der Nudel, den Krieg erklärte. Die Pasta sei an der »Schlappheit, dem Pessimismus, der nostalgischen Untätigkeit und dem Neutralismus« der Italiener schuld: »Die *pasta asciutta* bindet mit ihrem Knoten die Italiener von heute an die langsamen Webstühle der Penelope.« Man brauche sich nicht zu wundern, dass Italien es nicht zur Großmacht gebracht habe. Es sei also dringend notwendig, auch durch den Magen »der Rasse neue heroische und dynamische Kräfte einzuflößen«. Im Mittelpunkt der gastronomischen Offensive der Futuristen stand darüber hinaus die Abschaffung von Messer und Gabel wie auch der traditionellen Soßen und Gewürze, sodann die Eröffnung der »Chemie des Magens« durch die Erprobung neuer Mischungen von Zutaten, die in der Tradition nicht zusammenpassen, wie etwa Süßes und Salziges. Bevorzugt wurde die dadaistische Collage-Technik des *Cadavre Exquis.* Chemiker wurden ausdrücklich dazu aufgefordert, neue Geschmacksorten zu erfinden, um das italienische Ernährungssystem zu »modernisieren«. Durch die Kombination mit Musik, Gedichten und Parfümen sollte das Erlebnis Essen intensiviert und bereichert werden. Auf der futuristischen Speisekarte waren absurde, geheimnisvolle Gerichte zu finden: *antipasto intuitivo, brodo solare, pollofiat, aerovivanda tattile, con rumori ed odori* und *dolcelastico.* Das futuristische Gericht par excellence hieß *carneplastico,* die Speise, die jeder brave italienische Kunstavantgardist der 30er Jahre in der »Taverna del Santopalato« (»Die Taverne zum heiligen Gaumen«) in der Via Vanchiglia 2 in Turin – der Tempel der futuristischen Küche – erhalten konnte. Nach Ansicht der Futuristen handelte es sich bei diesem Gericht um eine »synthetische Hommage an die Gärten und Weiden Italiens«. Hier das Rezept oder besser ausgedrückt: die »Formel«, wie die Futuristen zu sagen pflegten:

»Zutaten:
Hackfleisch, elf unterschiedliche Gemüsesorten (Blattgemüse, aber auch Zucchini, Aubergine, Paprika, egal welche – was zählt, ist die Menge), eine Wurst, drei Hühnerkeulen, Honig.
Zubereitung:
Das Gemüse schneiden, waschen und in einem Topf andünsten. Auskühlen lassen und dann einen Hackbraten um das Gemüse »herumbauen«. Das Ganze in den Ofen schieben. In der Zwischenzeit die Bratwurst in der Mitte durchschneiden und auf der Grillpfanne oder dem Grill so lange erhitzen, bis die beiden Hälften sich auseinanderbiegen. Die drei Hühnerkeulen kochen, das Fleisch vom Knochen nehmen und zu drei Bällen formen, die dann zu Scheiben plattgedrückt werden. Auf die drei Hühnerfleischscheiben werden die beiden Wursthälften so angeordnet, dass sie einen Ring formen. Diese Anordnung ergibt die Grundlage für den Hackbraten, der dann mit dem geschmolzenen Honig serviert wird.«

In Italien konnte sich der Faschismus nicht wegen seiner Überzeugungskraft durchsetzen, vielmehr erschien er unterschiedlichen Akteuren der italienischen Gesellschaft als Retter vor einem drohenden Sozialismus: Krone, Kirche, Finanz- und Wirtschaftseliten, Militär und Staatsbürokratie erkannten die Krise des politischen Systems und entschieden sich, Mussolini an der Macht zu dulden. Am 28. Oktober 1922 traf König Vittorio Emanuele III. die historische Entscheidung, den Anführer der Faschisten mit der Bildung und Leitung eines neuen Kabinetts zu beauftragen – zu einer Zeit, da das politische Establishment Italiens von der doppelgesichtigen Politik Mussolinis in Schach gehalten wurde.

Seit ihrer Gründung in Mailand am 23. März 1919 zeigte sich die faschistische Bewegung als ein absolut neues und unkontrollierbares Element auf der Bühne der Politik. Als Zusammenschluss von enttäuschten Kriegsveteranen und -heimkehrern aus dem Ersten Weltkrieg, ehemaligen Gewerkschaftern aus den radikaleren Flügeln und weiteren Abenteurern, die sich als Kampfbund und paramilitärische Organisation verstanden, hatten sich die Fasci italiani di combattimento im November 1921 in einer Massenpartei, der Partito Nazionale Fascista (PNF), formiert.

Ein klares politisches Programm fehlte. Mussolinis erstes Ziel war die Eroberung politischen Spielraums, um das gesamte System unter Druck zu setzen. Langfristig strebte er an, die Macht nicht mit Gewalt zu erobern, sondern übertragen zu bekommen. Dabei waren Mussolini und seinen Anhängern alle Mittel recht: die »squadristische« Gewalt (aus dem Italienischen *squadre*, Kampfbünde) gegen die organisierte Arbeiterbewegung in den Städten sowie die Bauernligen auf dem Land, die systematische Destabilisierung der Kabinette, die Einbindung einflussreicher Unternehmer, Militärs, Nationalisten und Exponenten des konservativen Lagers und nicht zuletzt die ständige Drohung eines Staatsstreichs. Um flexibel agieren zu können, verhinderte Mussolini die Institutionalisierung seiner Bewegung zu einer Partei, so dass sich diese mit unterschiedlichen Gesichtern präsentierte: mal als umstürzlerische Massenbewegung, mal als Schlägertrupp bewaffnet mit Knüppeln und Rizinusöl, mal als Kaderpartei, die in der Schaltzentrale der Macht mit Regierungsparteien auf Augenhöhe über politische Lösungen verhandelte. Vor allem das führte dazu, dass sich einige führende Politiker, wie der oben erwähnte Giovanni Giolitti, bis zuletzt der Illusion hingaben, es sei möglich, die Faschisten in das politische System einzubinden.

Die Wende kam im Sommer 1922. Am 31. Juli rief das Bündnis der linken Gewerkschaften zusammen mit der Sozialistischen und der Kommunistischen Partei einen Generalstreik aus, um gegen den zunehmenden Einfluss der Faschisten auf die Politik zu protestieren. Die PNF antwortete in der ersten Augustwoche mit Gewalt in bis dato unbekanntem Ausmaß. Städte wie Mailand, Genua, Livorno und Bozen wurden von den Schlägertrupps Mussolinis im Sturm erobert, andere wurden tagelang belagert. In Mailand besetzten die Schwarzhemden die Stadtregierung. Das politische Establishment stand unter Schock und suchte nach einer praktikablen Form der Beteiligung Mussolinis an der Regierung. Doch der war überzeugt, dass nun der Zeitpunkt gekommen war, um dem Establishment einen entscheidenden Stoß zu versetzen. Mit einem »Marsch auf Rom« drohten die Faschisten die politische Führung gewaltsam abzusetzen, da diese sich unfähig zeigte, die Ordnung im Lande zu garantieren. In der Nacht zum 28. Oktober 1922, während sich die

Kolonnen der Schwarzhemden in Marsch setzten, lehnte der König die Ausrufung des Ausnahmezustandes ab. Um den Staat vor einem Putsch zu bewahren, übergab er Mussolini die Führung einer neuen Regierung. Zehn Jahre vor Hitlers Machtergreifung in Berlin gelangten die italienischen Faschisten an die Macht in Rom.

Es dauerte Jahre, bis Mussolini den liberal-konservativen Staat zu einer Diktatur umgebaut und ein totalitäres Regime errichtet hatte. Anders als sein Nachahmer Hitler im Dritten Reich, duldete der »Duce« vier Jahre lang die politische Opposition im nationalen Parlament – bis zum November 1926, als die Regierung nach einer Reihe missglückter Attentate gegen Mussolini die Auflösung aller regimefeindlichen Parteien und Vereinigungen verordnete. Durch eine Wahlrechtsreform war es den Faschisten gelungen, sich ab dem 6. April 1924 eine solide Mehrheit im Parlament zu sichern. Damit konnte die sogenannte Faschisierung der Institutionen, das heißt die Legalisierung der Diktatur, in ihre entscheidende Phase eintreten. Bis 1928 wurden Schwarzhemden und Parteikader in leitende Positionen der Staatsverwaltung eingesetzt: Hohe Staatsbeamte, Generaldirektoren, Präfekten, Diplomaten – der italienische Staat wurde nach und nach mit dem Faschismus gleichgeschaltet. Die Schlägertrupps wurden als Sicherheitspolizei, *Milizia*, institutionalisiert, und der Großrat des Faschismus *(Gran Consiglio del Fascismo)*, eine Art politisches Direktorium, dem Mussolini als *Capo* (Chef) des Faschismus und Ministerpräsident vorsaß, wurde eingerichtet und in die konstitutionelle Struktur des Staates eingegliedert. Um – wie man damals sagte – Kapital und Arbeit dazu zu bringen, im Interesse der ganzen Nation zusammenzuarbeiten, errichtete Mussolini den sogenannten Korporatismus, der die Grundlage für die Organisation des wirtschaftlichen Lebens im faschistischen Staat darstellte. Die Grundidee des Korporatismus war, dass alle Einwohner des Landes, unabhängig von ihrer Zugehörigkeit zu einer sozialen Schicht, gemeinsame Interessen hätten und daher gemeinsam für das Gemeinwohl arbeiten sollten – der Klassenkampf und die Spaltung in Arbeitgeber- und Arbeitnehmerlager sei obsolet. Die Faschisten priesen den Korporatismus als genialen dritten Weg zwischen Kapitalismus und Sozialismus an, obwohl es sich um nichts anderes handelte als um eine besondere Form von Planwirtschaft mit einer Einheitsgewerkschaft, die als Staatsorgan direkt von der Regierung abhängig war.

Die Partito Popolare Italiano (PPI), in der der politische Katholizismus organisiert war, stellte zunächst für die Faschisten ein Problem dar, waren diese doch darauf bedacht, sich nicht mit dem Vatikan zu verfeinden. So machten sie einerseits Zugeständnisse zugunsten der Kirche, mit verpflichtendem katholischen Religionsunterricht in der Grundschule, der Anbringung des Kruzifixes in Schulzimmern und Gerichtssälen, der Autonomie des Katholischen Werkes *(Azione Cattolica)*. Andererseits drangsalierten sie Priester und katholische Aktivisten, die sich offen gegen Mussolini wendeten. Im Sommer 1923, nach dem Rücktritt des Parteisekretärs Don Luigi Sturzo, war der Widerstand der PPI gebrochen. 1922 war bereits Achille Ratti, ein entschiedener Gegner von Liberalismus und Kommunismus und dem Faschismus nicht grundsätzlich abgeneigt, zum Papst Pius XI. gewählt worden. Mit den Lateranverträgen vom 11. Februar 1929 erkannte der italienische Staat den Vatikan als souveräne staatliche Einrichtung an und räumte ihm eine Entschädigung für die im Risorgimento erlittenen Gebietsverluste ein. Mussolini, der sich vor den Italienern rühmen wollte, endlich die »römische Frage« gelöst zu haben, musste dafür ein gutes Stück Laizität des Staates aufgeben, bekam aber dafür die notwendige Unterstützung der Kirche.

Ganz andere Methoden wurden dagegen vom Regime eingesetzt, um sich der sozialistischen und kommunistischen Opposition zu entledigen. Neben den Überfällen der faschistischen Miliz auf Partei- und Gewerkschaftsbüros sowie Zeitungsredaktionen und vereinzelte Aktivisten wurden die Präfekturen dazu ermächtigt, Andersdenkende aller Richtungen in die *confino* (Verbannung), Zwangsaufenthalte in abgelegenen Gegenden, oder auch in spezielle Konzentrationslager zu schicken. Die Entführung und Ermordung des sozialistischen Abgeordneten Giacomo Matteotti im Sommer 1924 durch faschistische Schläger führte zur sogenannten Aventinischen Sezession: Aus Protest zogen sich alle Oppositionsparteien, mit Ausnahme der PPI, aus dem Parlament zurück. Die Kommunisten schlugen vor, ein Gegenparlament zu bilden, die anderen Oppositionsparteien fürchteten aber, einen Bürgerkrieg auszulösen. Mussolini sah sich zwar gezwungen, vor dem Parlament aufzutreten, um zum Tod des Abgeordneten Matteotti Stellung zu nehmen, das entstehende Regime wurde aber in seinen Grundfesten nicht erschüttert. Im Herbst 1926 fühlte sich Mussolini stark genug, um alle regimefeindlichen Parteien und Vereine zu verbieten. Für die italienischen Antifaschisten blieb nur noch die Wahl zwischen dem Exil oder einer lebensgefährlichen Fortführung der politischen Aktivität in der Illegalität.

Die Verbannung als Mittel der Unterdrückung, Bestrafung und Gesellschaftskontrolle zeigt sehr deutlich den repressiven Charakter nicht nur des Faschismus, sondern der politischen Kultur Italiens: Die Isolation von »unerwünschten« und »unmoralischen« Personen, deren Ausschluss aus der Gesellschaft und ihren persönlichen Zusammenhängen durch erzwungene Aufenthalte in abgelegenen Orten, wie etwa auf den Inseln Pantelleria, Ustica, Ventotene oder in winzigen Dörfern des süditalienischen Hinterlandes, wurde bereits vor Mussolinis Zeit praktiziert, und auch der demokratische Staat nach 1945 bediente sich Formen der Verbannung bis in die 70er Jahre hinein. Es handelte sich dabei um eine Art Präventivbestrafung für Mafia-Angehörige, Prostituierte, Transsexuelle und andere Personengruppen, die als »kriminell veranlagt« angesehen und bestraft wurden, noch bevor sie überhaupt ein bestimmtes »Verbrechen« begangen hatten. Diesen Umgang bezeichnete man als *confino comune* (allgemeine Verbannung). Das faschistische Regime dehnte sie auf die Personen der politischen Opposition aus und schuf damit die *confino politico* (politische Verbannung). Die Auswirkungen des »Falles Matteotti« zeigten Mussolini, welche Konsequenzen das Morden aus politischen Zwecken für sein Image und seine Macht haben konnte. Der Diktator wollte in Ruhe herrschen, offene Gewalt und Unterdrückung waren keine gute Werbung für das Regime im In- und Ausland. »Erzwungene Ferien« für Intellektuelle und andere Faschismusgegner stellten sich dagegen sehr viel günstiger und weit weniger diskreditierend für die Glaubwürdigkeit seines Regimes dar.

Genau betrachtet, erwies sich Mussolini in dieser Hinsicht als erfolgreich und weitblickend. Bis heute schenken viele Menschen in Italien, unter ihnen auch Ministerpräsident Berlusconi, dem Märchen von der besonderen Humanität des »Duce« Glauben. Mussolini sei nicht wie Hitler gewesen, der seine Gegner kaltblütig ermorden ließ. Er habe ihnen sogar einen Urlaubsaufenthalt am Meer bezahlt. Zwar ist die Verbannung auf eine verlassene Insel dem Verrecken in einem Konzentrationslager vorzuziehen, doch beweist das mitnichten die Menschlichkeit eines Diktators. Vergleiche mit den Zuständen in einem Konzentrationslager zu ziehen ist nicht nur unzulässig, es ist völlig unangemessen und hilft in keiner Weise zu begreifen, welche harte Maßnahme die Verbannung war.

Ein genaues Bild davon vermitteln zwei Klassiker der italienischen Literatur des 20. Jahrhunderts: *Christus kam nur bis Eboli* (*Cristo si è fermato ad Eboli,* 1945) von Carlo Levi und *Die Verbannung* (*Il carcere,* 1939) von Cesare Pavese. Levi und Pavese waren beide Piemonteser und Vertreter eines humanistischen Antifaschismus, den Mussolinis Regime nie ausmerzen konnte und mit dem ich während meiner Jugend in Turin durch einige meiner Lehrer noch in Berührung kam. Sowohl Levi als auch Pavese wurden Mitte der 30er Jahre in abgelegene Dörfer Süditaliens verbannt: der Erstere in die Basilikata, der andere nach Kalabrien. Ihre Erfahrungen, literarisch in Romanform verarbeitet, stimmen in vielen Punkten überein. Auch wenn bei Levi die soziologische Analyse im Vordergrund steht, während Pavese den poetischen und existentiellen Aspekten seiner Erfahrung mehr Aufmerksamkeit schenkt, ähneln sich beide Werke sehr: Beide Autoren vergleichen Isolation und Langeweile mit einem Gefühl von Tod, beide setzen sich mit den heidnischen, »magischen« Traditionen der süditalienischen Bauern auseinander und der Tatsache, dass ihnen die Werte und Ansichten der Modernität und der westlichen Zivilisation fremd geblieben sind. Beide Autoren finden schließlich in der Schreibkunst, ohne jeglichen Heroismus, das Bewusstsein zum Widerstand gegenüber der Gewalt, an der sie zu leiden haben.

Cesare Pavese kam zu seiner Verbannung praktisch »aus Versehen«. Er hatte sich in eine Frau verliebt, die für die Untergrundorganisation der KPI arbeitete, und erlaubte ihr unvorsichtigerweise, kompromittierende Briefe an sie über seine private Adresse laufen zu lassen. Das faschistische Regime verurteilte Pavese 1935 zu drei Jahren Verbannung. Die Strafe wurde später auf ein Jahr reduziert. Doch schon dieses eine Jahr in Kalabrien prägte den komplexen, durchaus zerbrechlichen Charakter des Schriftstellers zutiefst. Nach seiner Rückkehr nach Turin musste Pavese erfahren, dass die Frau, für die er so sehr gelitten hatte, inzwischen verheiratet war. Das war für ihn ein Schock. Von diesem Zeitpunkt an bedeuteten Frauen für ihn nur noch das Sinnbild für Verrat und die Unmöglichkeit der Liebe. 1939 kam er auf die Erlebnisse seiner Zeit in der Verbannung zurück und schrieb *Die Verbannung*. In diesem Buch steht die Einsamkeit des verbannten Schriftstellers als Metapher für den tiefen Weltschmerz des Autors. Die Verbannung wird zum Synonym der Unfähigkeit, das Leben authentisch zu leben. Die autobiographische Hauptfigur des Romans beobachtet und beschreibt mit größter Genauigkeit alles Geschehen um sich herum, und doch bleibt ihm die Wirklichkeit, in der er gezwungen ist zu leben, hoffnungslos fremd und unerreichbar.

Ein Plebiszit am 24. März 1934 schloss den langen Prozess der Errichtung und Stabilisierung der Diktatur ab. Über zehn Millionen Italiener eilten zu den Wahllokalen, um ihr Kreuz auf einem rot-weiß-grünen Wahlzettel mit dem Wort »Si« zu schreiben – der Wahlzettel für die Neinstimmen war grau – und somit ihre Zustimmung zu Mussolini zu bekunden. Tatsächlich war es Mussolini gelungen, große Teile der italienischen Bevölkerung aus allen Gesellschaftsschichten für sich einzunehmen. Dem Regime gelang es, die Italiener emotional mitzureißen – es schuf ein ausgeprägtes Gefühl der kollektiven Zugehörigkeit, es vermittelte dem Einzelnen den Eindruck, eine wichtige aktive Rolle im Leben der Nation zu spielen, im Rahmen eines stets inszenierten und stark emotionsgeladenen politischen Geschehens. So unangenehm, ja unerträglich es heute erscheinen mag: Der Faschismus gab den Italienern, nicht anders als der Nationalsozialismus den Deutschen, eine Weltanschauung. Das Gefühl, skrupellos manipuliert zu werden, war dem allgemeinen Empfinden zahlreicher italienischer Zeitgenossen fremd, die sich am vom Regime vorgeschriebenen kollektiven Leben – Freizeit- und Jugendorganisationen, Massenveranstaltungen – oft mit ehrlichem Enthusiasmus beteiligten.

Das Regime, das Mussolini in den 20er Jahren aufbaute, blieb bis zum Sommer 1943 bestehen, als es in den Wirren des Zweiten Weltkriegs unterging. Doch der Faschismus modernisierte Italien nicht, es blieb ein weitgehend landwirtschaftlich geprägtes und armes Land. Er schaffte keine gerechtere Gesellschaftsordnung, und auch auf kultureller Ebene war das *Ventennio* (so bezeichnet man in Italien die 20 Jahre der Diktatur) eine Zeit der Stagnation, die das Land vom Ausland isolierte.

Eine Bilanz des Regimes darf auch nicht dessen gewalttätige Exzesse übersehen. Zwar waren die Rassengesetze, die die italienische Regierung 1938 verabschiedete und die zum Symbol der Diskriminierungspolitik des Regimes gegenüber den Juden in Italien wurden, politisch und ideologisch von dem Bündnis mit Hitler-Deutschland beeinflusst, doch war der Rassismus dem italienischen Faschismus ureigen. Mussolini und seine Anhänger hatten bereits vor der Machtergreifung die slawischen Minderheiten in den nordöstlichen Grenzregionen Italiens terrorisiert. Im Zweiten Weltkrieg verfolgte das faschistische Italien bei der militärischen Besetzung Sloweniens, Dalmatiens, Montenegros und Griechenlands eine Vernichtungspolitik: durch Deportationen von Zehntausenden Zivilisten und deren Internierung in Konzentrationslagern, durch das Niederbrennen von ganzen Dörfern, durch die planmäßige Aushungerungspolitik der lokalen Bevölkerung durch Beschlagnahmung der Ernten sowie durch Folter und Massenerschießungen bei der Bekämpfung des Widerstands. Bei der Eroberung Abessiniens 1935/36 beging die italienische Armee Kriegsverbrechen etwa mit dem Einsatz von Giftgas gegen die Zivilbevölkerung und der Bombardierung von Zelten des Internationalen Roten Kreuzes. In den Kolonien errichtete Italien eine Apartheidsordnung nach rassistischen Prinzipien. Anders als die militärische und politische Führung des Dritten Reichs wurden die Verantwortlichen für diese Verbrechen nie vor Gericht gestellt, nur in Einzelfällen wurden Täter zu Haftstrafen verurteilt, die sie aber nie antreten mussten. Die italienischen Kriegsverbrechen sind heute noch immer kein Teil des allgemeinen Geschichtsbewusstseins.

Italiens Beteiligung am Zweiten Weltkrieg entsprang Mussolinis Überzeugung, dass Deutschland diesen in wenigen Wochen gewinnen werde und Italien so eigene Gebietsansprüche durchsetze könne. Aus Dokumenten weiß man, dass das faschistische Regime geheime Angriffspläne gegen Jugoslawien bereit hielt, diese aber zurückstellte, weil im Herbst 1940 Griechenland überfallen wurde. Mussolini verfolgte die Vision eines »Großitaliens« mit der Herrschaft über den gesamten Mittelmeerraum.

Eine rigorose Umsetzung der deutschen Rassengesetze sowie die Auslieferung der Juden in den besetzten Gebieten an die deutsche Wehrmacht wurde zunächst auf verschiedenen Ebenen von Diplomaten, hohen Ministerialbeamten sowie auch Unternehmern, Geschäftsleuten und privaten Bürgern aktiv verhindert. Nichtsdestotrotz errichtete das Regime ab 1940 eigene Konzentrationslager für die italienischen Juden mit dem langfristigen Ziel, alle Juden vom italienischen Territorium zu vertreiben. Nach dem Untergang des Regimes im Sommer 1943 und der Einsetzung eines faschistischen Marionettenregierung durch die Deutschen in Norditalien, der sogenannten Sozial- oder Salò-Republik, begann mit Massenverhaftungen die bislang ausgebliebene systematische Judenverfolgung in Italien. So wurden mehr als 1000 Juden aus Rom an die Gestapo übergeben und Tausende italienischer Juden ins Konzentrationslager Fossoli bei Carpi in der Emilia-Romagna deportiert – ein Durchgangslager nach Auschwitz.

Der Umgang mit der Diktatur und ihren Verbrechen in Italien nach 1945 ist zumindest erstaunlich. Wie kann es sein, dass das Grab Mussolinis in Predappio bei Bologna bis heute Wallfahrtsort zahlreicher Neofaschisten und Regimenostalgiker ist, die alljährlich dem »Marsch auf Rom« gedenken? Wie kann die italienische Öffentlichkeit oder der italienische Staat dulden, dass Mussolinis Diktatur jeden Sonntag in den Fußballstadien Italiens hemmungslos und ungehindert mit Fahnen, rassistischen Sprüchen auf Transparenten und faschistischen Sprechchören verherrlicht wird?

Mussolinis Grab in Predappio ist für deutsche Verhältnisse einfach undenkbar. Im Grunde ist es das auch für die meisten Italiener, doch im Stiefelland scheint man sich an alles gewöhnen zu können. Direkt hört man von diesem seltsamen Ort nur selten, trotz der immer noch starken Präsenz des einstigen »Duce« in den Medien.

In der Krypta der Kirche San Cassiano in Pennino in Predappio wurden am 30. August 1957 die sterblichen Überreste Mussolinis begraben. Allen, die diesem Monument der Unfähigkeit der Italiener, sich von den Geistern ihrer eigenen Geschichte zu befreien, einen Besuch abstatten wollen, kann man als mentale Vorbereitung ein Buch empfehlen: Sergio Luzzattos *Il Duce. Das Leben nach dem Tod,* das sich mit der eigenartigen Geschichte der Leiche Mussolinis unmittelbar nach der berüchtigten Schändung von Mailand beschäftigt. In gewisser Hinsicht liest sich das Ganze wie ein Politkrimi. Hier eine Zusammenfassung der Geschichte:

Zuerst wurde die auf dem Mailänder Piazzale Loreto von der wütenden Menge bespuckte und getretene Leiche des »Duce« heimlich auf dem Friedhof von Musocco in Mailand begraben. Der neue italienische Staat war sich nicht sicher, wie mit diesem Erbe der noch zu nahen Vergangenheit umgegangen werden sollte. Die Regierung kannte die Bedeutung, die diese Leiche insbesondere für die Anhänger des Faschismus immer noch hatte, wollte sie aber doch nicht einfach verbrennen, wie dies etwa die Russen und Amerikaner mit den sterblichen Überresten der in Nürnberg hingerichteten Nationalsozialisten gemacht hatten. In der Nacht vom 22. zum 23. April 1946 – ein Datum nicht ohne Bedeutung: Es ist dies die Nacht vor Ostern, was als Zeichen der Wiederauferstehung gewertet werden sollte – suchten drei jungen Neofaschisten das Grab Mussolinis auf und entwendeten die Leiche. Die Nachricht erregte allgemeines Aufsehen. Ein gewisser Agnesina, Polizeichef von Mailand, wurde sofort von der christdemokratischen Regierung damit beauftragt, die drei Diebe festzunehmen und die »unbequeme« Leiche zurückzuholen. Agnesina war ein ehemaliger Faschist in Diensten des neuen Staates. Er kannte sich in den neofaschistischen Kreisen gut aus und wusste also, wo er zu suchen hatte. Dennoch benötigte er drei Monate, um die Verantwortlichen ausfindig zu machen. Die sterblichen Überreste Mussolinis hatten die Täter allerdings bereits in Sicherheit gebracht. Ein Franziskaner, der mit dem Faschismus sympathisierte, hatte sie in der Klosteranlage der Kartause von Pavia versteckt.

Die Italiener verfolgten damals mit großem Interesse die Ereignisse und rätselten oft und gern über den Standort des geheimnisvollen Grabs. Die italienische Regierung, der der Verbleib der Leiche bekannt war, nahm sich inzwischen viel Zeit, um über die Regelung dieser Angelegenheit zu entscheiden. Endlich beschloss sie, den Leichnam Mussolinis eine Zeitlang bei den Franziskanern zu belassen. Diese Entscheidung brachte aber – wie eigentlich beabsichtigt – in keiner Weise die Gerüchte zum Verstummen. In der Presse wurden die wildesten und fantastischsten Legenden über den Verbleib der Leiche in Umlauf gebracht. Es kam zu abenteuerlichen Aufklärungsversuchen, wie dem eines Reporters, der überzeugt war, Mussolinis Überreste seien in dem Altar der Kirche von Montepaolo in Dovadola, in der romagnolischen Provinz Forlì, versteckt. Der selbsternannte »Indiana Jones« erreichte mit seinen bohrenden Nachforschungen einzig die Zerstörung des Altars, womit er sich schließlich noch eine Anzeige wegen Sachbeschädigung einhandelte.

1957 wurde das Rätsel endlich gelüftet. Der italienische Staat beschloss, die Frage auf seine eigene und unverwechselbare Art zu lösen. Ein Christdemokrat aus Predappio, Adone Zoli, wurde beauftragt, Verhandlungen mit den Neofaschisten des Movimento Sociale Italiano (MSI) aufzunehmen, da das amtierende Kabinett deren Stimmen benötigte, um eine Regierungskrise zu verhindern. Im Gegenzug wurde die Überführung der Überreste des »Duce« in eine Krypta in dessen Geburtsort Predappio angeboten. Die Neofaschisten nahmen das Angebot an. Die Überreste wurden heimlich nach Predappio transportiert. Dort sorgte eine Gruppe von Angehörigen der Familie Mussolini, unter ihnen die Witwe Rachele, sowie Führungsmitglieder des MSI für eine kleine offizielle Feier. Schon am nächsten Tag begannen die Wallfahrten der Neofaschisten. In der ersten Zeit gab es noch Widerstand der öffentlichen Behörden. Das Tragen eines Schwarzhemdes auf dem Friedhof von Predappio wurde verboten. Die neofaschistischen Pilger mussten in Unterhemd vor ihren Heiligen treten. Später beschloss die Regierung, die Sache zu tolerieren. Die kleine Stadt Predappio, praktisch über Nacht zur Hauptstadt des italienischen Neofaschismus geworden, wurde in den 60er und 70er Jahren zum Schauplatz von Gewaltakten und Gefechten zwischen Rechts- und Linksextremisten. Sogar eine Bombe wurde in der Krypta gelegt, die aber nicht explodierte.

Die Pilgerfahrten und Treffen am Grab des »Duce« haben das Ende der ideologischen Auseinandersetzungen der 70er Jahre überlebt. Das ist zu bedauern. Inzwischen wurde die Faschismusnostalgie aber durch eine seltsame, vielleicht politisch unkorrekte, mit Sicherheit dümmliche Form konsumorientierten Tourismus abgelöst. Denn abgesehen von den Fanatikern, die nach Predappio pilgern und vor dem blumengeschmückten Grab die Ehrenwache halten, stellt für die meisten Besucher der Devotionalienladen »Tricolore-Souvenir« des inzwischen über 60-jährigen »Duce«-Verehrers Pierluigi Pompignoli die wahre Attraktion des Ortes dar. Er liegt – Ironie der Geschichte – in der zentralen Viale Giacomo Matteotti, die nach dem sozialistischen Abgeordnete Matteotti benannt ist, den Mussolini damals entführen und umbringen ließ.

Predappio selbst ist ein kleiner Ort, aber der Faschismus hat dort viele Spuren hinterlassen. Einige Bauten aus der Zeit des Regimes erinnern daran, dass Mussolini das Image seiner Geburtsstadt sehr am Herzen lag. Das gehört zur Geschichte. Was sich in den Regalen des Ladens befindet, gehört nicht der Geschichte an. Es ist vielmehr eine bizarre Art des Fetischismus.

Betritt man den Laden, so verstummt man zunächst angesichts der Konzentration von Büsten und glänzenden Glatzen des »Duce«, den roten Fahnen mit dem keltischen Kreuz und den Trikolore-Flaggen mit dem Adler der Salò-Republik. Doch wenn einmal die Schwellenangst und die erste Empörung überwunden sind, sollte man sich die Zeit nehmen, diesen merkwürdigen Bazar im Detail anzuschauen. Und dabei entdecken, dass man auch drüber lachen kann. Was bleibt einem auch übrig vor einer solchen Ansammlung skurriler »Devotionalien«, die ganz eindeutig die kommerziell-folkloristische Natur des Diktatorkultes verraten? Aschenbecher, Handschuhe, Socken, darauf immer wieder das grimmige Antlitz des »Duce«, das offensichtlich den Tag seiner schlechtesten Laune verewigt! Selbstverständlich werden Kalender und Postkarten angeboten, aber auch Flaschen des guten örtlichen Weines, Sangiovese, mit Mussolinis Porträt auf dem Etikett. Dem zwar unbequemen, aber schicksalhaften Bündnis mit Nazideutschland zur Ehre wird auch Hitler-Bier feilgeboten. Wie es scheint, laufen die Geschäfte gut. Ist das legal? Diese Frage stellt sich jeder, der aus Deutschland kommt. Die korrekte Antwort – und sie ist eine typisch italienische Antwort – lautet: *insomma* (was so viel wie »na ja!« heißt). Es ist eine Interpretationsfrage. Die italienische Verfassung verbietet zwar nicht nur den Wiederaufbau der faschistischen Partei, sie verbietet auch die Verherrlichung des Regimes. Doch wie soll man praktisch verhindern, dass jemand faschistisch denkt oder sich als Faschist aufführt? Faschismus ist keine Meinung, sagen einige. Und die Faschisten und sogar Mussolini selbst waren schließlich auch »Menschen«. Aus ihnen Monster zu machen hilft also nicht weiter. Stattdessen sollte man ihre Denkweise verstehen lernen, sie demaskieren und widerlegen. Doch wie kann man mit Menschen diskutieren, die an Geschichtslügen festhalten und sie verbreiten? Der Devotionalienhändler in Predappio vertritt zum Beispiel die Auffassung, Mussolini sei ein anständiger Staatsmann gewesen und habe mit Kriegsverbrechen nie etwas zu tun gehabt! Nichts mit den Hunderttausenden massakrierter Libyer, nichts mit den vergifteten Äthiopiern und den in italienischen KZs verhungerten Slowenen? Alles nur Phantasien des Auslands oder »vaterlandsloser Gesellen«?

Es drängt sich die Frage auf, warum es nie wie in Deutschland einen Prozess der Vergangenheitsbewältigung gegeben hat. Die Antwort ist vielschichtig: Zunächst neigen die meisten »Durchschnittsitaliener« dazu, geschichtliche Verantwortung als etwas Individuelles zu betrachten. Sie berücksichtigen nur ihre eigene Erfahrungen oder die ihrer Eltern und Verwandten. Die Taten anderer Mitglieder der Gesellschaft sind Sache anderer. Zugespitzt formuliert, sehen sie keinen Anlass, kollektiv Verantwortung zu tragen. Dazu kommt eine eigenartige Unfähigkeit, sich geschichtlich in der Rolle der Täter zu sehen. *Italiani brava gente* (auf Deutsch etwa »Italiener sind gutmütige Leute«) ist eine überaus populäre Auffassung, die von der Mehrheit der Italiener geteilt wird. Außerdem waren die Italiener 1945 praktisch die Einzigen in Europa, die sich sowohl als Täter als auch als Opfer des Krieges sehen konnten. Die Leiden unter der deutschen Besatzung zwischen 1943 und 1945, die Massaker an italienischen Zivilisten durch SS- und Wehrmachtsangehörige machten sie zu Opfern des Faschismus. Dies ermöglichte, dass sich die Italiener schlagartig der Verantwortung entledigen konnten, gut 20 Jahre lang ein faschistisches Regime unterstützt und dafür gekämpft zu haben – zumal man darauf verweisen konnte, sich selbst vom Faschismus befreit zu haben. Schließlich war Mussolini am 28. April 1945 von Partisanen erschossen und seine Leiche hinterher von der Menge geschändet worden. Hinzu kommt auch, dass der Antifaschismus in Italien lange Zeit nach dem Krieg sehr stark war. Er wurde einerseits Teil der Staatskultur, war aber gleichzeitig auch ein zentrales Identitätselement für das politische Lager der Linken und Kommunisten. Die Polarisierung der Welt während des Kalten Kriegs in Kommunisten und Antikommunisten führte dazu, dass – verbunden mit Unreife sowie autoritären und undemokratischen Überzeugungen insbesondere in den höheren Ebenen der Staatsverwaltung – manche Italiener im Faschismus ein System sehen konnten, das wirksamer als die schwache Demokratie erschien, um die Gesellschaft vor der »roten Gefahr« zu bewahren.

Die Polarisierung Faschismus – Antifaschismus war ein grundlegendes Element meines Geschichtsbildes schon in der Grundschule. Meine erste Klassenlehrerin in Turin besaß schmerzliche Erinnerungen an die Zeit der Besetzung Norditaliens durch die Deutschen. Sie war als Kind an der Resistenza in Piemont beteiligt gewesen und hatte den Widerstandskämpfern als Botin gedient, die Nachrichten und Informationen durch die deutschen Kontrollen hindurchschmuggelte. Sie erzählte uns oft sehr emotional von ihren Erfahrungen, und wir lasen im Unterricht viel über den italienischen Widerstand. Es waren die 80er Jahre, und der Mythos des heroischen Widerstands der Partisanen gegen die Nazis war noch ungebrochen und damit nicht in Frage zu stellen. Die differenziertere Beurteilung des Widerstands, zum Beispiel in Hinblick auf die von den Partisanen begangenen Verbrechen, setzte erst ein Jahrzehnt später ein. Bis zu diesem Zeitpunkt waren die Widerstandskämpfer unantastbar, fast Heilige. Das gesamte Themengebiet der Resistenza wurde an den Schulen mit Sentimentalität und großem Pathos dargestellt.

Unsere Klassenlehrerin las uns Gedichte und Auszüge aus Romanen vor, die sie selbst sehr berührten. Jedes Jahr im Frühling, um den 25. April herum, dem Nationalfeiertag, an dem an die Befreiung erinnert wird, pilgerte die Klasse zu einer kleinen Gedenkstätte, die sich in der Nähe der Kirche befand. Auf dem Weg forderte uns die Lehrerin auf, hin und wieder stehenzubleiben und die Tafeln zu betrachten, die an den Mauern der Gebäude befestigt waren. Es waren Gedenktafeln für die gefallenen und ermordeten Widerstandskämpfer aus Turin, da das Gebiet um die Schule in den Tagen kurz vor der Kapitulation Ort zahlreicher Erschießungen durch die Deutschen gewesen war. Die Gedenkstätte selbst bestand aus einem Gedenkstein, einem Blumenkranz in den Farben der Trikolore und zwei Tafeln mit den Namen der Erschossenen und ihren Geburts- und Todesdaten.

Dort erwartete uns dann unweigerlich ein Überlebender des Widerstandes – bestellt von der zuständigen Ortsgruppe des Associazione Nazionale Partigiani d'Italia (ANPI), der nationalen Vereinigung der italienischen Partisanen – sowie der Priester der Gemeinde. Wir setzten uns alle auf den Boden, und der Widerstandskämpfer erzählte uns seine Geschichten voll heldenhafter Taten, voll von Grausamkeiten, Angst und Schmerz, alles sehr verständlich, da Gut und Böse eindeutig verteilt waren. Die Guten waren immer die Partisanen, die Bösen immer die Deutschen, das legitime Ziel immer die Befreiung, nie die Revolution. (Uns wurde schon damals der offizielle staatliche Geschichtskanon eingeimpft.) Auch der Priester erzählte seinen Teil, vor allen um nicht den Eindruck aufkommen zu lassen, die Befreiung sei lediglich ein Werk der »gottlosen Kommunisten« gewesen. Am Ende dann sangen wir alle das berühmte und überaus traurige Partisanenlied *Bella Ciao*.

In den Erzählungen der Überlebenden des Widerstands wurde der Faschismus als das Böse schlechthin dargestellt. Allerdings fehlten in den Geschichten als Feinde sehr oft die italienischen Faschisten. Jahrelang hatte ich den Eindruck, dass der Faschismus nur eine tragische Episode gewesen sei, die mit der Invasion der Deutschen 1943 über Italien hereingebrochen war. Die Tatsache, dass die Italiener den »Duce« an die Macht gebracht hatten, ihn verehrten und ihm folgten, fand kaum Erwähnung, sie war so gut wie nicht präsent, zumal verglichen mit der Bedeutung, die man der Resistenza gab.

Ich erinnere mich an den Tag, an dem ich entdeckte, dass sowohl in der Familie meiner Mutter als auch in der meines Vaters – die beide aus dem Süden stammen – so gut wie alle überzeugte Faschisten gewesen waren. Meine Mutter sprach nicht gern davon. Mein Großvater, ihr Vater, hatte an der Front in Afrika gekämpft und war ein glühender Sympathisant der neofaschistischen Partei MSI, für die er seit 1945 bei jeder Wahl gestimmt hatte. Nach meiner Mutters Auffassung war sein Faschismus harmloser Natur, der sich vor allem aus einer unreflektierten Leidenschaft für Ordnung speiste. Für ihn war Mussolini – eine vor allem im Süden populäre Einstellung – vor allem derjenige, dem es zu verdanken war, dass die Züge pünktlich fuhren, und der ein Italien geschaffen hatte, in dem man sein Fahrrad nicht anzuschließen brauchte. Von Zeit zu Zeit beschimpfte er lautstark das Parlament, in das er zu gern eine Bombe geschmissen hätte. Aber, wie mir meine Mutter stets versicherte, seien das »nur Dinge, die man halt so sagt«. Die Begeisterung meines Großvaters für den Faschimsus ergriff auch meine Großmutter, die sich allerdings, als anständige Frau des Südens, nicht in die Politik einmischte – »Männersache«, wie sie sagte – und sich darauf beschränkte, hin und wieder ihre Bewunderung für Männer mit hoher Stirn »wie der Duce« zum Ausdruck zu bringen. Wesentlich beunruhigender und dunkler war die Geschichte einer ihrer Brüder, der halbverrückt nach seiner Kriegsgefangenschaft bei den Engländern nach Hause zurückkehrte. Meine Großmutter ließ ihn in eine Anstalt einweisen, in der er seine letzten Lebensjahre in einer Art Delirium verbrachte. Anscheinend war der Auslöser seiner Krankheit seine Unfähigkeit, das Ende des Faschismus zu akzeptieren. All das aber waren nur Dorfgerüchte, die ich nie wirklich aufzuklären vermochte. Alles in allem war der Faschismus meiner Großeltern keine politische Parteinahme, die ich für mich irgendwie mit dem Feindbild, das uns als Inkarnation des Bösen dargeboten wurde, hätte in Einklang bringen können. Er schien mir vielmehr eine Kultur der politischen Widersprüchlichkeit, typisch für viele Italiener, die im Grunde vor allem damit beschäftigt waren, den Alltag zu meistern.

Mein Großvater väterlicherseits, ebenfalls Faschist und MSI-Anhänger, hatte keinen Augenblick gezögert, die Uniform loszuwerden, um sich auf diese Weise nach dem Bruch des deutsch-italienischen Bündnisses im September 1943 vor dem deutschen Internierungslager zu retten. Wichtiger als die Allianz mit »diesen Dreckskerlen von Nazis«, so seine Worte, war ihm seine Treue zum »Duce«, dessen Politik ihn gezwungen hatte, krank und ausgehungert zu Fuß aus Jugoslawien zurückzukehren, eine der schlimmsten Erfahrungen seines Lebens. Als ich ihm von meiner Grundschullehrerin in Turin und meinen Begegnungen mit Angehörigen der Resistenza erzählte, sah er mich merkwürdig an, mit halb fragenden, halb unschuldigen Augen, und wie um sich zu entlasten, sagte er mir: »Ach, Angelegenheiten des Nordens ... wir hier im Süden waren alle Faschisten und fertig!«

Geburtsfehler einer unvollendeten Demokratie

Anders als Deutschland war Italien am Ende des Zweiten Weltkriegs zwar verwüstet, empfand sich aber nicht als besiegtes Land. Das faschistische Regime war nicht in einem apokalyptischen Szenario untergegangen, sondern schon 1943 wegen innerer Spannungen und unter dem Druck der aussichtslosen militärischen Lage zusammengebrochen. Dieser Zusammenbruch hatte die Gründung der Widerstandsbewegung begünstigt.

Die neue italienische Republik entstand aus dem antifaschistischen Befreiungskampf, doch sie war gespalten. Italiener hatten auf beiden Seiten gekämpft, sie waren Soldaten und Milizionäre der faschistischen Schwarzen Brigaden sowie anderer bewaffneter Verbände der Salò-Republik gewesen, die an der Seite der Wehrmacht blutige Vergeltungsaktionen und Massaker an ihren Landsleute verübt hatten. Andere Italiener hatten zur Volante Rossa gehört, einer Partisanenorganisation, die noch Jahre nach Beendigung des Zweiten Weltkriegs in Nord- und Mittelitalien Morde an ehemaligen Faschisten und politischen Gegnern der Kommunisten beging. Die Resistenza-Bewegung war politisch alles andere als homogen. In den Reihen der Partisanen hatten Monarchisten und Anarchisten, Katholiken und laizistische Republikaner gekämpft. Die zahlenmäßig stärkste und einflussreichste Gruppe waren allerdings die Kommunisten. Bei der Konferenz der Alliierten in Jalta war Italien im Februar 1945 dem britischen Machtbereich, also dem westlichen Block zugesprochen worden.

Die Westalliierten wollten zwar nicht auf die Unterstützung der etwa 250000 Mann starken Partisanenarmee verzichten, fürchteten aber, dass der Aufstand gegen die Faschisten in einer sozialen Revolution münden könnte. Deshalb versuchten britische und amerikanische Militärs, den politischen Einfluss des italienischen Komitees für die nationale Befreiung (CLN) einzuschränken und bei Waffen- und Lebensmittellieferungen die »weißen«, sprich: nichtkommunistischen Partisanen den »roten« vorzuziehen. Die Amerikaner setzten – um den kommunistischen Einfluss zurückzudrängen – beim Aufbau der Staatsbürokratie, der Polizei, der Armee, der Justiz, der Diplomatie sowie der Sicherheitsdienste auf ehemals faschistische Eliten. In Süditalien, insbesondere in Sizilien, wo der US-Geheimdienst bereits für die alliierte Landung im Juli 1943 die italo-amerikanische Mafia um Hilfe gebeten hatte, hatte man sich sogar der Mafia-Bosse bedient, um gegen die Besetzungen von Großgrundbesitz durch die Landarbeiter vorzugehen und den Vormarsch der KPI zu stoppen.

Der Sturz der Diktatur hatte ein politisches Vakuum geschaffen, das von einer neuen intellektuellen Elite besetzt wurde. Liberale, Republikaner und sonstige Antifaschisten, die Regime und Krieg hinter Gittern oder im Exil überlebt hatten, stellten 1945 eine Minderheit im Lande. Der Aufbau von Massenparteien ermöglichte dieser Elite aber eine politische Mehrheit. Die 1946/47 unter maßgeblicher Beteiligung der Kommunisten geschriebene und 1948 in Kraft getretene Verfassung war das erste große Werk dieser neuen politischen Klasse. Das von allen geteilte Ziel war die Errichtung einer ausbalancierten Gewaltenteilung, die die hegemoniale und autoritäre Macht in Schach halten konnte. Das Ergebnis war eine der modernsten und fortschrittlichsten Verfassungen der Welt. Sie blieb aber das Produkt einer kulturpolitischen Elite, die die realen Strukturen der italienischen Gesellschaft eher fürchtete. Die Verfassung war durch einen starken Idealismus geprägt. Doch wie weit war das demokratische Denken der Italiener? Und inwieweit konnten sie diese Charta annehmen?

Die demokratische Verfassung war den meisten Italienern zumindest am Anfang fremd. Ein solches System hatten sie noch nie gekannt. Italien hatte den »Zug in die Moderne« immer wieder verpasst. Als im 19. Jahrhundert in Westeuropa der Feudalismus weitgehend überholt war, war er in Italien immer noch lebendig – ja feudalistische Strukturen blieben in weiten Teilen des Landes bis an die Schwelle des 20. Jahrhunderts bestehen. Feudal bedeutete dabei vor allem, dass das Verhältnis von Herrscher und Untertan als selbstverständlicher Bestandteil der Gesellschaft angesehen wurde, was unter anderem Gewaltanwendung als Instrument zur Lösung sozialpolitischer Auseinandersetzungen ebenso einschloss wie eine quasi instinktive Gewöhnung an Gehorsam gegenüber dem jeweiligen Herrscher. *Francia o Spagna, l'importante è che si magna* (frei übersetzt: »Egal ob Frankreich oder Spanien über Italien herrscht, das Wichtigste ist, dass man zu Essen hat«) – dieses alte Motto zeigt deutlich, wie fremd den Italienern die Werte der Resistenza und die Vorstellungen der Verfassungsväter waren. So war eines schon ganz am Anfang für die italienische Demokratie bezeichnend: der Abstand der politischen Führungsschicht von der realen Gesellschaft.

Mit wem nun die Demokratie aufbauen? Faschisten und Monarchisten waren nach dem Krieg zwar von der Macht verdrängt worden, agierten aber politisch weiter. Ihre Bekehrung zur Demokratie war im besten Fall ambivalent. Die Resistenza war für sie kein Orientierungspunkt. Für diejenigen, die 1943 bis 1945 als Anhänger der Republik von Salò auf der Seite der Nationalsozialisten gegen die Partisanen gekämpft hatten, war sie sogar eine Art Urkatastrophe. Schließlich waren sie die Besiegten. Das Ende des Krieges bedeutete auch für die Monarchisten eine Niederlage, nachdem sich die Italiener 1946 in einem Volksentscheid mit knapper Mehrheit für die Abschaffung der Monarchie entschieden hatten. Die Alliierten fürchteten angesichts der politischen Machtverhältnisse ein Abdriften Italiens in die sowjetische Einflusssphäre und hielten deshalb die politische Ausgrenzung der Kader des Mussolini-Regimes für falsch. Um zu vermeiden, dass die Antifaschisten die Führung des Staates übernahmen, beschlossen die Amerikaner, ehemalige Faschisten in den Staatsdienst aufzunehmen. Mit den Worten des Politikers und Historikers Giovanni Pellegrino:

> »Wenn Italien ein ›normales‹ Land gewesen wäre, hätten die ehemaligen Partisanen die Reihen der Armee, der Carabinieri, der Polizei, der Justiz, der Staatsbürokratie gefüllt. Sie hätten das Gerüst der neugeborenen Demokratie gebildet – die demokratische Basis für die neue aufgeklärte Führungsschicht der Republik. Doch war unser Land kein normales Land. Denn

> […] es hatte auf seinem Boden eine der stärksten kommunistischen Parteien Europas. […] Versetzen wir uns einmal in die Lage der Angloamerikaner, die vor folgendem Dilemma standen: Wie lange noch wäre Italien im Lager der freien Nationen geblieben, wenn Armee, Justiz, Carabinieri, Polizei, Geheimdienste, Staatsapparat und Diplomatie in die Hände der Kommunisten gefallen wären? Die antikommunistischen demokratischen Parteien verfügten nicht über genügend Kader. […] Man musste sie also mit faschistischen Funktionären ergänzen.«

Dass sich die Kommunisten mehr als alle anderen Parteien für eine demokratische Erziehung der Bevölkerung einsetzten, spielte für die Alliierten keine Rolle. So kam es, dass die Institutionen schon in den ersten Jahren der Nachkriegszeit durchsetzt waren mit Leuten, die in der antidemokratischen Kultur des Faschismus politisch sozialisiert worden waren und keine Sympathien für den Rechtsstaat hegten. Das erklärt auch, warum manche Kreise der Carabinieri- und Armeeführung oder leitende Funktionäre der Geheimdienste lange Zeit Planspiele für einen Staatsstreich in den Schubladen hatten, um eine Verschiebung des politischen Gleichgewichts nach links zu unterbinden. Für sie galt grundsätzlich das Prinzip: *a mali estremi, estremi rimedi* (übersetzt etwa: »auf einen groben Klotz gehört ein grober Keil«).

Als sich weltweit die Auseinandersetzungen zwischen dem Ostblock und dem Westen zuspitzten, kündigten die von Alcide de Gasperi geführten Christdemokraten (Democrazia Cristiana, DC) im Mai 1947 die Zusammenarbeit mit Kommunisten und Sozialisten auf. Diese gingen in die Opposition, während die Christdemokraten sich mit den anderen katholischen und liberaldemokratischen Parteien verbündeten. Vor der ersten Parlamentswahl im Frühjahr 1948 tobte ein harter Wahlkampf. Die DC stilisierte die Wahl zu einer Entscheidungsschlacht zwischen der Freiheit des Kapitalismus und der stalinistischen Diktatur hoch. Die Atmosphäre im Lande war extrem angespannt. Man fürchtete den Ausbruch eines neuen Bürgerkriegs. Eine Reihe von Morden an Geistlichen durch bewaffnete Kommunisten brachte den katholischen Aktivisten Luigi Gedda dazu, die *co-*

mitati civici – Bürgerkomitees der Christen gegen die kommunistische Bedrohung – zu bilden, die energisch Propaganda betrieben.

Der 18. April 1948 brachte den Triumph der DC, die sich mit fast 13 Millionen Stimmen (48 Prozent) mit Abstand als stärkste Partei Italiens etablierte. Ihr Gegner, die Fronte Democratico Popolare, in der sich Kommunisten und Sozialisten zusammengeschlossen hatten, erreichte nur 31 Prozent und musste in der Opposition bleiben. Und zwar, im Falle der Kommunisten, für die nächsten 48 Jahre. Denn die KPI wurde sozusagen unter Quarantäne gestellt. Ein Parteiverbot wurde zwar erwogen, von den Amerikanern sogar gefordert, aber von der christdemokratischen Führung als gefährlich und kontraproduktiv angesehen. Stattdessen setzte sich von nun an die Formel der – wie sie der spätere Kommunistenchef Enrico Berlinguer nannte – *conventio ad excludendum* durch, die stillschweigende Vereinbarung zwischen allen regierungsfähigen Parteien (Christdemokraten, Liberalen, Republikanern und Sozialdemokraten), bei der Bildung von Kabinetten die KPI grundsätzlich auszuschließen, was angesichts der Tatsache, dass die Kommunisten immer die zweitstärkste Fraktion im Parlament stellten, dazu führte, dass es lange Jahre faktisch keine Regierungsalternative gab.

Don Camillo und Peppone: das Italien der zwei »Kirchen«

Die *conventio ad excludendum* betraf allerdings nicht die regionale Verwaltungsebene. In Regionen wie Emilia-Romagna, Ligurien, der Toskana, den Marken und Umbrien, den sogenannten roten Regionen Italiens, stellte die KPI zahlreiche Bürgermeister. In genau solch einer Region, in der emilianischen Poebene, lag das fiktive Dorf Boscaccio, in dem der italienische Journalist und Karikaturist Giovannino Guareschi seine weltberühmte Saga von Don Camillo und Peppone spielen ließ.

Don Camillo und Peppone sind die Hauptfiguren einer Reihe von Romanen und Erzählungen, die seit ihrem ersten Erscheinen unmittelbar nach Kriegsende in Dutzende von Sprachen übersetzt und mehrmals verfilmt wurden. Don Camillo Tarocci und

Giuseppe Bottazzi, genannt Peppone, sind erbitterte Gegner. Der Erste ist ein schlauer, tat- und schlagkräftiger katholischer Priester, der Zweite der genauso tatkräftige kommunistische Bürgermeister von Boscaccio. Die beiden, verbunden durch ihren Kampf als Partisanen im Befreiungskrieg, konkurrieren miteinander in einem weitgehend noch landwirtschaftlich geprägten Italien der frühen Nachkriegszeit zwischen Wiederaufbau und Wirtschaftswunder. Obwohl sie ständig sehr unterschiedliche Mittel einsetzen, um die Probleme des Dorfes zu lösen, merken sie immer, dass sie sich eigentlich von einander nicht so sehr unterscheiden und dass das, woran sie glauben, sie mehr vereint als trennt – Don Camillos Katholizismus und Peppones Kommunismus sollen gemeinsam die Demokratie in Italien aufbauen.

Die Polarität der beiden Glaubensrichtungen, der zwei »Kirchen« – der katholischen und der kommunistischen – hat die italienische Nachkriegsgesellschaft weit über die 50er Jahre hinaus geprägt. Zwar konnte die Beteiligung der Kommunisten an der direkten politischen Macht nicht zugelassen werden – unter anderem weil Italien Mitglied der Nato war und die Kommunisten dann Zugang zu den Verteidigungsplänen gehabt hätten –, doch war die KPI gesellschaftlich und politisch integriert. Sie hatte eine hohe Ausstrahlungskraft auf die Intellektuellen und konnte gleichzeitig ihre Anhänger mobilisieren, was dazu führte, dass die schwachen von Christdemokraten geführten Regierungen stets eine Art inoffizieller Zusammenarbeit mit der KPI suchten. So setzte sich in der Arbeits-, Wirtschafts- und Sozialpolitik die *concertazione*, die »konzertierte Entscheidung«, durch. Kein gesellschaftsrelevanter Beschluss konnte von der Regierung im Alleingang getroffen werden, immer musste sie sich mit der Opposition abstimmen. Hinzu kam eine teilweise programmatische Übereinstimmung zwischen dem linkskatholischen Flügel der DC und der gemäßigten Führung der KPI, die als *cattocomunismo* bezeichnet wurde. *Concertazione* und *cattocomunismo* bekamen im Lauf der Zeit einen abwertenden Klang, sie galten als Suche nach dem Kompromiss um jeden Preis, die das Land lähmte.

Katholiken und Kommunisten teilten sich zweifellos die Verantwortung für den Aufbau der Demokratie im Nachkriegsitalien – auch wenn sie sich heftig bekämpften. Dabei ging es nicht so gemütlich zu wie bei Guareschis Geschichten von Don Camillo und Peppone. Denn inzwischen ist erwiesen, dass gleich nach dem Ende des Zweiten Weltkriegs sowohl die »roten« als auch die »weißen« Partisanen ihre Waffen nicht abgaben, sondern versteckten und insgeheim begannen, paramilitärische Milizen aufzubauen.

Die KPI gründete ab Sommer 1945 eine Untergrundarmee, von der nur die obersten Parteifunktionäre wussten. Die Vigilanza Rivoluzionaria, die »Revolutionäre Wache«, umfasste Ende der 40er Jahre laut einer Untersuchung von Giovanni Fasanella und Giovanni Pellegrino etwa 100 000 Mann, die wahrscheinlich in Osteuropa von dortigen Geheimdiensten militärisch ausgebildet wurden. Die KPI stand zumindest zwei Mal kurz davor, ihre paramilitärische Organisation einzusetzen: bei der Wahl vom 18. April 1948, als sie mit einem Putsch der Christdemokraten im Falle eines Wahlsieges der Volksfront rechneten, sowie drei Monate später, als am 14. Juli 1948 auf Parteichef Palmiro Togliatti ein Mordanschlag versucht wurde. Ab den 50er Jahren wurde der subversive Untergrundapparat nach und nach von der Parteiführung »eingefroren« – ganz aufgelöst wurden aber die Commissioni Antifasciste, die als Tarnung der Einheiten der Geheimarmee dienten, erst im November 1974. Auf der anderen Seite hatten die antikommunistischen Partisanen ebenfalls Waffenlager aufgebaut und paramilitärische Einheiten organisiert, die in einem geheimen Netz der sogenannten Atlantici d'Italia, der »Atlantiker von Italien«, zusammengeschlossen waren. Hauptziel dieses Netzes war der bewaffnete Widerstand gegen jeden Versuch kommunistischen Aufstandes oder Sabotage. 1956 wurde dieser Apparat – so Danielle Glaser in seinem Buch über die geheimen Nato-Armeen in Westeuropa – in die paramilitärische, europaweit aufgebaute Geheimorganisation der NATO »Stay Behind« – in Italien eher unter dem Namen Gladio bekannt – eingegliedert, die im Falle einer sowjetischen Invasion Westeuropas einen Guerillakrieg führen sollte. Sowohl die DC- als auch die KPI-Führung wussten von den eigenen und den paramilitärischen Strukturen des Gegners, und ihr gemeinsames Schweigen war Teil des Kompromisses, auf dem die demokratische Ordnung in Italien beruhte.

Das Italien von Don Camillo und Peppone, der zwei »Kirchen«, Christus gegen Stalin, war eine Nation, die am Rand eines blutigen Zusammenstoßes lebte. Der Verdienst der politischen Eliten bestand vor allem darin, Konflikte immer wieder friedlich und im Dialog zu lösen, auch weil sie vielleicht wussten, dass es in Italien keine andere Regierung als eine christdemokratisch geführte geben konnte. 1976 erzielte die KPI unter der Führung von Enrico Berlinguer das beste Wahlergebnis ihrer Geschichte. Damit hätte sie theoretisch in einer Koalition mit den Sozialisten eine Regierung bilden können. Die Kommunisten standen an der Schwelle zur Macht. Sie blieben aber weiterhin in der Opposition. Millionen Italiener, die in der Hoffnung, dem »christdemokratischen Regime« ein Ende zu setzen, für die KPI gestimmt hatten, wussten nicht, dass sich die Amerikaner und die NATO sofort in Bewegung gesetzt hatten, um den italienischen Kommunisten den Weg zur Macht zu versperren. Dokumente aus den Archiven des Foreign Office, des britischen Außenministeriums, die *La Repubblica* im Januar 2008 veröffentlichte, beweisen, dass am 8. Juli 1976 die Staatssekretäre der Vereinigten Staaten, Großbritanniens, Frankreichs und der Bundesrepublik Deutschland heimlich in Paris zusammengekommen waren, um über die politische Lage zu beraten. Nachdem auch die Option eines Staatstreichs in Erwägung gezogen worden war, beschlossen die Anwesenden, Druck auf die Christdemokraten auszuüben, damit sie ihre von Skandalen erschütterte Glaubwürdigkeit wiederherstellten und sich ihrer »schwarzen Schafe« entledigten. Sogar ein Reformprogramm für Italien wurde verfasst, das die Sanierung der Staatskasse, die Bekämpfung der Steuerhinterziehung sowie die Einschränkung der Macht der Gewerkschaften vorsah. Eine kommunistische Regierungsalternative wurde weiterhin ausdrücklich untersagt. Zum Geheimtreffen von Paris wurden keine Vertreter der italienischen Regierung eingeladen.

Das Wissen um die ausländischen Interessen oder die Ahnung davon sowie die Angst voreinander zwangen Kommunisten und Christdemokraten, einander zu respektieren. Dies hat Italien ein nie gekanntes Ausmaß von Demokratie und Wohlstand beschert. Dennoch konnte dieser Zustand den Groll, die Enttäuschung und die Unzufriedenheit vieler gegenüber dem System nie ganz beseitigen. Der Gewaltausbruch, der das unruhige Italien in den 60er und vor allem den 70er Jahren erschütterte und die mühsam aufgebaute Demokratie bis an den Rand ihrer Auflösung trieb, war ein neues Kapitel in der Geschichte des unterschwelligen Bürgerkriegs im 20. Jahrhundert.

Aufbruch und Terror: die 70er Jahre

Der Wirtschaftsaufschwung der 50er und 60er Jahre – das *miracolo italiano,* das italienische Wirtschaftswunder – schaffte die Bedingungen für den radikalsten Wandel in der italienischen Gesellschaft seit der Gründung des Einheitsstaates. Die staatstragende Partei Democrazia Cristiana (DC) musste das Land modernisieren, ohne dabei ihre eigene Führung im politischen System aufzugeben. Gegen Ende der 50er Jahre hatte sich die Formel des *centrismo* (von centro, »Zentrum«), sprich: christdemokratischer Einparteiregierungen oder Kabinette mit der Unterstützung konservativer, gemäßigter und proamerikanischer Parteien wie den Liberalen der PLI oder den Sozialdemokraten der PSDI, überlebt. Der Versuch des christdemokratischen Ministerpräsidenten Fernando Tambroni, sich bei der Bildung seiner Regierung auf die Stimmen von Monarchisten und Neofaschisten zu stützen, löste 1960 in verschiedenen Großstädten Italiens einen Aufstand aus. Das machte der DC-Führung deutlich, dass der Weg einer politischen Wende nach rechts nicht gangbar war. Um weiter zu regieren, musste sie sich neu orientieren. 1962/63 begann die Phase der Mitte-Links-Regierungen unter Miteinbeziehung der Sozialisten der PSI in die Kabinette.

Das Italien jener Jahre war ein Land mit starken Klassenunterschieden. Kinder aus Arbeiterfamilien und aus bürgerlichen Familien besuchten getrennte Schulen, Ersteren war der Zugang zu einem Studium grundsätzlich versperrt. Reformen der 60er Jahre wie die Verlängerung der Schulpflicht bis zum Alter von 14 Jahren, die Einrichtung der gemeinsamen *scuola media* (Mittelschule) für alle Kinder sowie die Liberalisierung des Zugangs zur Universität ließen die Gesellschaft in Bewegung kommen. Diese entscheidenden Eingriffe ins Bildungssystem wirkten, so der Historiker Paul Ginsborg, wie eine Zeitbombe. Das italienische Hochschulsystem hatte sich in vielen Hinsichten überlebt – die letzte Universitätsreform datierte von 1923 – und war nicht in der Lage, dem massiven Zulauf junger Studenten aus den unteren Gesellschaftsschichten standzuhalten. Die Bombe ging zwischen 1966 und 1968 hoch. Lange vor dem Pariser Mai 1968 wurden in Turin, Mailand, Trient und Rom die Universitäten von Studenten besetzt. Der Protest hatte sowohl handfeste als auch ideologische Gründe. Die Studienkosten waren für Studenten aus der Arbeiterklasse fast unbezahlbar, es gab kaum Stipendien, und die Lernbedingungen waren miserabel. Schließlich hatte sich die Zahl der Studierenden innerhalb von fünf Jahren mehr als verdoppelt – was auch schwerwiegende Folgen für den Arbeitsmarkt hatte, der nicht allen Hochschulabsolventen eine angemessene Beschäftigung garantieren konnte. Man rebellierte aber auch gegen die »zwei Kirchen«, die katholische und die kommunistische Kultur. Die Studenten waren beseelt von revolutionären, teilweise libertären Visionen, sie protestierten gegen den Krieg der USA in Vietnam und fühlten sich von der maoistischen Kulturrevolution in China angezogen.

In den 60er Jahren kam es gleichzeitig zu Protesten in den Fabriken der größten Industriezentren Italiens: In Turin, Mailand, Genua, Venedig-Mestre explodierte eine weitere »Zeitbombe«, die durch die Massenemigration aus Süditalien entstanden war. Die Unzufriedenheit mit den Lebensbedingungen in den trostlosen Schlafstädten Norditaliens verband sich mit der Klage über ein Leben, das völlig von der Arbeit bestimmt war. Wie in der Studentenbewegung wurden praktische Gründe mit einer guten Dosis Ideologie verstärkt. In den Fiat-Werken in Turin und bei Sit-Siemens in Mailand bildeten sich um 1968 revolutionäre Gruppen, die bereit waren, auch mit radikalsten Mitteln den »Klassenkampf« zu gewinnen. Die Proteste der Arbeiter gipfelten im »Heißen Herbst« 1969, in dem die Industrie Norditaliens größtenteils lahmgelegt wurde. Sie hielten aber noch ein ganzes Jahrzehnt bis in die frühen 80er Jahre an. Anders als in Deutschland protestierten Studenten und Arbeiter gemeinsam und unterstützten einander. Die Protestbewegung zeigte deutlich, dass die großen Erwartungen der Bevölkerung von den neuen Mitte-Links-Regierungen enttäuscht worden waren. Die Trägheit der politischen Führung wurde durch einen Aktivismus von unten abgelöst. Eine Zeit sozialer Unruhe begann, die nicht nur Universitäten und Arbeitsstätten, sondern die gesamte Gesellschaft erfasste. Das soziale Leben in Italien wurde auf allen Ebenen so radikal wie noch nie zuvor in Frage gestellt.

Die 70er Jahre gingen als die »Bleierne Zeit« *(anni di piombo)* in die Geschichte Italiens ein – eine düstere Zeit, in der politischer Terrorismus das Leben der Italiener prägte. Die Ursprünge des italienischen Terrorismus sind in der revolutionären, aufständischen Tradition eines Teils der italienischen Arbeiterbewegung, vor allem in den Erfahrungen der Resistenza zu suchen. Nach dem Zweiten Weltkrieg glaubten zahlreiche Kommunisten, dass die Führung der KPI die Bemühungen der Partisanen um eine Revolution in Italien verraten hatte. Die Partei von Palmiro Togliatti hatte sich für einen reformistischen Weg entschieden. Der »Mythos der verratenen Resistenza« beseelte zu Beginn der 70er Jahre einige Geister. Für diese war nun die Zeit gekommen, zu den Waffen zu greifen, um gegen die »neuen Faschisten« zu kämpfen: Nicht so sehr gegen die wenigen, isolierten Anhänger der neofaschistischen Partei Movimento Sociale Italiano (MSI), sondern eher gegen die »Fabrikherren« und die staatstragenden Politiker der DC. Dazu kam die Bewunderung für den Guerillakampf in Südamerika, und so entstand die Idee des bewaffneten Kampfes *(lotta armata)*, der bis in die späten 80er Jahre in Italien viel Blut fließen ließ.

Die stärkste Terrororganisation, eine der größten Europas, waren die Brigate Rosse, die Roten Brigaden. Im Frühjahr 1978 erreichten sie mit der Entführung und Ermordung des DC-Vorsitzenden Aldo Moro den Gipfel ihres traurigen Ruhmes sowie den Höhepunkt ihrer Wirksamkeit bei der Destabilisierung des Staates. Die Ereignisse in der Via Fani in Rom, bei denen die gesamte Eskorte des mehrfachen Ministerpräsidenten kaltblütig niedergeschossen wurde, beunruhigten die Italiener zutiefst. 55 Tage lang hielten die Terroristen das ganze Land in Atem. Die Tat hatte Folgen für das politische Systems Italiens. Die Möglichkeit, dass erstmalig Kommunisten an der Regierung beteiligt würden – die KPI hatte zwischen 1975 und 1976 bei den Wahlen die DC fast überholt – war danach schnell vom Tisch.

Der gemeinsame Traum von KPI-Generalsekretär Enrico Berlinguer und dem Christdemokraten Aldo Moro, eine Regierung zwischen den beiden stärksten politischen Kräften Italiens zu bilden, war geplatzt. Nach einer Reihe von Kabinetten der »nationalen Solidarität«, in denen sich alle Parteien zur Verteidigung der staatlichen Institutionen vor dem Terrorismus zusammenschlossen, begann die KPI massiv Stimmen zu verlieren. Die Zeit der sozialen Bewegungen ging langsam zu Ende. Massenentlassungen bei Fiat in Turin zu Beginn der 80er Jahre waren das Signal, dass die Unternehmer wieder die Kontrolle über die rebellische Arbeiterschaft gewannen. Die Zeit des *riflusso*, des Rückzugs vom sozialen und politischen Engagement ins Private, begann. In diesem Klima konnte der Staat die Roten Brigaden und andere Terrorgruppen zerschlagen.

Die 70er Jahre waren nicht nur von den Anschlägen der Links- und teilweise auch Rechtsterroristen auf Richter, Journalisten, Polizisten und andere Vertreter des Staates geprägt. Damals fand auch ein unterschwelliger Bürgerkrieg statt, der viele Opfer unter jungen Menschen forderte. Ideologisch aufgehetzte linke und rechte Jugendliche gingen brutal aufeinander los, prügelten sich zu Tode und erschossen sich kaltblütig auf offener Straße. Verantwortlich für diese Morde waren Ideologien, die den Jugendlichen die Ausschaltung des politischen Gegners predigten und von denen sie geradezu besessen waren – einerseits die Kultur des militanten Antifaschismus, andererseits die Überreste des faschistischen Squadrismus, der sich nicht selten des stillen Einverständnisses der Polizei erfreute.

Zum düsteren Klima der 70er Jahre trug aber auch der Staat durch die »Strategie der Spannung« maßgeblich bei. Diese Strategie, von Teilen des italienischen Staatsapparates heimlich konzipiert, hatte das Ziel, der Bevölkerung durch Terror Angst vor einer Destabilisierung des Staats einzujagen, um damit die Extremisten, insbesondere die radikale Linke, gesellschaftlich zu isolieren und einen Konsens im Volk für eine autoritäre Regierung zu schaffen. Beispielhaft für diesen Terror steht die Bombe, die am 12. Dezember 1969 in der Banca dell'Agricoltura an der Piazza Fontana in Mailand explodierte und 16 Menschen tötete. Danach eskalierten die Auseinandersetzung zwischen den sozialen und außerparlamentarischen Bewegungen auf der einen und dem Staat auf der anderen Seite. Die Bombe von Mailand, eine direkte Antwort auf die Arbeiterkämpfe des »Heißen Herbstes«, war der Beginn einer Reihe entsetzlicher Terroranschläge auf Züge, in Bahnhöfen und auf öffentlichen Plätzen, die 15 Jahre lang das öffentliche Leben Italiens beeinträchtigten und Dutzende von Opfern forderten. Die Verantwortlichen für diese Attentate, insbesondere die politischen Auftraggeber, konnten bis heute nicht eindeutig identifiziert werden. Genauso wenig wurden die gescheiterten Putschpläne der 60er und 70er Jahre, von dem »Piano Solo« des Carabinieri-Generals De Lorenzo 1964 bis zum Staatsstreichversuch von 1970 durch den faschistischen »Schwarzen Prinzen« Valerio Junio Borghese, endgültig aufgeklärt. Politischer Terror von Links und Rechts, »Strategie der Spannung«, obskure Putschversuche: Das alles brachte den italienischen 70er Jahren auch die Bezeichnung *notte della democrazia*, »Nacht der Demokratie«, ein.

Turin, eine der Hochburgen sowohl der Arbeiterbewegung als auch der Roten Brigaden, war während der düsteren Jahre des Terrorismus fast täglich Schauplatz von Attentaten wie Brandanschlägen auf Parteisitze und Polizeibüros oder von Gewaltakten gegen Fabrikbesitzer, Politiker und Richter. Eine besonders perfide Methode bestand darin, die Opfer nicht zu ermorden, sondern ihnen in die Knie zu schießen (die sogenannten *gambizzazioni*). Die Fabrikhallen von Fiat im Stadtviertel Mirafiori waren Schauplatz direkter Auseinandersetzungen; die Arbeiter besetzten häufig das Werk und bestreikten die Produktion zeitweise wochenlang. Die Politiker begannen von der »Partei Mirafiori« zu sprechen und zeigten damit, wie stark die politische Kraft der Automobilarbeiter und ihrer Gewerkschaften war.

1977, in einem allgemeinen Klima des Bürgerkriegs, entschied sich die Regierung, den Prozess gegen die inhaftierten Militanten des sogenannten historischen Kerns, also der Gründergeneration der Brigate Rosse, in Turin abzuhalten. Die Stadt befand sich in einer Art Belagerungszustand, um den Prozess gegen die Terroristen durchführen zu können. Denn diesen war es bis dahin immer gelungen, den Prozess platzen zu lassen. Die Brigate Rosse ermordeten deshalb sogar den Vorsitzenden der Turiner Anwaltskammer Fulvio Croce und schüchterten die gesamte

Bürgerschaft durch Terror massiv ein. Ihr Ziel war es, den Prozess auch weiterhin unmöglich zu machen. Daher entzogen die Angeklagten ihren Verteidigern das Mandat, und die Pflichtverteidiger des Staates wurden so lange mit dem Tode bedroht, bis sie sich weigerten, die Verteidigung zu übernehmen. In der ganzen Stadt fand sich kein Bürger, der bereit gewesen wäre, sich auf die Geschworenenbank zu setzen. Der *Spiegel* brachte im Sommer 1977 eine Titelgeschichte zum Thema Italien und Terrorismus, die die italienische Regierung zusammenzucken ließ: Das Titelbild stellte eine Pistole auf einem Teller Spaghetti dar, andeutend, dass die Situation in Italien mittlerweile außer Kontrolle geraten war. Der Beginn des Prozesses zögerte sich bis Anfang des Jahres 1978 hinaus, dann konnte er beginnen und wurde auch zu Ende geführt.

Die Zeit der Gewalt und des Terrors war für Turin aber noch lange nicht vorbei. Der Terrorismus forderte noch bis weit in die 80er Jahre hinein seine Opfer. Ich selbst bin 1977 geboren und war damit zu jung, um mich an diese Jahre zu erinnern. Aber ich weiß noch, wie diese Epoche von der nächsten abgelöst wurde. Der Übergang der 70er zu den 80er Jahren markierte eine Wende in der Gesellschaft. 1980, nach einem Streik in den Fiat-Werken, der einen ganzen Monat dauerte, gelang es dem Vorstand, den Widerstand der Belegschaft zu brechen, und es kam zu Massenentlassungen und zur Neustrukturierung des Unternehmens. Diese historische Niederlage der Arbeiterbewegung setzte nicht nur einer Epoche ein Ende, sondern war auch für die gesamte Stadt eine Tragödie. Viele Familien meiner Freunde und Schulkameraden durchlitten das Trauma der Kurzarbeit und der späteren Arbeitslosigkeit.

Der dunkle Schatten der Arbeitslosigkeit begann sich über die Stadt zu legen, eine Stadt, die das Symbol des Wirtschaftswunders war, der Sicherheit und des sozialen Fortschritts der Arbeiter. In mancherlei Hinsicht hat sich Turin von diesem Schlag nie erholt. Das Turin von heute, das mit den olympischen Winterspielen von 2006 versucht hat, den Fremdenverkehr anzukurbeln, ist eine Stadt, die sich schwer damit tut, eine neue Identität zu finden und seinen Einwohnern eine neue Lebensqualität zu bieten; zu viele Jahre hing das Wohlergehen der Kommune an der Automobilindustrie um Fiat.

In dem Arbeiterviertel, in dem ich aufgewachsen bin, stand direkt vor unserem Balkon eine alte Fabrikruine. Schon seit einiger Zeit stillgelegt, zerfiel das Gebäude langsam. Die alten Mauern wurden für Graffiti und politische Bekundungen benutzt. Ich lernte gerade lesen und erinnere mich noch sehr genau an all die Sprüche. Einer ging so: »10, 100, 1000 Vietnam«. Ein anderer besagte: »Die einzige Musik, die der Fabrikherr hört, ist das Schweigen der Maschinen.« Es waren die Sprüche und Parolen der 68er und der Arbeiterbewegung. Die Stimmen einer Epoche, die ihren Zenit überschritten hatte. Diese Sätze hatten für kaum jemanden noch Bedeutung und interessierten ebenso wenig wie die alte Ruine selbst. Eines Tages kamen Schaufelbagger und rissen die ganze Fabrik nieder. Auf dem Gelände entstand ein Einkaufzentrum, dem konsumistischen Ideal der 80er Jahre entsprechend.

Die Italiener wandten sich in großer Zahl von der Politik ab. Viele Aktivisten der zahllosen kommunistischen Gruppierungen konvertierten zum neuen Gott – dem Geld – und suchten sich einen Job in der expandierenden Werbe- und Medienbranche. Andere gingen den Weg des Heroins, dessen Verbreitung ab Ende der 70er Jahre in Italien einen Boom erlebte. Sie starben jährlich zu Tausenden. Von dieser Stimmung einer Epochenwende profitierte ein Mailänder Unternehmer, der das traditionelle staatliche Fernsehmonopol brechen konnte und eine regelrechte Kulturrevolution in Italien initiierte. Sein Name war Silvio Berlusconi.

Denn in diesen Jahren wurde das Fernsehen mehr und mehr von den Werbesendungen der kommerziellen Kanäle Berlusconis beeinflusst. Mein »Babysitter« war ein Farbfernseher der Marke Telefunken mit zwölf Kanälen, dessen Geräusche beim Einschalten an einen startenden Jumbojet erinnerten. Eine meiner Lieblingssendungen waren die »Schlümpfe«. Im Herbst 1984 ließ die Staatsanwaltschaft von Turin einen der drei illegalen, weil das Fernsehmonopol der staatlichen Kanäle von RAI verletzenden, Kanäle der Finivest-Gruppe von Berlusconi abschalten. Ich teilte mit vielen anderen Kindern – und Erwachsenen –, denen ihre Lieblingssendungen geraubt wurden, den Zorn gegen diesen repressiven Akt.

Wenn ich mich heute daran erinnere, schäme ich mich ein

bisschen. Denn genau dieser »Volkszorn«, unbedacht und spontan von einer Gesellschaft artikuliert, auf einen Fernsehkonsum von ungeahnter Niveaulosigkeit zusteuerte, war ein Zeichen für den Sieg Berlusconis; ein Sieg, der es ihm ermöglichte, selbst ein Monopol aufzubauen und eine geradezu unangreifbare Medienmacht zu etablieren. Mein Protest für die »Schlümpfe« war in einem gewissen Sinn eine erste, unbewusste politische Erfahrung eines Kindes, das in den zentralen Jahren zwischen dem Niedergang einer Epoche der sozialen Auseinandersetzungen und dem Aufkommen der Ära Berlusconis aufwuchs.

Der Niedergang der Ersten Republik: die Stunde des *Cavaliere*

Die 80er Jahre brachten auch einige positive Entwicklungen: die Zerschlagung der Roten Brigaden sowie einen kleinen Wirtschaftsboom. Italien schien endlich aus der Bleiernen Zeit herauszukommen und einen chronischen sozialen Konflikt hinter sich zu lassen. Doch das schien nur so: Im Mai 1981 wurde die geheime Freimaurerloge P2 aufgedeckt. Dieser 1974 aufgrund schwerwiegender Verstöße gegen freimaurerische Grundsätze aus dem Großlogentag des Grande Oriente d'Italia ausgeschlossene, von Kriminellen zur Tarnung missbrauchte Geheimbund plante eine politische Verschwörung: eine autoritäre Umgestaltung des Staates nicht durch einen offenen Staatsstreich, sondern durch die Unterwanderung der Regierung und aller wichtigen Institutionen und Machtzentren. Tatsächlich hatte der Großmeister Licio Gelli zahlreiche Führungsleute der Politik, der Wirtschaft, des Militärs, der Nachrichtendienste und sogar der Mafia rekrutiert. Unter den Mitgliedern waren etliche Personen, die man der Beteiligung an Terroranschlägen und Putschversuchen der 60er und 70er Jahre bezichtigte. Die Aufdeckung der P2 war nur der letzte in einer langen Reihe von Skandalen, die das politische System die Glaubwürdigkeit kostete. Der Versuch der Parteien, die Demokratie neu zu beleben, indem zum ersten Mal seit 1945 ein Sozialist, Bettino Craxi, zum Ministerpräsidenten gewählt wurde, brachte nicht viel. Erst mit dem Fall der Berliner Mauer vollzog sich eine Wende. Das Ende der weltweiten Konfrontation zwischen Ost und West veränderte auch den Rahmen der italienischen Politik, in dem sie sich stabilisiert hatte und dann versteinert war. Die KPI benannte sich 1990 nach dem Zerfall der kommunistischen Welt in Partito Democratico della Sinistra (PDS) um. An der Schwelle zu den 90er Jahren konnte man den Eindruck gewinnen, dass das politische Leben des Landes, das jahrzehntelang vom Kalten Krieg beherrscht worden war, in Bewegung geriet. Neue Horizonte für die »Republik der Skandale«? Tatsächlich nahm die Entwicklung eine ganz andere Richtung. Keiner konnte ahnen, dass sich Italien 1992 am Vorabend einer Revolution befand. Nicht einer kommunistischen Revolution, wie sie fast ein ganzes Jahrhundert gewünscht oder gefürchtet worden war. Nein, eine andere, eine besondere Revolution. Eine »Justizrevolution«.

Die Revolution, die der Ersten Republik ein Ende setzte und aus der die Zweite entstand, begann an einem gewöhnlichen Werktag im Februar 1992, als in Mailand der Leiter des Altenheims »Pio Albergo Trivulzio« mit sieben Millionen Lira Bestechungsgeld festgenommen wurde. Denn der Besitzer einer Reinigungsfirma hatte es satt, Schmiergeld zahlen zu müssen, um in dem Altenheim Aufträge für seine Firma zu bekommen. Deshalb wandte er sich an die Carabinieri, die einen Hinterhalt organisierten. Der korrupte Altenheimleiter hieß Mario Chiesa. Er war ein Exponent der PSI mit Ambitionen auf das Bürgermeisteramt in der lombardischen Hauptstadt, die seit einem Jahrzehnt eine Hochburg der von Bettino Craxi geführten Sozialisten war. Was anfänglich wie ein »gewöhnlicher« Fall von Korruption erschien, war Auslöser einer völlig unerwarteten Entwicklung. Nach wenigen Wochen erstreckten sich die Ermittlungen der Mailänder Staatsanwaltschaft auf die gesamte Parteienlandschaft, zuerst auf regionaler, dann auf nationaler Ebene. Auch die Staatsanwaltschaften anderer Städte Italiens begannen zu ermitteln. Immer mehr Unternehmer und Politiker wurden wegen Korruption und Amtsmissbrauch angeklagt. Bereits im Sommer stand praktisch die gesamte politische Klasse Italiens unter Anklage.

Die Reaktion der Führungsschicht war die übliche: alles abstreiten, sich einigeln. Aber etwas war anders als gewohnt: Zwar wurden die festgenommenen Parteimitglieder wie üblich von den

Spitzenpolitikern isoliert und als vereinzelte »faule Früchte« in einem angeblich integeren System hingestellt, doch die »faulen Früchte« fühlten sich nicht mehr verpflichtet, zu schweigen. Die Mauer des Schweigens wurde durchbrochen, und eine erschütternde Wahrheit kam ans Licht: Seit Jahrzehnten hatten die Parteien ein engmaschiges System der illegalen Finanzierung errichtet, das praktisch das gesamte produktive Leben des Landes erpresste. In Mailand sowie in anderen Großstädten Italiens gab es keinen öffentlichen Auftrag, der nicht von den Parteien kontrolliert wurde. Diese teilten sich die von den Unternehmern kassierten Schmiergelder nach dem örtlichen Kräfteverhältnis: Die großen Parteien erhielten einen größeren Anteil, die anderen einen kleineren. Demokratie koste, verteidigten sich einzelne Politiker, die KPI könne auf den Rubel aus Moskau zählen, die anderen müssten sich selbst helfen, um die Demokratie vor der kommunistischen Gefahr zu bewahren. Eine erbärmliche Verteidigung. Das System der illegalen Parteienfinanzierung, das für die Parteien so einträglich war – es wurde auf einen Jahresumsatz von 10 000 Milliarden Lira, mehr als fünf Milliarden Euro geschätzt –, lastete auf den Staatskassen und somit auf dem öffentlichen Leben. Die Kosten von Bauten, die durch die öffentliche Hand finanziert wurden, lagen auch deshalb weit über dem europäischen Durchschnitt: In Mailand kostete der Bau einer U-Bahn-Linie 192 Milliarden Lira (etwa 100 Millionen Euro) pro Kilometer, in Hamburg nur 23, und für die Erweiterung des Mailänder Meazza-Stadions für die Fußballweltmeisterschaft 1990 benötigte man über zwei Jahre Zeit und 180 Milliarden Lira, während so etwas in Barcelona in nur 18 Monaten für ein Viertel der Summe erledigt wurde. Insgesamt schlugen sich die durch die Korruption verursachten Kosten jährlich mit über 200 000 Milliarden Lira (etwa 103 Milliarden Euro) nieder. Die Parteien kontrollierten jeden erdenklichen Sektor, von den größten öffentlichen Aufträgen wie dem Bau einer Autobahn oder der Errichtung neuer Gefängnisse bis zu den kleinsten auf kommunaler Ebene, wie den für eine Reinigungsfirma in einer Schule oder in einem Krankenhaus. Mit speziellem Bezug auf Mailand kreierte die Presse den Begriff »Tangentopoli« (vom italienischen *tangente,* »Bestechungsgeld«): eine ganze Metropole errichtet mit Schmiergeldern.

Dass es in Italien Korruption gab, ahnten die Italiener schon lange. Nur Ausmaß und Systematik des Phänomens waren erschreckend: die Flut von Ermittlungsbescheiden, die nicht enden wollende Kette von Festnahmen, Spitzenpolitiker, die an den Pranger gestellt wurden. In Großstädten wie Mailand und Rom gingen die Italiener auf die Straße und bejubelten die Staatsanwälte des mailändischen Ermittlungspools als Retter des Landes und Vollstrecker der Gerechtigkeit. Insbesondere Antonio Di Pietro wurde gefeiert, der die ersten Untersuchungen von *Mani pulite* – unter diesem Namen ging die Welle von Ermittlungen und Prozessen in die Geschichte ein (»saubere Hände«, sinngemäß: »Weiße Weste«) – eingeleitet hatte. Im Herbst 1992 kam es zu ersten Selbstmorden von Politikern und Unternehmern, welche die Scham über die Beschuldigungen oder die Untersuchungshaft nicht aushalten konnten. Für die Italiener bedeutete »Sozialist« – die PSI war am tiefsten in den Bestechungssumpf verstrickt – nur noch »Gauner«, und das Wort Politiker galt als Synonym für Verbrecher. Das Parlament versuchte sich verzweifelt dadurch zu retten, dass es den Staatsanwälten die Genehmigung für die Einleitung von Verfahren gegen Abgeordnete verweigerte. Doch die Verabschiedung von Gesetzen, um die Ermittlungen zu beenden, scheiterte am Widerstand der Öffentlichkeit. Unter dem Druck der landesweiten Proteste brach das gesamte politische Establishment zusammen. 1993 hielt eine von der Sozialisten Giuliano Amato geführte Regierung nur drei Tage: Fast sämtliche Minister bekamen Ermittlungsbescheide und mussten zurücktreten. Im selben Jahr trat der Sozialistenchef Bettino Craxi, der in der Öffentlichkeit als Verkörperung der politischen Korruption galt, als Generalsekretär seiner Partei zurück. Er betrachtete sich als zu Unrecht verfolgt, er habe nur das getan, was alle anderen auch taten. Im Mai 1994 entzog er sich der Justiz und floh nach Tunesien, wo er bis zum seinem Tod im Jahr 2000 im Exil weilte. In Italien wurde er in Abwesenheit in diversen Verfahren wegen Amtmissbrauchs und illegaler Parteifinanzierung zu insgesamt mehr als 28 Jahren Haft verurteilt. Eine nach der anderen lösten sich alle Parteien auf, die die Geschichte der italienischen Demokratie seit 1945 geschrieben hatten. Bis auf eine: die ehemalige KPI, inzwischen PDS, die nach Meinung mancher von den Richtern verschont wurde. In Wahrheit waren die Kommunisten weniger in das System der illegalen Finanzierung eingebunden, da sie lange über eigene Finanzierungskanäle, nicht zuletzt über die Unterstützung durch die Sowjetunion, verfügt hatten. Darüber hinaus waren sie auf nationaler Ebene von der Regierung und damit von der Staatsverwaltung ausgeschlossen. Die Behauptung, die Staatsanwälte des Mailänder Ermittlungspools seien politisch vorgegangen und hätten die gesamte politische Führung des Landes vernichtet, nur um den Exkommunisten zur Macht zu verhelfen, diente dem aufsteigenden Establishment der Zweiten Republik als Hauptargument, um den gesellschaftlichen Konsens, der in Bezug auf die Aktion der Justiz herrschte, zu brechen und die Autorität der Staatsinstitutionen über die Gesellschaft wiederherzustellen.

Das Klima der Jahre der *Mani pulite* ist mir noch lebhaft in Erinnerung. Ich glaube, dass diese Erfahrung für meine politische Bildung zentral war. Durch das Vorgehen einer staatlichen Gewalt, der Judikative, gegen die beiden anderen Gewalten – die Exekutive und die Legislative – verstand ich, was alles in einem demokratischen Staat geschehen kann. Im Westen sind wir daran gewöhnt, die Stabilität eines Landes und bestimmte politische Verhältnisse als mehr oder weniger gegeben vorauszusetzen. Diese Jahre zeigten mir, dass alles möglich ist, dass fast jedes Gleichgewicht der Macht modifizierbar ist, zur Diskussion stehen oder sogar kippen kann. Selbst das »an den Pranger stellen«, das in diesen Jahren herrschte, beeindruckte mich zutiefst und lehrte mich einiges über das Verhältnis zwischen den Regierenden und den Regierten und über die Möglichkeit, das Leben selbst in die Hand zu nehmen und sich vom Joch der Parteienpolitik ein Stück weit zu befreien.

In der Schule, ich war damals etwa in der achten Klasse des Gymnasiums in Turin, hatte unser Gesellschaftskundelehrer plötzlich große Probleme, uns die Funktionsweise der Republik, der Verfassung, der Parteien usw. zu erklären. In den Zeitungen konnte man jeden Tag neue Meldungen von Korruption und Verhaftungen lesen, von immer schwereren Fällen. Die Republik schien in den Fluten der Ereignisse und Skandale zu versinken.

Meine Mutter liebte es, jeden Montagabend eine Fernsehsendung mit dem Titel »Ein Tag im Amtsgericht« zu sehen, eine Sendung, in der die Prozesse gegen die wegen Korruption angeklagten Politiker live gezeigt wurden. Die ganze Familie setzte sich an diesen Abenden im Wohnzimmer zusammen und verfolgte die Sendung wie einen packenden Film, man lachte und regte sich auf, man verfolgte befriedigt die Verurteilung und Zerstörung einer ganzen Kaste von Politikern. »Mal sehen, wen sie heute festgenommen haben«, pflegte mein Vater mit klammheimlicher Freude zu sagen, während er den Fernseher anmachte, um die Nachrichten zu sehen, oder wenn er die Zeitung aufschlug.

In dieser Atmosphäre geschahen auch merkwürdige und witzige Dinge. Einer meiner Freunde war zu dieser Zeit Wehrdienstleistender bei den Carabinieri in Mailand, damals der Hauptstadt von »Tangentopoli«. Eines Tages wurde er beauftragt, sich zu der Wohnung eines Großunternehmers zu begeben, um ihm einen Ermittlungsbescheid zuzustellen. Der Unternehmer musste die Ankunft der Carabinieri wohl vom Fenster aus beobachtet haben. Sobald nämlich die Klingel ertönte, begann er – über die Gegensprechanlage, ohne auch nur zu fragen, was die Carabinieri wollten – alle seine Korruptionsvergehen zu gestehen. Anscheinend hoffte er, auf diese Weise einer drastischen Strafe zu entgehen. Die Carabinieri begannen zu lachen und rieten dem Mann, sein am Lautsprecher abgegebenes Geständnis abzubrechen und doch lieber eine Aussage vor dem Gericht zu machen.

Nachdem aber die meisten korrupten Politiker durch diesen Befreiungsschlag der Justiz beseitigt waren, fragte ich mich: Und nun? Wer soll denn jetzt regieren? Diese Frage stellten sich tatsächlich die wenigsten. Alle frohlockten über das Ende der korrupten Politik. Das Gefühl, dass selbst die mächtigsten Männer, die sich selbst stets unantastbar wähnten, in den Mühlen der Justiz und der öffentlichen Prozesse zerrieben wurden, verschaffte der Bevölkerung ein Gefühl der Befriedigung und der Allmacht.

Nach der Auflösung fast aller Parteien der Ersten Republik war in Italien ein Machtvakuum entstanden. Dieses nutzte der sehr populäre Mailänder Medienunternehmer Silvio Berlusconi. Die Ermittlungen von *Mani pulite* hatten auch sein Medienimperium erreicht. Die Staatsanwaltschaften von Turin und Rom warfen ihm Schmiergeldzahlungen, gefälschte Bilanzen und illegale Parteienfinanzierung vor. Um seine Firmen vor dem Bankrott und sich selbst vor juristischen Anklagen zu schützen, betrat Berlusconi mit seiner in kürzester Zeit gegründeten Partei Forza Italia die von den »Tangentopoli«-Skandalen hinterlassene Wüste der italienischen Parteienlandschaft. Er hatte den besten Moment für seinen Auftritt abgepasst. Die Auflösung der DC hatte die moderate und konservative Wählerschaft ohne politische Vertretung gelassen. Diese schaute mit Interesse auf Berlusconi, der gern als Retter Italiens vor einer kommunistischen Machtübernahme auftrat. Darüber hinaus gab er sich als *Homo novus,* als Alternative zur alten Politikerklasse, als Unternehmer im Dienste der Politik aus: Das kam bei einem Teil der Öffentlichkeit, die immer noch vom Hass auf Berufspolitiker erfüllt war, sehr gut an. Seine direkten und einfachen Slogans waren für die Italiener erfrischend anders. Das Versprechen eines Mannes, die Führungsmethoden eines großen Unternehmens beim Regieren von Italien anzuwenden, erschien vielen als eine Art Erfolgsformel für die Zukunft. 1994 gewann ein von Berlusconi geführtes Mitte-Rechts-Bündnis die Wahlen. Als Ministerpräsident begann Berlusconi immer mehr die Sympathien und Hoffnungen der Italiener auf sich zu ziehen – es war der Anfang vom Aufbau eines außerordentlich breiten Konsenses in der Bevölkerung, der Berlusconi heute ermöglicht, die politische Szene Italiens völlig zu beherrschen.

In den Jahren 1992/93 befreite sich Italien von einem völlig korrupten System, konnte sich aber nicht von einem politischen Machtapparat emanzipieren, der nicht nur nicht reformiert, sondern wieder vollständig eingesetzt wurde und nun noch arroganter und unverblümter auftrat als zuvor. Kaum jemand wies darauf hin, dass das durch den Fall der Parteien und Politiker entstandene Machtvakuum auch durch die Gesellschaft selbst, durch eine direkte demokratische Organisierung hätte gefüllt werden können. *Mani pulite* war ein Riss im Machtkontinuum in Italien, leider aber auch eine verpasste Gelegenheit. Vielleicht war das Ereignis zu groß, und die Italiener dachten zu klein, immer in den gewohnten Bahnen, und wagten es nicht, die Chance zu nutzen.

1994 holten aber zunächst die Schatten der Vergangenheit Berlusconi ein. Die Presse erinnerte an seine Mitgliedschaft in der Geheimloge P2 und beschäftigte sich mit der bis heute ungeklärten Herkunft seiner Finanzmittel. Außerdem wurde bekannt, dass Berlusconi Mitte der 70er Jahre zwei Jahre lang einen gefährlichen Mafia-Boss namens Vittorio Mangano in seiner Villa in Arcore bei Mailand untergebracht hatte. Offiziell als Stallmeister eingestellt, hatte Mangano sogar Berlusconis Kinder zur Schule gebracht. Die Staatsanwaltschaft von Palermo sah in dem Mann einen Brückenkopf der sizilianischen Cosa Nostra in Norditalien. Als dazu noch wegen Bestechung von Richtern gegen ihn ermittelt wurde, verlor Berlusconi die Unterstützung seiner Verbündeten und musste zurücktreten. Seine Regierung hatte nur acht Monate gehalten. Viele hielten ihn schon für politisch tot. Sie irrten sich.

Zunächst schenkten die Italiener 1996 dem ehemals christdemokratischen Industrieminister Romano Prodi ihr Vertrauen. Nachdem Berlusconi zuvor die Exfaschisten des MSI, der sich in Alleanza Nazionale umbenannt hatte, an die Regierung gebracht hatte, führte Prodi nun zum ersten Mal die Exkommunisten der PDS mit an die Macht. Zu den vorrangigen Aufgaben der Regierung Prodi gehörte die Sanierung der Staatsfinanzen mit dem Ziel, Italiens Eintritt in die Europäische Währungsunion zum 1. Januar 1999 zu ermöglichen. Die Aufgabe erschien geradezu unlösbar, stand das Land doch praktisch am Rand des Staatsbankrotts. Die Staatsverschuldung, die sich 1980 auf 60 Prozent des Bruttoinlandsprodukts belaufen hatte, war in den Jahren des kleinen Wirtschaftsbooms unter der Regierung Craxi auf 92 Prozent gestiegen. 1992, zu Beginn der Skandale von »Tangentopoli«, war die Situation noch dramatischer geworden. Die Staatsverschuldung hatte einen Höhepunkt von 118 Prozent erreicht: In der Folge flog die Lira aus dem Europäischen Währungssystem, und der italienische Staat stand kurz vor der Insolvenz. Vier Jahre darauf war Italien weit entfernt von der Erfüllung der im Vertrag von Maastricht festgelegten Stabilitätskriterien zur Aufnahme in die EU: Inflation, Defizit- und Schuldenstaatsquote waren immer noch zu hoch. Doch die Regierung Prodi erzielte beim Abbau des Staatsdefizits durch einen rigorosen Sparkurs einen erstaunlichen Erfolg.

Italien, das seit der Unterzeichnung der Römischen Verträge von 1957 immer ein überzeugter, geradezu begeisterter Protagonist im Prozess der europäischen Integration gewesen war, schaffte es 1999, in die Währungsunion aufgenommen zu werden. Trotz dieses Erfolges durfte Romano Prodi die Politik Italiens nicht lange gestalten. Das von ihm geführte Mitte-Links-Bündnis Ulivo (Olivenbaum) zerbrach an inneren Spannungen. Bereits im Herbst 1998 trat Prodi als Ministerpräsident nach einer verlorenen Vertrauensabstimmung zurück.

Der viel zu schnell totgesagte Berlusconi, immer noch Anführer des Mitte-Rechts-Bündnisses Casa delle Libertà (Haus der Freiheiten), beherrschte die politische Bühne auch von den Oppositionsbänken. Bei den nächsten Parlamentswahlen im Mai 2001 erzielte der *Cavaliere nero,* der »schwarze Ritter«, einen triumphalen Sieg und wurde zum zweiten Mal Ministerpräsident Italiens. Aufgrund der breiten parlamentarischen Mehrheit, seiner persönlichen Führungsstärke sowie dem geschlossenen Auftreten seiner Gefolgsleute konnte sich die zweite Regierung Berlusconi ganze vier Jahre halten – ein absoluter Rekord in der Geschichte der italienischen Demokratie – und wurde damit zum Kabinett, das seit dem Ende des Zweiten Weltkriegs am längsten im Amt bleiben konnte.

Obwohl er 2006 wieder abgewählt wurde, kam Berlusconi nur zwei Jahre später zurück an die Macht, und zwar diesmal mit einer geradezu überwältigenden Mehrheit, die ihm bis heute eine Art politische Alleinherrschaft über das Land garantiert.

Mafia heißt Politik: Geschichte eines Krebsgeschwürs

> »Ein kalabresisches Huhn beschloss, Mitglied der Mafia zu werden. Es ging zu einem Mafia-Minister, um ein Empfehlungsschreiben zu bekommen, aber dieser sagte ihm, die Mafia existiere nicht. Es ging zu einem Mafia-Richter, aber auch dieser sagte ihm, die Mafia existiere nicht. Schließlich ging es zu einem Mafia-Bürgermeister, und auch dieser sagte ihm, die Mafia existiere nicht. So kehrte das Huhn in den Hühnerhof zurück, und auf die Fragen seiner Mithühner antwortete es, die Mafia existiere nicht. Da dachten alle Hühner, es sei Mitglied der Mafia geworden und fürchteten sich vor ihm.«
>
> *Luigi Malerba: Das nachdenkliche Mafia-Huhn*

Es gibt wenige andere Wörter, die international so verbreitet sind, wie das Wort Mafia. Und *mafia* ist ein italienisches Wort. Im Sizilien des 19. Jahrhunderts bedeutete *mafiusu,* das wahrscheinlich aus der arabischen Zeit stammt, so viel wie »mutiger Mann« oder »Rebell« oder »einer, der tüchtig und kühn ist, das Risiko verachtet und zu allem entschlossen ist« – kurzum: ein Ehrenmann. Praktisch in allen Regionen Süditaliens, in denen die traditionellen italienischen Mafia-Organisationen entstanden, gab es diese ursprünglich positive Konnotation. Das kalabresische Wort *ndrangheta,* wie die heute wohl mächtigste Verbrecherorganisation Europas heißt, ist ein Synonym von *mafia,* es kam aus dem Griechischen *(andragathía)* und bedeutete »Heldentum«, »Wagemut« und »Tugend«. Ähnlich *guappo,* ein neapoletanisches Wort spanischer Herkunft, das zu Beginn des 19. Jahrhunderts die tapferen und unbeugsamen Mitglieder einer »ehrenwerten Gesellschaft« bezeichnete, die gegen die spanische Herrschaft in Neapel rebellierte. Diese »Gesellschaft« nennt sich bis heute Camorra, und *kamurra* heißt auf Katalanisch »Protest«.

Ein wenig Etymologie zeigt, dass die kulturellen Wurzeln des Mafia-Phänomens nicht ausschließlich kriminell sind. Erst mit der Vereinigung Italiens und der Errichtung des Einheitsstaates wurde *mafioso* zur Bezeichnung für Banditen, Kriminelle und Widersacher der politischen Ordnung des neuen Staates in den südlichen Gebieten des Landes. Das erste historische Dokument, in dem eine *cosca*, eine mafiöse Bruderschaft, erwähnt wurde, datiert jedoch noch auf einige Jahrzehnte früher. 1837 berichtete ein Generalstaatsanwalt aus der sizilianischen Stadt Trapani seinen Vorgesetzten in Neapel, dem Regierungssitz des bourbonischen Königreiches beider Sizilien, vom Treiben obskurer Sekten, die illegalen Geschäften nachgingen und unter anderem auch Beamten bestachen. Etwa 30 Jahre später trat der Begriff *mafia* ins Rampenlicht der nationalen Aufmerksamkeit im frischgegründeten Königreich von Italien.

Seit den Zeiten von Garibaldi und Cavour, als der junge italienische Zentralstaat das Phänomen der Mafia entdeckte, sind inzwischen fast 150 Jahre vergangen. Morde, Erpressungen und eine lange Reihe von illegalen Geschäften – vom Drogen-, Waffen- und Menschenhandel über Prostitution, Wucherei, Schwarzbau bis hin zur illegalen Müllentsorgung – prägen das moderne Bild der Mafia. Sie ist eine besondere Form des organisierten Verbrechens, ein Phänomen, das heute beinahe an jeder Ecke der Welt eine Bedrohung darstellt, denn Mafien gibt es mittlerweile von Mexiko bis Albanien, von Nigeria bis China, von Russland bis zur Türkei, und die mächtigsten Organisationen, darunter das weltberühmte italienische Trio Mafia (Cosa Nostra), Camorra und Ndrangheta, operieren weltweit wie Großkonzerne. Das spricht für die außerordentliche Lebendigkeit des mafiösen Geschäfts- und Organisationsmodells, das sich neben der streng hierarchischen Struktur durch die Fähigkeit auszeichnet, politische und wirtschaftliche Systeme zu unterwandern und zu korrumpieren. Dennoch sind die Verallgemeinerung des Begriffs *mafia* sowie die Konzentration allein auf den verbrecherischen Charakter des Phänomens meiner Ansicht nach eher hinderlich, wenn es darum geht, die speziellen sozialpolitischen Verhältnisse zu begreifen, in denen Mafia-Organisationen, insbesondere die italienischen, verwurzelt sind und in denen sie handeln und ihre Macht aufbauen.

Neben Japan (Jacuza) und China (Triaden) findet man in Italien die ältesten, am stärksten territorial verankerten und mächtigsten Mafia-Organisationen der Welt. Ihre Namen und ihre Taten sind weltberühmt. Es handelt sich – dieser Aspekt ist im Ausland weit weniger bekannt – um Organisationen mit unterschiedlicher Herkunft und Gesamtstruktur. Die kopflastige Struktur der sizilianischen Mafia unterscheidet sich wesentlich von der Zersplitterung in zumeist verfeindete Clans, die die Camorra prägt. Die Ursprünge der Cosa Nostra finden sich im agrarisch geprägten Sizilien des 19. Jahrhunderts, während sich die Camorra schon sehr früh im Stadtbereich entwickelte. Das Fehlen einer *cupola* (Kuppel), einer Zentralführung, war bis in die 80er Jahre hinein auch für die Ndrangheta typisch. Heute noch herrscht in den kalabresischen Clans, den *ndrine,* neben einer Fülle mystisch-religiöser Traditionen und Ritualen das eiserne Assoziationsprinzip der Blutsverbindung unter den Mitgliedern, was allen anderen italienischen Mafien eher fremd ist.

Ein Charakteristikum aber haben Cosa Nostra, Camorra und Ndrangheta seit ihren Anfängen gemeinsam: die Symbiose mit der politischen Führungsschicht des Landes. In den meisten Ländern der Welt ist das organisierte Verbrechen ein Phänomen der am wenigsten gebildeten und integrierten Gesellschaftsschichten. In Italien ist es anders. Um es mit den Worten des sizilianischen Richters Roberto Scarpinato auszudrücken, ist »die Kriminalitätsfrage in Italien von der Staats- und Demokratiefrage untrennbar«. Die Organisationen des organisierten Verbrechens schreiben die Geschichte des Landes mit, geradezu als gesellschaftspolitisch anerkannter Akteur wie Regierungen, die katholische Kirche oder Massenbewegungen. Sie gehören sozusagen zu den Hauptdarstellern auf der Bühne der Landespolitik. So ist es unmöglich, das italienische Mafia-Phänomen zu begreifen, ohne zu wissen, wie Staat, Demokratie und Gesellschaft in Italien funktionieren. Dieser Aspekt der Symbiose der Mafia mit der politischen Elite, zu Recht unfassbar und schwer vorstellbar für einen Italien-Laien, ist am leichtesten am Beispiel der sizilianischen Mafia zu zeigen, deren Geschichte die außerordentlich enge Verflechtung zwischen dem organisierten Verbrechen und dem politischen Establishment in Italien beweist.

Nach der Gründung des Einheitsstaates im Jahr 1861 musste sich die italienische Zentralregierung mit der heiklen »Südfrage« auseinandersetzen. Wie bereits erwähnt, herrschte in den südlichen Regionen des Landes bittere Armut. Der piemontesischen Führung der jungen italienischen Nation waren solche Zustände weitgehend fremd und unbekannt. Der soziale Konflikt in jenen rückständigen Gebieten wurde offen und gewaltsam ausgetragen: einerseits durch Bauernaufstände gegen den Großgrundbesitz, andererseits durch die Aktivitäten von Räuberbanden, die sich weigerten, die Ordnung des neuen Staates anzuerkennen. Besonders unübersichtlich war die Lage auf der Insel Sizilien, wo es einen dritten Akteur gab, mit dem sich der Staat auseinandersetzen musste: die Mafia. Nach einem Jahrzehnt vergeblicher Repressionen gab die Zentralregierung zu, dass sich die Insel hartnäckig ihrer Kontrolle entzog. Um Ruhe und Ordnung zu schaffen, reichte der Einsatz von Carabinieri nicht aus. Die politische Elite in Rom, die nicht gewillt war, die soziale Frage anzupacken, sondern das Problem nur als Angelegenheit der öffentlichen Ordnung ansah, versuchte nun, die lokalen Machtstrukturen zu verstehen. Im November 1875 wurde eine erste Untersuchungskommission des italienischen Parlaments gebildet. Im Winter desselben Jahres landeten zwei Regierungsvertreter in Sizilien mit dem Auftrag, die tatsächlichen Machtverhältnisse auf der Insel aufzuklären. Im Frühjahr 1876 veröffentlichten Leopoldo Franchetti und Sidney Sonnino, beide Mitglieder der regierenden Historischen Rechten, die Ergebnisse ihrer Untersuchung. Trotz allen Wandels der Wirtschaft, des Staates und der Machtstrukturen im Laufe der letzten 150 Jahre besitzt dieser Text eine erstaunliche Aktualität.

Die Mafia, schrieben die beiden piemontesischen Politiker, »ist eine soziale Institution, eine Klasse, eine Clique mit eigenen Interessen, eine selbständige gesellschaftliche Kraft, die eine eigene politische Strategie hat und über enge Beziehungen zu Funktionären, Beamten und Politikern verfügt.« Die Mafia ist also eher ein politisches als ein kriminelles Phänomen: Sie macht und ist Politik. Franchetti und Sonnino beschrieben im Detail und mit außerordentlicher Schärfe die Struktur der mafiösen Macht. Sie beruhte auf dem Grundbesitz durch wenige *latifondisti* (Großgrundbesitzer), meist Adeligen, die sich seit Beginn des 19. Jahrhunderts, um ihr Eigentum und ihre Herrschaft vor den Bauern zu schützen, der Dienste von gewaltbereiten Großpächtern, den *gabellotti*, bedient hatten. Letztere hatten sich in *cosche* (Bruderschaften) zusammengeschlossen und damit eine nicht zu unterschätzende Macht erworben. Doch stellten die *cosche* nur den militärischen Arm einer Organisation dar, deren »Kopf« in den oberen Schichten der örtlichen Gesellschaft, in der – so sollte sie später bezeichnet werden – »mafiösen Bourgeoisie« Siziliens saß: Ärzte, Bankiers, Architekten, Gelehrte, Großgrundbesitzer und nicht zuletzt Politiker, für die es seit Jahrzehnten Gewohnheit war, die »Dienste« der Mafiosi für die Verwaltung und Sicherung ihrer Geschäfte und Vermögen sowie für die Kontrolle des Territoriums und die Schaffung eines politischen Konsenses in Anspruch zu nehmen.

Als wichtigstes Fazit der Untersuchung blieb für die Regierung die Erkenntnis, dass das mafiöse System nicht auf gesellschaftlicher Regellosigkeit basierte, sondern im Gegenteil ein Netz von Macht und sozialer Kontrolle mit großer Akzeptanz, tiefen Wurzeln und hoher Wirksamkeit darstellte. Die Illusion, dieses System bekämpfen und beseitigen zu können, währte nur kurz. Rom beabsichtigte deshalb, ein konstruktives Verhältnis von Kooperation und Austausch mit der sizilianischen Führungsschicht, sprich: mit der mafiösen Bourgeoisie aufzubauen, um auf diese Weise die Kontrolle über die Insel zu erlangen. Das feudale Regime aus der Zeit vor der Einheit wurde zwar reformiert, die Lage der Bauern blieb aber im Wesentlichen unverändert. Um bessere Pachtverträge sowie Lebens- und Arbeitsbedingungen zu erreichen, schlossen sich deshalb viele sizilianische Bauern in Gewerkschaftsbünden zusammen. Der konservative Ministerpräsident Francesco Crispi beschloss deren sofortige Auflösung und suchte die Hilfe der Mafia, um die Bauernbewegung zu unterdrücken. Die Mafia-Bosse verhielten sich zunächst abwartend. Sie infiltrierten die sozialistischen und anarchistischen Kreise, um die reale Bedrohung durch die Bauern einzuschätzen. Sie wollten auch auf der Seite der Gewinner stehen, falls die Bauernbewegung in der Auseinandersetzung mit dem Staat siegen würde. Als sie aber erkannten, dass die Autorität des Staates überwog, begriffen die Mafiosi, dass die Zusammenarbeit mit Rom der beste Weg zur Sicherung ihrer Macht war.

Mit den ersten Morden an Bauern, Gewerkschaftern und politischen Aktivisten durch die Mafia im Interesse des Staates und der Kirche, die eine Verbreitung atheistischer Ideale unter den sizilianischen Bauern fürchtete, begann der Bund zwischen der Macht der Mafia und der Politik. Ein Bund, der in den darauffolgenden Jahrzehnten seine außerordentliche Stabilität beweisen sollte.

Als 1922 Mussolini an die Macht kam, wollte der faschistische Staat die besonderen Verhältnisse in Sizilien nicht länger dulden. Im Sommer 1924 sandte der »Duce« einen Staatsdiener namens Cesare Mori als Präfekt nach Sizilien mit dem expliziten Auftrag, die Mafia auszurotten. Ohne jegliche Rücksicht auf Bürgerrechte ließ Mori Dutzende von Mafiosi, darunter nicht wenige mächtige Bosse, festnehmen und verdiente sich damit den Beinamen »Eiserner Präfekt«. Ganze Dörfer, die als Hochburgen der Mafia galten, wurden sogar militärisch belagert. Um der Gefangennahme und der Verbannung zu entgehen, flüchtete ein Teil der Führung der Cosa Nostra in die USA, wo sie die Reihen der italo-amerikanischen Mafia verstärkte. In Italien schien die Mafia besiegt, ihre Armee war zerschlagen. Abgesehen von den Methoden, zeigte die Aktion von Mori, wie effektiv der Staat gegen die Mafia hätte vorgehen können. Für Mori war die Arbeit nicht beendet. »Den wirklichen tödlichen Schlag gegen die Mafia«, hatte er schon Jahre zuvor geschrieben, »werden wir ausführen, wenn wir die Erlaubnis erhalten, Razzien nicht nur zwischen den Feigenkakteen durchzuführen, sondern auch in den Präfekturen, Quästuren, den großen herrschaftlichen Villen und – warum nicht? – auch in dem einen oder anderen Ministerium.« Auf dem Höhepunkt seiner Popularität als Sieger über die Mafia versuchte Mori, gegen die Verbindungen der Mafia zu Lokalpolitikern, Beamten und Staatsvertretern vorzugehen. Die Festnahme und Anklage eines namhaften faschistischen Parteibonzen sowie eines Armeegenerals wegen geheimer Verabredung mit der Mafia überzeugten die Italiener von den ehrlichen Absichten des Mussolini-Regimes, Sizilien von der Mafia zu befreien. Doch in Wahrheit entzog die politische Führung in Rom gleich nach diesem entscheidenden Schlag dem »Eisernen Präfekten« ihre Unterstützung. Man fürchtete, dass die Untersuchungen von Mori wichtige Persönlichkeiten des Faschismus in Sizilien hätten treffen können. Nach einer ersten Aufforderung von Mussolini an Mori im März 1928, seine Arbeit einzuschränken und die »Kampagne gegen die Mafia« so schnell wie möglich abzuschließen, wurde der Präfekt am 16. Juni 1929 zum Senator ernannt – und zugleich von seinem Amt in Sizilien abberufen. Die Prozesse gegen die wegen Zusammenarbeit mit der Mafia angeklagten Faschisten und Militärangehörigen endeten ausnahmslos mit Freispruch. Mafia-Bosse kamen in der Folge wieder auf freien Fuß. Der kaltgestellte Präfekt wurde vom Regime als Sieger gefeiert, gleichzeitig aber derart isoliert, dass es ihm sogar verboten wurde, noch von der Mafia zu sprechen.

Mori starb 1942, von allen vergessen. Bis heute sind die Meinungen der Historiker über die tatsächliche Wirksamkeit der Aktion des Präfekten gegen die Mafia geteilt. Für einige war sie ein Fiasko, für andere versetzte Mori der Cosa Nostra einen tödlichen Schlag, von dem sich die Organisation niemals erholt hätte, wenn die Alliierten, insbesondere die Amerikaner, ihr in der Endphase des Zweiten Weltkriegs nicht zu einer Wiedergeburt verholfen hätten. Um die für den Ausgang des Kriegs entscheidende Landung auf Sizilien zu erleichtern, beschloss das Office of Strategic Services (OSS), der damalige Geheimdienst des US-Kriegsministeriums, sich an die Mafia zu wenden, die trotz der faschistischen Repression eine nicht zu unterschätzende lokale Machtstruktur behalten hatte. 1943 wurden sowohl italo-amerikanische Bosse wie Lucky Luciano und Vito Genovese, die in den USA hinter Gitter saßen, als auch sizilianische Bosse wie Calogero Vizzini aus der Haft entgelassen und zu einer Zusammenarbeit aufgefordert. Den Letzteren setzte die US-Militärverwaltung nach der erfolgreichen Landung der Alliierten im Juli 1943 sogar als Bürgermeister des Dorfes Villalba, einer alten Hochburg der Mafia in Mittelsizilien, ein – in Anerkennung für seine aktive Unterstützung beim Vertreiben der deutschen Wehrmacht von der Insel. Von Beginn an waren sich die Amerikaner über die Organisationsstruktur der Cosa Nostra im Klaren. Insbesondere über die beiden Ebenen: unten die Armee der proletarischen, kriminellen Handlanger (*mafia bassa*, untere Mafia), oben die »weißen Kragen«, Großgrundbesitzer und Vertreter der örtlichen Bourgeoisie (*mafia alta*, obere

Mafia). Um die Kontrolle über die Insel zu wahren, während die alliierten Armeen das italienische Festland befreiten und sich eine neue italienische Regierung bildete, bedienten sich die Amerikaner der Mafia bis 1945.

Am Ende des Zweiten Weltkriegs nahm Italien eine Schlüsselstellung auf dem internationalen Schachbrett des einsetzenden Kalten Krieges ein. Washington hielt es für unabdingbar, dass Italien nicht in die sowjetische Einflusssphäre abrutschte. Die Sympathien von Millionen Italienern für die Linke waren den Amerikanern deshalb ein Dorn im Auge. Die ersten Regionalwahlen 1946 in Sizilien gewannen Sozialisten und Kommunisten, ein Erfolg, der der sizilianischen Bourgeoisie und den Großgrundbesitzern sowie ihren amerikanischen Beschützern große Sorgen bereitete. Um die Italiener einzuschüchtern und sie davon abzuhalten, für die Linke zu stimmen, schreckten die Konservativen in der Regierung und im Staatsapparat nicht vor Gewalt zurück. In Sizilien, wo man mit erneuten Wahlsiegen von Sozialisten und Kommunisten rechnete, griff der italienische Staat ein weiteres Mal auf die Dienste der Mafia zurück, und zwar auf eine ähnliche Weise wie im vorfaschistischen Italien.

Zahlreiche Gewerkschafter, linke Bürgermeister und politische Aktivisten linker Organisationen fielen Mafia-Killern zum Opfer. Diese Mordwelle erreichte ihren Höhepunkt am 1. Mai 1947 in Portella della Ginestra bei Palermo, als die Bande von Salvatore Giuliano das Feuer gegen eine friedliche Versammlung von Bauern eröffnete, die zusammen mit ihren Familien den Tag der Arbeit feierten. Elf Menschen starben im Kugelhagel der Kriminellen. Bis 1955 setzten sich in Sizilien die Morde an linken Aktivisten und Gewerkschaftern durch die Mafia fort, im Namen des Kalten Kriegs und mit stillschweigendem Einverständnis der konservativen Parteien und der Amerikaner. Ebenso wie die Alliierten von der Hilfe der Cosa Nostra Gebrauch gemacht hatten, um Sizilien zu kontrollieren, Aufstände zu verhindern und die Linke einzudämmen, suchte die DC die Unterstützung der Mafia, um ihre Herrschaft aufzubauen und zu festigen.

Für ihre »Dienste« – Repression, Einschüchterung, soziale Kontrolle und Sicherung von Millionen von Stimmen für die DC – bekam die Mafia politischen Rückhalt in Form von Straffreiheit und bevorzugten Zugang zu öffentlichen Aufträgen. Aus diesem Grund zog die Mafia aus dem Land in die Städte Siziliens, wo sich ab den 50er Jahren die größten finanziellen Ressourcen konzentrierten. Politiker wie Salvo Lima, Bürgermeister von Palermo in den 60er Jahren, und dessen Baureferent und Nachfolger als Bürgermeister, Vito Ciancimino, verkörperten das neue Macht- und Geschäftssystem, das auf dem nicht eingestandenen Pakt zwischen der DC und der Mafia gründete. Beide garantierten der DC fast 50 Prozent der sizilianischen Stimmen. Dafür ermöglichten sie der Cosa Nostra, durch die größte Bauspekulation in der italienischen Geschichte, das berüchtigte *Sacco di Palermo* (Plünderung von Palermo), ein grenzenloses Vermögen aufzuhäufen. Ab Mitte der 50er Jahre wurde die sizilianische Hauptstadt über zwei Jahrzehnte buchstäblich unter Beton beerdigt. Historische und architektonische Kulturschätze wie die Jugendstilvillen in der Via Libertà und der größte Teil der Grünanlagen der Stadt blieben nicht ausgespart. An deren Stelle errichteten Baufirmen der Mafia mit Baugenehmigungen, die die Stadtverwaltungen von Lima und Ciancimino großzügig bereitstellten, hässliche Wohnblöcke. Dabei konnte sich die Mafia auch der freundlichen Unterstützung einiger großer Kreditinstitute der Insel erfreuen.

Die schnelle Geldvermehrung stellte die Führung der Cosa Nostra vor die Notwendigkeit großer Investitionen. Ein erster Markt dafür war die Wirtschaft Norditaliens, die in den Jahren des Wirtschaftswunders ein beträchtliches Wachstum verzeichnete. Schon seit Beginn der 50er Jahre waren Bosse der sizilianischen sowie der kalabresischen Mafia in Norditalien tätig. Sie kamen zusammen mit den Millionen von süditalienischen Emigranten. Andere waren dorthin von der Polizei »verbannt« worden: Mit dem Instrument des »obligatorischen Aufenthaltes« glaubte der Staat die Mafia zu bekämpfen, indem er den Mafioso aus seinem ursprünglichen Milieu mit Gewalt entfernte. Das stellte sich als sehr unwirksam heraus. In Mailand, Turin, Genua oder in der Emilia-Romagna wurden die Emigranten in regelrechte Ghettos gedrängt, wo es für die Mafia-Bosse sehr einfach war, Kleinkriminelle anzuwerben und neue *cosche* aufzubauen, die ganze Viertel kontrollierten. Das Mafia-Phänomen überschritt so also seine traditionellen geographischen

Grenzen, obwohl bis heute die meisten Norditaliener nicht wahrhaben wollen, dass die Mafien kein Problem Süditaliens, sondern ganz Italiens sind. 1975 war dann ein Wendejahr für die Geschäftspolitik des »Unternehmens« Cosa Nostra. Die Organisation wurde von einem großen türkischen Drogenhändler kontaktiert, der den illegalen Morphiumhandel zwischen dem Nahen Osten und den Opiumraffinerien in Marseille kontrollierte. Da die französische Regierung neue und härtere Gesetze gegen den Drogenhandel verabschiedet hatte, schlug der Händler der Cosa Nostra vor, die Raffinerien nach Sizilien zu verlegen. Für die sizilianische Mafia war das eine einmalige Gelegenheit. Bereits 1977 war Palermo zum weltweit größten Zentrum für die Raffinierung von Heroin geworden. Mit Hilfe der amerikanischen Mafia-Bosse kontrollierte die Cosa Nostra bald den internationalen Drogenhandel und 90 Prozent des Heroinmarktes der USA.

Die Einnahmen aus dem Drogenhandel veränderten die Machtverhältnisse innerhalb der Organisation. Ein Mafia-Krieg zwischen verfeindeten *cosche* aufgrund der ersten Geschäfte mit Drogen brach bereits 1962 aus und dauert bis 1969. Eine lange Reihe von Morden erschütterte Italien. Die Öffentlichkeit und in der Folge der Staat waren gezwungen, sich mit der Mafia auseinanderzusetzen. Die Bluttaten konnte nicht stillschweigend übergangen werden. Dennoch zeichneten sich die Institutionen, insbesondere die Regierungen, durch eine extrem zögerliche Haltung aus, die Mafia wirksam bekämpfen zu wollen. »Die Mafia existiert nicht«, sagten einige sizilianische Politiker, »sie ist nur eine Erfindung, um Sizilien zu diskreditieren.« Für viele Politiker auf nationaler Ebene handelte es sich um eine lokale Unsitte, ein ethnisches Phänomen, das der sizilianischen Gesellschaft schon immer eigen gewesen sei und deshalb unmöglich zu überwinden sei. Dieser Zurückhaltung des Staates fielen in erster Linie zahlreiche Vertreter der Institutionen zum Opfer, wie Politiker, Staatsanwälte, Polizisten und Carabinieri, die sich kompromisslos im Kampf gegen die Mafia engagierten und kaum Rückhalt bei den zahllosen christdemokratischen Regierungen fanden. Sie wurden schutzlos der militärischen Macht der Cosa Nostra ausgeliefert. Die sizilianische Gesellschaft lebte ihrerseits in einem Zustand chronischer Angst vor der Mafia, ohne jegliche Hoffnung. In den 80er Jahren änderte sich das – verantwortlich dafür waren drei mutige und kampfbereite sizilianische Staatsanwälte: Rocco Chinnici, Giovanni Falcone und Paolo Borsellino.

Chinnici, Leitender Richter am Obersten Richterrat, war einer der ersten Staatsvertreter, der sich öffentlich gegen die Cosa Nostra wandte. Er sprach von der dringenden Notwendigkeit einer Anti-Mafia-Kultur und engagierte sich wie kein anderer zuvor. Er hielt Vorträge in Schulen und Universitäten und versuchte gleichzeitig, in Palermo eine Art Zentrale der Mafia-Bekämpfung zu errichten. Zu diesem Zweck sammelte er um sich besonders motivierte Staatsanwälte wie Falcone und Borsellino, die neue Ermittlungskonzepte hatten. Die bahnbrechende Idee der beiden befreundeten Juristen bestand darin, Verbindungen zwischen vereinzelten Mafia-Morden zu suchen und sich dabei auf Bankkonten, Geldbewegungen und die Vermögenslage von Firmen zu konzentrieren. So hofften sie, die Geschäfte der Cosa Nostra nachvollziehen und ein Gesamtbild des Mafia-Phänomens gewinnen zu können. Sie wollten die Mafia im Herzen treffen – in ihren finanziellen Interessen. Während sich der Teil des Staates, der die Mafia ehrlich bekämpfen wollte, neu formierte und organisierte, erlebte die Cosa Nostra einen zweiten Mafia-Krieg. Ausgelöst wurde der Konflikt diesmal durch den Versuch des Corleonesi-Clans, die Macht innerhalb der Organisation an sich zu reißen. 1978 begann die *mattanza* (Abschlachtung), ein schauriges Gemetzel, das in Palermo und ganz Sizilien über 1000 Tote zeitigte. 1983 endete der Kampf mit dem Triumph der Corleonesi, die ihre Alleinherrschaft über die Cosa Nostra durchsetzten. Die Überlebenden der besiegten Familien flohen in großer Zahl in die USA oder nach Südamerika. Unter ihnen war ein einst sehr mächtiger Boss, dessen Familie die Corleonesi beinahe vollständig ausgelöscht hatten. Sein Name war Tommaso Buscetta, und bald sollte ganz Italien von ihm reden.

Die Jahre der *mattanza* waren auch für die Mitglieder der Staatsanwaltschaft von Palermo dramatisch. Die Corleonesi zeigten keine Hemmung, auch oberste Vertreter des Staates zu ermorden, wenn sie sich ihnen in den Weg stellten. Nach den Morden an dem Carabinieri-General Carlo Alberto Dalla Chiesa im September 1982 und dem Richter Rocco Chinnici im Juli 1983 geriet der Staat mächtig unter Druck. Sizilien stand plötzlich im Mittelpunkt der nationalen und internationalen Öffentlichkeit. Chinnici wurde schnell durch Antonio Caponnetto ersetzt, der Bekämpfungskonzepte, die sich als erfolgreich gegen politische Terroristen erwiesen hatten, nun auch gegen die Mafia einsetzen wollte. In der Staatsanwaltschaft von Palermo wurde der Anti-Mafia-Pool ins Leben gerufen – ein Team von Untersuchungsrichtern, die ihre Ermittlungen gegen die Mafia gemeinsam durchführten und sämtliche Informationen teilten. So sollte das Risiko minimiert werden, dass bei Ermordung eines Mitglieds gewonnenes Wissen verlorenging und die Ermittlungen zum Stillstand kamen. Die Erfahrungen der vorangegangenen Jahre führten zu einer Organisationsform der Anti-Mafia-Justiz, die sich sofort als erfolgreich erwies. Hinzu kam der *pentitismo,* was bedeutet, dass Mafia-Bosse und sonstige Mitglieder der Cosa Nostra, die von der Grausamkeit der Corleonesi terrorisiert worden waren, zum ersten Mal in der Geschichte der Mafia bereit waren, mit der Justiz zusammenzuarbeiten. Wie auch schon im Kampf gegen den politischen Terrorismus geschehen, lieferten *pentiti* (Reumütige), offiziell als *collaboratori di giustizia* (Justizkollaborateure) bezeichnet, als Gegenleistung für Personenschutz wichtige Informationen, die zu Festnahmen weiterer Mitglieder führen konnten. Der Deal mit den *pentiti* war zwar von Anfang an ethisch umstritten, weil die Justiz kein ehrliches Bekenntnis der Reue von den Inhaftierten verlangte. Aber zum ersten Mal war es dem Staat gelungen, die Mauer der *omertà,* des »Gesetzes des Nichtssehen, Nichtshören, Nichtssagen«, durch das sich die Cosa Nostra immer geschützt hatte, zumindest ansatzweise zu durchbrechen. Insiderinformationen der Mafiosi waren für die Staatsanwälte wichtig, um Erkenntnisse über die Struktur der Organisation zu erhalten und die innere Dynamik der Cosa Nostra und die Hintergründe von Bluttaten einzuschätzen.

Unter den ersten und wichtigsten Kollaborateuren war der »Boss der zwei Welten«, Tommaso Buscetta, der 1984, nachdem er von Brasilien ausgeliefert worden war, um ein Gespräch mit Giovanni Falcone bat. Buscetta gab dem Staatsanwalt Einblick in den Aufbau der Organisation Cosa Nostra, erläuterte die hierarchische Struktur und schilderte Pläne und innere Konflikte. Falcone bezeichnete dies als die erste »Alphabetisierung« der italienischen Justiz über die Mafia mit dem Ergebnis, dass von nun an niemand mehr ernsthaft an dem alten Bild der Mafia festhalten konnte. Keine obskure Macht, keine lokale Unsitte mehr: Cosa Nostra war eine straff strukturierte Organisation, die von einer *commissione,* auch als *cupola* (Kuppel) bezeichnet, geleitet wurde. In dieser *commissione,* in den 50er Jahren gegründet, um zwischen den einzelnen Bossen zu vermitteln und die allgemeinen Interessen der Organisation zu regeln und zu fördern, saßen wie in einer Art Mafia-Parlament Abgeordnete der einzelnen *mandamenti* (Mafia-Bezirke), in die Sizilien aufgeteilt war. Die Corleonesi, erklärte Buscetta weiter, hatten einen regelrechten Staatsstreich innerhalb der Organisation durchgeführt, was sämtliche innere Mechanismen des Machtgleichgewichts gesprengt und vor allem die Beziehung zum Staat zum ersten Mal gestört hatte.

Veränderte politische Rahmenbedingungen – die Abkühlung des Verhältnisses zwischen den Mafia-Bossen und den Christdemokraten, der Amtsantritt des sozialistischen Ministerpräsidenten Craxi 1983 – sowie Buscettas Enthüllungen ermöglichten dem Anti-Mafia-Pool von Palermo die Festnahme Hunderter von Cosa-Nostra-Mitgliedern auf allen Ebenen der Organisation und die Initiierung des größten Prozesses gegen die Mafia in der Geschichte Italiens. Im »Maxiprozess von Palermo« wurden 1987 unter anderen 19 führende Bosse zu lebenslänglichen Haftstrafen verurteilt. »Die Mafia«, kommentierte Falcone, »ist ein menschliches Phänomen und hat als solches einen Anfang und auch ein Ende.« Das Ende der Mafia schien noch nie so nah zu sein. In Palermo gingen Tausende Bürger auf die Straße, um zum ersten Mal gegen die Macht der Mafia zu protestieren. Der »Frühling von Palermo« hatte begonnen. Doch die Anführer der Corleonesi, Totò Riina und Bernardo Provenzano, beide in Abwesenheit zu lebenslänglicher Haft verurteilt, sammelten die restlichen Kräfte der fast zerschlagenen Organisation, um zum Gegenangriff überzugehen. Sie versuchten Druck auf die politischen Vertreter in den Staatsinstitutionen auszuüben, damit die Urteile des Maxiprozesses vom Obersten Gerichtshof nicht bestätigt werden würden. Der italienische Staat zeigte erneut seine traditionelle Ambiguität. Falcone und anderen Mitgliedern des Anti-Mafia-Pools wurde von Politikern Geltungssucht vorgeworfen. Diese Diffamierungskampagne führte zur Auflösung des Pools. Dank des Engagements von Falcone, der sich nach Rom versetzen ließ, konnten die lebenslänglichen Freiheitsstrafen für die Bosse aber bestätigt werden. Der Geheimpakt zwischen Staat und Mafia war endgültig gebrochen. Die Christdemokraten hatten zum ersten Mal ihr Versprechen auf Straffreiheit für die Mafiosi nicht gehalten.

Die Rache der Corleonesi ließ nicht lange auf sich warten. Und sie kam in großem Stil. Am 12. März 1992 erschossen Mafia-Killer Salvo Lima, den historischen Verbindungsmann zu Andreottis Christdemokraten in Sizilien. Nur zwei Monate später tötete eine 600 Kilogramm schwere Dynamitladung, die unter der Autobahn bei Palermo angebracht worden war, den Richter Giovanni Falcone, dessen Frau und sämtliche Polizisten der Eskorte. Am 19. Juli war dann Richter Paolo Borsellino an der Reihe. Eine Bombe zerfetzte ihn und seine Begleitung in der Via d'Amelio in Palermo direkt vor der Wohnung seiner Mutter, der er einen sonntäglichen Besuch abstatten wollte. Die Fernsehbilder der zerstörten Autobahn sowie der Rauchwolken über Palermo erinnerten an Kriegsgebiete wie den Nahen Osten. Ganz Italien stand unter Schock. Rom hatte die beiden Richter nicht schützen können. Auf dem Staatsbegräbnis für Borsellino durchbrach die wütende Menge die Absperrungen, um die anwesenden Vertreter des Staates anzugreifen. Die Polizei konnte sie nur mit Mühe in Sicherheit bringen. Der Tod der zwei befreundeten Staatsanwälte hinterließ einen tiefen Riss in der Gesellschaft. Ein Zyklus war damit abgeschlossen. Der nun völlig diskreditierte Staat schickte 20 000 Soldaten nach Sizilien in dem verzweifelten Versuch, wenigstens ein Teil seiner Glaubwürdigkeit zu retten. Die Regierung verabschiedete in aller Eile ein Gesetz zur Verschärfung der Haftbedingungen für Mafia-Verbrecher. Wenn sie auch stark geschwächt war, so war die Cosa Nostra noch längst nicht besiegt. Die Corleonesi setzten ihren Kampf mit einer neuen terroristischen Strategie fort: der *strategia stragista* (*strage*, Massaker). Als Vergeltung gegen den Staat, von dem sie sich verraten und im Stich gelassen fühlten, griffen die Mafiosi das unschätzbare Kulturvermögen des Landes an. Explosionen in Florenz, Rom und Mailand verursachten mehrere Tote und richteten schwere Schäden an. In dem skandalgeschüttelten Italien konnte man den Eindruck gewinnen, der Staat habe die Kontrolle verloren.

Erst nach dem Einzug Berlusconis in die Politik – die Forza Italia gewann in Sizilien fast 50 Prozent der Stimmen und übernahm somit die führende Rolle der Christdemokraten – sowie der darauffolgenden Stabilisierung des neuen Parteiensystems der Zweiten Republik kehrte wieder Ruhe im Lande ein. Die Festnahmen von Totò Riina im Januar 1993 und Bernardo Provenzano im April 2006 vermittelten im Ausland den Eindruck, dass der italienische Staat wirklich bereit war, das organisierte Verbrechen konsequent zu bekämpfen und sich des Schandfleckes der Mafia ein für alle Mal zu entledigen. Wer aber mit den heute herrschenden Zuständen in Sizilien sowie im ganzen Süditalien vertraut ist, weiß, dass dem leider nicht so ist. In den letzten Jahren haben die blutigen Bandenkriege innerhalb der neapoletanischen Camorra und die Machenschaften der kalabresischen Ndrangheta, wie etwa die Mafia-Morde in Duisburg vom Sommer 2007, großes Aufsehen erregt.

Dass es um die sizilianische Mafia so überraschend still geworden ist, sollte nachdenklich stimmen. Ist die Cosa Nostra, nachdem sie neue Ansprechpartner in der veränderten politischen Konstellation gefunden hat, etwa dabei, sich zu reorganisieren, und nun bereit, ihren Geschäften im Stillen nachzugehen? Wahrscheinlich. Recherchen haben neue beunruhigende Fragen über die Entwicklungen nach dem Tod von Falcone und Borsellino aufgeworfen. Es ist erwiesen, dass der Staat durch den Carabinieri-Oberst Mario Mori 1993 Verhandlungen mit der Mafia einleitete, um die Corleonesi zu überzeugen, ihre Terroranschläge auf dem Festland einzustellen. Mori wandte sich an den ehemaligen Bürgermeister von Palermo, Vito Ciancimino, der der Führung des Corleonesi-Clans sehr nahe stand. Wie lange zog sich diese Verhandlung hin, und welche Abmachungen wurden getroffen? Was bot der Staat der Mafia zum Tausch gegen die Festnahmen der Bosse Riina und Provenzano an? Warum wurde das Versteck von Riina von den Carabinieri nicht untersucht? Wer unterschlug Borsellinos rotes Notizbuch, das sich am Tages des Anschlags in seiner Tasche befand? Was stimmt an den Äußerungen einiger ehemaliger Mafiosi, die von Kontakten zwischen Cosa-Nostra-Mitgliedern und Berlusconis Vertrauensmännern während der Gründungsphase der Partei Forza Italia sprachen? Hat die Berlusconi-Regierung einen neuen Geheimpakt mit der Mafia geschlossen? Viele Fragen sind offen, die Antworten zumeist spekulativ.

Nur eins scheint sicher zu sein – eine traurige Tatsache, die sich am leichtesten mit einem Zitat des mutigen Anti-Mafia-Journalisten Lirio Abbate ausdrücken lässt: »Politik und Mafia sind zwei Mächte, welche die Kontrolle über dasselbe Territorium beanspruchen: Entweder bekriegen sie sich oder einigen sich.« Da die Waffen gerade schweigen …

Die Stabilität des Chaos: Demokratie auf Italienisch

Will man das politische Leben in Italien verstehen, ist es notwendig zu wissen, dass Schein und Sein sich gegenseitig dermaßen durchdringen und beeinflussen können, dass sie schließlich zu einer Einheit verschmelzen. Das trifft im Falle der Demokratie, wie sie in Italien verstanden und Tag für Tag gelebt wird, besonders zu.

Bis zum Beginn der 1990er Jahre galt Italien als Inbegriff der politischen Instabilität, seine Demokratie war zerbrechlich, in einem permanenten Ausnahmezustand, stets kurz vor der Selbstauflösung oder in Erwartung einer »Normalisierung«, die nie kam. Tatsächlich fehlte es in der Politik im Nachkriegsitalien kaum an beunruhigenden Elementen: 48 Kabinette in 46 Jahren, immerwährende Regierungskrisen, häufige Skandale auf allen Ebenen, obskure Machenschaften »ungelenkter« Geheimdienste, schreckliche politische Morde, überzogene ideologische Auseinandersetzungen, eine streitsüchtige, zum Teil offensichtlich korrupte und unverantwortliche politische Führung, eine abnorme Staatsverschuldung, massive Steuerhinterziehung, seit Jahrzehnten ungelöste soziale Konflikte, grausame Mafia-Morde und Entführungen, ganze Regionen im Griff höchst gefährlicher Verbrecherorganisationen. Die Leidensliste der italienischen Republik könnte kaum länger sein. Wie kann eine Demokratie, fragte man sich, unter solchen Bedingungen nur weiter bestehen, geschweige denn gedeihen? Man zählte die Tage der im Sterben liegenden Volksherrschaft Italiens.

Es gab jedoch auch andere Meinungen. Der amerikanische Professor Joseph La Palombara, Politikwissenschaftler in Yale, schrieb 1988 in seinem Buch *Democracy, Italian Style (Die Italiener oder Demokratie als Lebenskunst)*, dass die Demokratie in Italien sehr lebendig sei:

»Es ist sehr leicht, dieses System als hoffnungslos polarisiert abzuschreiben, und noch leichter, sich darüber zu wundern, dass in diesem Lande überhaupt noch eine Spur von Demokratie zu finden ist. Sieht man freilich genauer hin, so zeigt sich, dass diese Erscheinungen etwas Täuschendes und Irreführendes an sich haben. Sie lassen einen beispielsweise leicht übersehen, wie viele Fähigkeiten und Methoden die Bewohner dieser Halbinsel über die Jahrhunderte hinweg entwickelt haben, um all diese Exzesse unter Kontrolle zu halten und sich trotz aller politischer Wurstelei ein relativ hohes Maß an Freiheit zu erhalten. [...] Vor allem aber übersehen wir bei einer nur oberflächlichen Betrachtung der italienischen Politik leicht eine wesentliche Tatsache, nämlich dass Italien im Grunde genommen ein gesundes, dynamisches demokratisches Land ist, welches kaum in der Gefahr ist, in den Abgrund zu stürzen und in Stücke zu gehen. Wenn heute viele Beobachter langsam und zögernd zu diesem Schluss kommen, so scheinen viele andere – und vor allem die Italiener selbst – das schon immer gewusst zu haben. [...] Das überall als chaotisch verschriene Italien ist in Wirklichkeit eine der stabilsten Demokratien der Welt. Wenn das bisher nicht erkannt worden ist, so liegt das daran, dass die Demokratie in Italien anders funktioniert als in London, Washington oder Bonn.«

Anders, aber lebendig. Tatsächlich haben weder die chronische Instabilität der Regierungen noch die Skandale und Konflikte verhindert, dass Italien in den ersten 50 Jahren seines demokratischen Lebens zu einem der reichsten und modernsten Länder der Welt wurde. Im Vergleich zu anderen Ländern, zum Beispiel Griechenland, hat die vielgeschmähte italienische Demokratie den heftigsten Spannungen des Kalten Kriegs standgehalten, ohne dass es zu autoritären oder gar diktatorischen Entwicklungen kam. Lange Jahre war Italien, selbst mit allen seinen Problemen und historischen Macken, die einzige Demokratie im Mittelmeerraum. Wem also Glauben schenken? Den Schwarzsehern, die Italien für einen hoffnungslosen Fall halten, oder den Verehrern des demokratischen Systems Italiens als Einziges in der Welt, das im Chaos ein bewunderungswert stabiles Gleichgewicht aufrechterhalten kann?

Die »Justizrevolution« von 1992/93, die Einführung einer Mischform von Mehrheits- und Verhältniswahlrecht, die zur Entstehung eines bipolaren Parteiensystems geführt hat, und nicht zuletzt der Einzug des Medientycoons Silvio Berlusconi in die Politik scheinen den Widerspruch aufgelöst zu haben. Heute erscheint die italienische Demokratie praktisch allen internationalen Beobachtern in Gefahr, quasi im Begriff, aufgehoben zu werden, und zwar von einem autoritären Regime neuen Typs. Die nunmehr 15-jährige Herrschaft Berlusconis stellt nach Meinung vieler Journalisten und Politikwissenschaftler eine Art avantgardistisches Regime dar, das von einem schwerreichen Medienmogul mit Macho-Allüren unter Einsatz einer beispiellosen Fernsehübermacht errichtet worden ist. Die größten Tageszeitungen aller Welt überschlagen sich seit Jahren mit ihren Hinweisen darauf, was Berlusconi der italienischen Demokratie antue. Mit dem *Cavaliere* stünde Italien nunmehr in einer Reihe mit Ländern wie Russland oder Serbien – Nationen, deren Demokratie nur noch eine Fassade, eine leere Hülle sei, in denen die Prozesse der Meinungsbildung der Bürger von der Regierung entscheidend beeinflusst, wenn nicht sogar direkt kontrolliert und Gesetze nur noch im Interesse einer kleinen Oligarchie verabschiedet werden. Keiner scheint sich mehr zu trauen, mit gutem Gewissen Ansichten wie die oben zitierte von La Palombara zu vertreten. Stattdessen fragt man sich beharrlich und fassungslos, wie die Italiener so etwas Ungeheuerliches wie den offensichtlichen Abbau ihrer Demokratie dulden können. Wie können sie so blind und unverantwortlich sein, ihr Land immer wieder in Berlusconis Hände zu legen? Wie können sie damit leben, dass die Demokratie immer mehr ausgehöhlt wird? Ist ihnen wirklich alles egal, oder entgeht den internationalen politischen Kommentatoren etwas, das nur die Italiener sehen und begreifen können? Lässt sich die internationale Gemeinschaft nicht etwa wieder von den krassen Erscheinungen eines melodramatischen Volkes täuschen und irreführen? Was ist Schein und was ist Realität? Wie steht es heute wirklich um die italienische Demokratie?

Wie erwähnt, ist *ein* Charakteristikum der italienischen Demokratie die Kluft zwischen der politischen Klasse und der Gesellschaft. Traf aber in der frühen Nachkriegszeit die fortschrittliche politische Vision der neuen demokratischen Landesführung auf eine rückständige, für die Demokratie relativ unreife Gesellschaft, so kehrte sich dieses Verhältnis im Laufe der darauffolgenden Jahrzehnte um. Die Institutionen des italienischen Staates und die Politiker, die diese verkörperten, zeigten sich – das tun sie eigentlich heute noch – unfähig, mit dem Wandel der Gesellschaft Schritt zu halten. Diese Unfähigkeit ist weniger der geringen Sensibilität oder gar Intelligenz der politischen Klasse geschuldet, sondern der Tatsache, dass diese oft und gern eigene Interessen verfolgt, die – euphemistisch formuliert – nicht selten ganz andere sind als die der Bürger, in deren Auftrag sie arbeiten sollten.

Ein gutes Beispiel dieser »Rückständigkeit« der politischen Führung gegenüber den Italienern lieferte eines der wichtigsten Volksbegehren in der Geschichte Italiens: der Volksentscheid von 1974 über das Scheidungsrecht. Damals fürchteten fast alle Parteien, Kommunisten eingeschlossen, dass sich die Italiener mit großer Mehrheit für das Fortuna-Baslini-Gesetz von 1970 und damit für die Legalisierung der Scheidung aussprechen würden. Deshalb unternahmen sie alles Erdenkliche, um den Volksentscheid zu verhindern. Im Mittelpunkt ihrer Sorgen standen zwei Dinge: erstens, dass sich das Volk über eine bürgerrechtliche Frage ohne ihre Vermittlung direkt ausspricht, und zweitens wollte sich keine Partei die Feindschaft des Vatikans zuziehen, der die Abschaffung des Gesetzes verlangte. Das Volksbegehren wurde zu einem zentralen Ereignis im demokratischen Leben Italiens, bei dem die Mehrheit der Italiener erstmalig ihre Fähigkeit unter Beweis stellte, in gesellschaftlich relevanten Fragen frei von religiösen oder politisch-ideologischen Vorschriften und Anweisungen selbständige Entscheidungen treffen zu können. Das tat auch meine Großmutter. Sie vermisste zwar den König und vertrat genau wie ihr Mann konservative Positionen. Doch als Frau, auch wenn sie nicht mal einen Grundschulabschluss hatte, verstand sie, dass die Rechte der Frauen

Sache der Frauen sind und nicht des Staates. Meine Mutter, ihre Tochter, erzählte mir von jenem Sonntag, als sie beide, Arm in Arm, wie sie es immer machten, wenn sie zusammen einkaufen gingen, zum nächsten Wahllokal spazierten, um sich an dem historischen Volksentscheid zu beteiligen. Ihre beiden Stimmen kamen zu den fast 20 Millionen anderen Stimmen der Italiener hinzu, die eine Abschaffung des gerade eingeführten Scheidungsrechtes erfolgreich verhinderten.

Etwas Ähnliches geschah auch zu Beginn der 90er Jahre, als die Italiener die Kampagne des unabhängigen Politikers Mario Segni für die Einführung des Mehrheitswahlrechts massiv unterstützten. Wiederum brachte ein Volksbegehren den Gegensatz zwischen Gesellschaft und Politik zum Ausdruck. Trotz der expliziten Aufforderung aller Parteien, den Volksentscheid vom 9. Juni 1991 zu boykottieren – berühmt wurden die Worte des PSI-Chefs Craxi »Geht lieber an den Strand« –, eilten Millionen von Italienern zu den Wahllokalen, um das als Machtgrundlage des inzwischen zutiefst verabscheuten Parteiensystems angesehene Verhältniswahlrecht abzuschaffen.

Weil in Italien die Politik so selten mit den Bedürfnissen und Forderungen der realen Gesellschaft im Einklang steht, gehören die Italiener zu den Völkern der Welt, die mit Leidenschaft ihre politischen Vertreter verschmähen. Das reicht bis zur Verachtung der Politik als solcher. Der populäre Spruch *piove governo ladro* (auf Deutsch etwa: »Es regnet, die Regierung ist schuld«) sagt alles über die verwurzelte Geringschätzung der offiziellen Politik, die häufig grundsätzlich als schmutziges Geschäft betrachtet wird. Aber Vorsicht: Man sollte diese Einstellung nicht als eine der mittlerweile überall in Westeuropa verbreiteten Erscheinungen postideologischer Politikverdrossenheit verstehen. Die Italiener sind alles andere als politikverdrossen. Die Wahlbeteiligung ist stets sehr hoch, und die Parlamentswahlen lassen nur wenige gleichgültig. Aber warum eilen so viele Italiener immer noch zu den Wahllokalen, wenn sie die ganze Angelegenheit als aussichtslos betrachten?

So viel steht fest: Der vollkommen desillusionierten und zugleich resignierten Haltung der Italiener gegenüber ihren Herrschern liegt die traditionelle Machtkultur der Führungseliten zugrunde. Alle Generationen von Machthabern, die sich seit

Ende des 19. Jahrhunderts in Italien abgelöst haben, haben trotz unterschiedlicher politischer Kulturen, sozialer Herkunft und prägender Erfahrungen eins geteilt: die machiavellistische Kunst der Machterhaltung. Der florentinische Philosoph Niccolò Machiavelli lieferte 1532 in seiner berühmten politischen Abhandlung *Der Fürst* die theoretische Grundlage dafür: Ethik und Politik gehörten nicht zusammen; Politik sei schließlich wie Krieg: Mord, Unehrlichkeit, Rücksichtslosigkeit seien zwar im Leben moralisch verwerflich, jedoch nicht, wenn es darum gehe, politische Macht zu gewinnen und zu bewahren, die eigene Politik durchzusetzen und seine Gegner auszuschalten. Für italienische Machthaber aller Zeiten war Machiavellis Werk eine Blaupause, ja eine Art Bibel. Es ist kein Zufall, dass unter den Verfassern der Vorworte zu den verschiedenen Ausgaben des *Fürsten* Namen wie Benito Mussolini, Bettino Craxi und Silvio Berlusconi auftauchen.

Als Inbegriff des Machiavellismus gilt den Italienern bis heute der mehrfache Ministerpräsident Giulio Andreotti, der in den 90er Jahren der Mafia-Unterstützung für schuldig befunden wurde. Doch der Machiavellismus ist nicht nur konservativen Politikern eigen. Die KPI-Führung verstand sich auf diese Art der Realpolitik genauso gut wie die Christdemokraten, mit dem kleinen Unterschied: Sie war bis zu ihrer Auflösung bzw. Umbenennung 1990 nie an der Macht. Die Italiener haben sich an diese Verhältnisse gewöhnt, für sie ist heute die fehlende Transparenz der Politik völlig normal, als sei diese eine grundsätzliche Eigenschaft der Macht an sich. Die Politik in Italien ist undurchsichtig, rätselhaft, besteht aus undurchschaubaren Ränken und Intrigen.

In der ganzen italienischen Nachkriegsgeschichte finden sich dramatische Ereignisse, die nie ganz aufgeklärt wurden. Man nennt sie *misteri italiani,* »italienische Mysterien«, sie sind der obskure Kern der italienischen Geschichte: Wer legte die Bomben auf öffentlichen Plätzen, in Zügen und Bahnhöfen? Wer ermordete Zeugen, kurz bevor diese unerwünschte Aussagen machen konnten? Wer entwendete oder zerstörte Beweisstücke, die die Wahrheit über Anschläge und andere Bluttaten hätten ans Licht bringen können? Wer hat der Geheimloge P2 ermöglicht, Ministerien und Verwaltungen zu durchdringen? Wer hat unbequeme Politiker, Journalisten und Intellektuelle umgebracht, die im Begriff waren, für die Machthabenden gefährliche Enthüllungen zu machen? Wer steuerte wirklich den politischen Terrorismus der 70er und 80er Jahre? Fragen wie diese haben über Jahrzehnte zahllose Verschwörungstheorien entstehen lassen und bei den Italienern die Vorstellung genährt, dass es Graue Eminenzen gab und vielleicht noch gibt, die alle Geheimnisse kennen und im Verborgenen die Fäden der Politik ziehen.

Das führt uns zu einem weiteren Wesenszug der italienischen Führungsschicht aller Zeiten. Der sizilianische Staatsanwalt Roberto Scarpinato bezeichnet ihn in seinem Buch *Il ritorno del Principe (Die Rückkehr des Fürsten)* als »Obszönität der Macht«. Er versteht hier obszön in seinem ursprünglichen lateinischen Sinn: *ob scena,* hinter der Kulisse. Die Macht wird hinter den Kulissen ausgeübt, fern von den Augen der Öffentlichkeit. Die Szenen, denen die Italiener täglich beiwohnen – leidenschaftliche verbale Auseinandersetzungen, gegenseitige Beschimpfungen, härteste Parlamentsschlachten, unversöhnliche Erklärungen, die eine permanente bürgerkriegsähnliche Stimmung schüren –, seien bloß eine Inszenierung für das Publikum. Die italienische Politik ist eine Show, eine Art karnevalistische Rauferei, ein Theaterstück, und zwar meistens ein sehr gelungenes und höchst unterhaltsames. Ein Beispiel: Am 24. Januar 2008 stellte die damalige Mitte-Links-Regierung im italienischen Senato, der zweiten Kammer des italienischen Parlaments, die Vertrauensfrage. Das erwartete negative Ergebnis führte zum Rücktritt des Kabinetts von Romano Prodi und zu vorgezogenen Neuwahlen. Bei dieser Gelegenheit gaben die Senatoren buchstäblich ihr Bestes. Das Spektakel begann mit der Entscheidung eines Senators, gegen den Willen seiner Partei seine Stimme zugunsten der Regierungsmehrheit abzugeben. Ein »Parteifreund« beleidigte ihn deswegen vehement und spuckte ihn an. Der Senator brach daraufhin mitten im Plenarsaal zusammen. Während der angreifende Politiker von anderen Mitgliedern der Versammlung mit Mühe weggeführt wurde, um ein Handgemenge zu vermeiden, sprang von der anderen Seite der Kammer ein Senator der Mitte-Rechts-Opposition in die Runde. Sonnenbrille auf der Stirn und einen roten Pullover über die Schulter geworfen, lässig als befände er sich gerade im Golfclub, bezeichnete er laut schreiend den »aufsässigen« Senator als *checca squallida,* zu Deutsch etwa »elende Schwuchtel«. Der Witz dabei war, dass der Autor dieser Beschimpfung selbst ein Homosexueller war. Damit genug? Ganz und gar nicht. Einige Stunden später verkündete der Vorsitzende des Senato das Ergebnis der Abstimmung. Die Regierung verfügte über keine Mehrheit mehr, sie war gefallen. Auf den Oppositionsbänken begann die Feier. Champagnerkorken knallten, Jubeltänze wurden aufgeführt, Transparente mit Spottversen ausgerollt, während der Sekt auf die wertvollen Teppiche des Versammlungsraums spritzte. Der Senator, der sich bereits vorher durch seine homosexuellenfeindliche Beleidigung ausgezeichnet hatte, zog eine Scheibe Mortadella heraus und verzehrte sie genüsslich und demonstrativ. Als »Mortadella« hatte die rechte Presse immer den abgewählten Ministerpräsidenten Prodi bezeichnet. Weitere Scheiben der bolognesischen Wurstspezialität wurden anderen Senatoren überreicht, so dass sich die Parlamentssitzung in eine Art dörfliches Volksfest verwandelte. Währenddessen schrie der verzweifelte Senatsvorsitzende vergebens: »Ehrenwerte Senatoren, bitte lassen Sie das, wir sind hier nicht in einer Osteria!« Das kleine Bankett der Parlamentsmitglieder endete würdig mit einer La-Ola-Welle wie in einem Fußballstadion.

Ein schwarzer Tag für die italienische Demokratie? Ein Zeichen des Sittenverfalls in der angeblich edleren der beiden Kammern des italienischen Parlaments? Selbst den Italienern, über die Jahre gewöhnt an Zirkusvorstellungen ihrer Politiker mit Sprechchören, Transparenten und Handgemengen, war es diesmal zu viel. Der Ausland schaute perplex, aber amüsiert zu. Seit Jahrzehnten scheinen die Staatspräsidenten Italiens keine andere Aufgabe zu haben, als die politischen Kräfte im Parlament immer und immer wieder zum Dialog und zu einem maßvollen Ton aufzufordern. Ist die politische Auseinandersetzung in Italien wirklich so dramatisch?

Die Gelassenheit der Italiener angesichts einer solch permanenten Katastrophenstimmung überrascht. Wie kommt es zu dieser Haltung? Italiener kennen sich mit melodramatischen Inszenierungen gut aus, sie wissen, dass die Realität hinter den Kulissen ganz andere Züge trägt. Rechte und linke Parlamentarier gehen in dieselben Nachtlokale, nehmen ihren Espresso am selben Tresen in der Parlamentskantine, verbringen ihre Mittags- oder Kaffeepause zusammen. Sie gehören alle zu einer besonderen Gesellschaftsgruppe, die ein eigenes Leben führt. Ein Leben, das sie nur untereinander teilen – nicht mit den Millionen von Italienern, die sie gewählt haben und deren Interessen sie vertreten sollten. Dieses Problem ist zwar mittlerweile in allen modernen Demokratien bekannt. In Italien erscheint es nur – wie immer – krasser als in den anderen. Auch die Art der »Inszenierung« eines verbissenen und unüberwindbaren politischen Konflikts hat tiefe Wurzeln in der Geschichte. Wie beschrieben, mussten die Liberalkonservativen der Historischen Rechten 1876 nach 15 Jahren Herrschaft die Regierungsverantwortung an die Fortschrittlichen der Historischen Linken abgeben. Deren Ministerpräsident Agostino Depretis begriff sehr früh, dass die Unterstützung der Menschen allein nicht ausgereicht hätte, um längere Zeit an der Regierung zu bleiben. Er musste die Interessen der Finanzwelt und der Industriellen berücksichtigen. Um sich einen breitestmöglichen Konsens zu sichern – und ungeachtet jeden ursprünglichen politischen Programms, mit dem er die Wahlen gewonnen hatte –, nahm Depretis die Vertreter der Rechten in seine Regierung auf, die bereit waren, die politische Seite zu wechseln, nur um nicht die Oppositionsbank zu drücken. Schon früh zeigte sich, dass die politischen Unterschiede zwischen den Parteien Substanz verlieren und schließlich verschwinden, wenn es um die reine Machtfrage geht. Das Phänomen ging in die Geschichte Italiens unter dem Namen *trasformismo* (von *trasformare,* verwandeln) ein. Agostino Depretis wurde zum Initiator einer politischen Praxis, die in Italien Zukunft haben sollte.

Bis heute ist es offensichtlich, dass gegensätzliche Ideen und politische Programme nicht viel Wert besitzen, wenn es darum geht, Ämter und Macht zu behalten. Es gibt kaum eine Legislaturperiode in der modernen Geschichte Italiens, in der nicht einzelne Abgeordnete und manchmal auch ganze Gruppierungen und Parteien die Seite wechselten. Der *trasformismo,* so Joseph La Palombara in seinem Buch *Die Italiener oder Demokratie als Lebenskunst,* »sorgte mehrere Jahrzehnte lang dafür, [...] dass zwar der Eindruck eines Wechsels in der Regierung entstand, sich in Wirklichkeit aber nichts änderte«. Der Übergang von einer ehrlichen politischen Bekehrung zum Wortbruch, zum Wendehals und sogar zur Korruption war schon immer fließend. Der Versuch Berlusconis, im Jahr 2007 Abgeordnete des gegnerischen Lagers zu kaufen, um die Mitte-Links-Regierung zu stürzen, ist ein Beispiel aus neuester Zeit. Der Begriff *trasformismo* gilt als etwas veraltet und ist von einem anderen abgelöst worden. Mehr und mehr wird das ursprünglich aus dem neapolitanischen Dialekt stammende Wort *inciucio* benutzt, das sich in etwa mit »sich unter der Hand einigen« übersetzen lässt.

Andere Begriffe, doch das Phänomen bleibt dasselbe. Der italienische Verfassungsrechtler und zeitweilige Vorsitzende des Obersten Verfassungsgerichts Gustavo Zagrebelsky spricht von einem oligarchischen Charakter der parlamentarischen Demokratie, die nur noch eine Fiktion sei. Hinter pseudodemokratischen Ritualen verberge sich ein Wettbewerb zwischen kleinen Eliten um die Macht über die Gesellschaft. Gegnerische Eliten würden allerdings stets gemeinsam handeln, um ihre jeweiligen Machtstellungen zu bewahren. In Italien, so der bereits zitierte Richter Roberto Scarpinato, werde das Parlament nur formell vom Volk gewählt. In Wahrheit würden dessen Mitglieder von einem äußerst kleinen Kreis, etwa 30 Leuten, die in den Führungsstäben der größten Parteien sitzen, ausgesucht und ernannt. Bereits der Schriftsteller und Regisseur Pier Paolo Pasolini sprach von einem »Kreis der großen Entscheidungsträger«, deren Beschlüsse von den demokratischen Institutionen bloß ratifiziert würden.

Die Demokratie ist nur noch eine leere Hülle, und die Parteien der Zweiten Republik setzen jene Parteienherrschaft der Ersten Republik fort. Sie stellen keine Organisationen mehr dar, die breite Bevölkerungsschichten erfassen und deren politische Interessen artikulieren und vertreten. Die beiden großen italienischen Parteien Popolo delle Libertà und Partito democratico sind nicht viel mehr als mächtige Geschäftsvereine, sind im Vergleich zu den traditionellen Volksparteien des 20. Jahrhunderts extrem mitgliederarm und werden von nichtrepräsentativen Komitees autoritär kontrolliert. Noch einmal Scarpinato: »Aus diesem Grund genießt die Macht keinen Respekt mehr in der Gesellschaft. Sie wird meistens nur noch ertragen, entweder aus reinem Interesse oder aus dem Fehlen einer Alternative. […] Die Frustration verwandelt sich oft in Gleichgültigkeit – ein Gift, das die gesamte Gesellschaft von innen heraus auffrisst.«

Rein italienische Probleme? Jeder Leser schaue auf die Demokratie, in der er lebt, und ziehe seine Schlüsse. Jedenfalls wussten die Italiener der neuesten Entwicklung ihrer politischen Führung einen Namen zu geben. Die politische Klasse sei heute nur noch eine Kaste, eine geschlossene Gruppe ausgewählter Mitglieder, die verbissen ihre Privilegien gegen die Gesellschaft verteidigt, von der sie eigentlich formell die Legitimation ihrer Sonderstellung erhält. *La casta (Die Kaste)* ist der Titel eines Bestsellers der letzten Jahre, eines sachlich geschriebenen, witzigen und zugleich erschütternden Essays über die (Un-)Kosten der Politik. Dieses Buch hat die Beziehung der Italiener zur Politik weiter verschlechtert, weil es Fragen aufwirft: Warum sind die Diäten der italienischen Abgeordneten die höchsten der Welt? Warum kostet der Quirinalpalast, Amtssitz des italienischen Staatspräsidenten, fünf mal mehr an Unterhalt als Buckingham Palace, Residenz der britischen Königin? Warum haben sich die öffentlichen Zuschüsse an die italienischen Parteien seit 1993 vervierfacht, obwohl sie eigentlich von einem Volksentscheid abgeschafft wurden? Warum ist es in Italien steuerlich günstiger, Geld einer Partei als einer im sozialen Bereich tätigen Organisation zu spenden? Der Komiker Beppe Grillo aus Genua ist in den letzten Jahre zum Sprachrohr der Wut zahlreicher Italiener auf die politische Klasse geworden, die sich heute unberührbar gibt. Die Blogger-Bewegung von Grillo, die mittlerweile über 50 000 täglich aktive Mitglieder zählt, hat wortwörtlich der »Kaste« den Krieg erklärt. Mit spektakulären, einfallsreichen und nicht selten äußerst publikumswirksamen Aktionen und Initiativen wie zum Beispiel dem V-Day (V steht für *vaffanculo*, auf Deutsch »Leck mich am Arsch«), an dem Hunderttausende Bürger teilnahmen, versucht Grillo die Bürgerbeteiligung und das Bewusstsein über den Sittenverfall der politischen Klasse zu fördern. Warum und wozu gibt es Parteien, fragt er immer wieder die Öffentlichkeit – seine Antwort: Sie sind der Krebs der italienischen Demokratie. Grillo wird von den Politikern stets als billiger Demagoge dargestellt, auf schlimmste Art beschimpft und in den Schmutz gezogen. Inwieweit Grillo die politische Kultur wirkliche verändern kann, ist ungewiss, doch ist seine Bewegung zumindest ein Beleg dafür, dass die Zivilgesellschaft, die von Berlusconi wie die Maus von der Schlange hypnotisiert zu sein scheint, doch nicht alle Hoffnungen aufgegeben hat, eines Tages ihr Schicksal wieder selbst in die Hand zu nehmen.

Demokratieabbau?

Fassen wir zusammen: Seitdem Italien eine Republik wurde, befindet sich seine Demokratie stets an ihren Grenzen, geradezu in einem permanenten Ausnahmezustand. Zuerst verhinderte der Kalte Krieg den Zugang der stärksten Oppositionspartei, der KPI, zur Regierungsverantwortung. Die Folge davon war eine blockierte Situation mit chronischer Instabilität der Kabinette. Dann kam Berlusconi.

Das heißt – zuerst kam »Tangentopoli«, die Aufdeckung des illegalen Systems der Parteienfinanzierung, das auf Korruption und Amtsmissbrauch basierte. Die Skandale kamen zu einem Zeitpunkt, als das Maß bereits voll war und die Italiener nur noch Erbitterung für ihre Politiker übrighatten. Seit Jahrzehnten sahen sie immer die gleichen Gesichter ihr Land regieren. Die Sprache der Politik war kryptisch, langweilig und wirklichkeitsfern. Mit der Ausnahme weniger Rechts- oder Linksaktivisten, die sich mehr emotional als ideologisch an ihre Bezugsparteien MSI oder KPI gebunden fühlten, konnte keine Gruppierung der italienischen Parteienlandschaft Vertrauen gewinnen. Die Hoffnungen auf eine Erneuerung der politischen Klasse waren äußerst gering. Im April 1992 brachten die Italiener bei der Parlamentswahl ihr Gefühl der Abscheu gegenüber den Politikern eindeutig zum Ausdruck. Alle historischen Parteien der Republik büßten massiv Stimmen ein. Allein die Christdemokraten verloren über zwei Millionen Wähler und sanken erstmalig unter die 30-Prozent-Marke. Den Protest nutzte die neue sezessionistische, sich als Anti-System-Partei präsentierende Bewegung der Lega Nord, die über dreieinhalb Millionen Stimmen erhielt und in der Lombardei sogar zur stärksten Partei wurde. Nur wenige Tage nach der Wahl setzten die Untersuchungen ein, die das gesamte Parteiensystem vom Erdboden tilgten. Für die Italiener waren die »Tangentopoli«-Untersuchungen die Bestätigung dessen, was sie schon immer zu wissen geglaubt hatten. Die Stunde der Gerechtigkeit, der Generalabrechnung mit dem System hatte geschlagen. Die Menschen belagerten Parteizentralen, die Paläste der Macht und sogar die Hotels, in denen sich die Politiker aufhielten, um diese mit Beleidigungen zu überhäufen. Die Polizei konnte nur mühsam Minister und Parteisekretäre vor Übergriffen schützen.

Es war eine regelrechte Explosion des Hasses nicht nur gegen einzelne Politiker, sondern gegen die Figur des Berufspolitikers selbst. Die Institutionen des italienischen Staates waren auf dem Tiefpunkt ihrer Glaubwürdigkeit und Autorität angelangt. Für die Politik war das ein Schock, von dem, so dachte man damals, sie sich nie wieder erholen würde. Die Desorientierung der politischen Klasse spiegelte sich auch in dem Gesetz zur Abschaffung der parlamentarischen Immunität wider, das das Parlament unter dem starken Druck der Öffentlichkeit in aller Eile verabschiedete. Von nun an konnten die Staatsanwaltschaften Untersuchungen gegen Abgeordnete einleiten, ohne vorher das Parlament um Erlaubnis zu bitten. Silvio Berlusconi wusste dies zu seinen Gunsten auszunutzen. Mit der Hilfe der »neuen« Parteien der Zweiten Republik konnte er die Situation normalisieren und die Autorität der Institutionen sowie der Politik insgesamt wiederherstellen. Berlusconi profilierte sich als Verkörperung der von den Italienern stark ersehnten Erneuerung. Er spielte sich als Träger einer neuen politischen Kultur auf, nutzte die Verachtung der Bevölkerung gegenüber dem Berufspolitiker und präsentierte sich als Mann der Tat, als Selfmademan, als Unternehmer, der sich in den Dienst des Volkes stellt und sich uneigennützig und aus Nächstenliebe für eine öffentliche Sache opfert. Unzählige Male hat Berlusconi sein angebliches Leiden zum Ausdruck gebracht, sich mit der Politik beschäftigen zu müssen. Viel lieber würde er sich um seine Firmen kümmern, was er übrigens sowieso macht, indem er sich schamlos vom Parlament Gesetze billigen lässt, die seinen Medienkonzern begünstigen und sein bereits üppiges Vermögen vermehren.

Die Medienübermacht eines Mannes, dem drei Fernsehkanäle gehören und der als Regierungschef Einfluss auf die Programmgestaltung der weiteren drei Kanäle der öffentlich-rechtlichen Sender hat – womit er über 90 Prozent des italienischen Fernsehangebots kontrolliert –, ist in den entscheidenden und dramatischen Jahren des Übergangs von der Ersten zur Zweiten Republik ausschlaggebend gewesen. Eine Auswirkung der »kulturellen Revolution« durch Berlusconis Medien in den 80er und 90er Jahren ist die Vernichtung jeglichen politischen Engagements der Bürger, das die Gesellschaft lange Jahre ausgezeichnet hatte. Politik war für ein ganzes Jahrhundert für die Italiener eine Form der Unterhaltung und der Geselligkeit gewesen. Die einfachen Leute suchten öffentliche Plätze auf, um über Politik zu reden. Das war den Alliierten schon in den früheren Nachkriegsjahren aufgefallen. Im Oktober 1947 schrieb der später berühmt gewordene kanadische Medienphilosoph Marshall McLuhan:

> »Vor einigen Monaten meldete ein Offizier der US Army, der als Italien-Korrespondent für die *Printer's Ink* arbeitete, mit Besorgnis, dass die Italiener besser die Namen der Minister ihrer Regierung als die der Lieblingsprodukte ihres Landes kennen. Ferner seien die Wände der italienischen Städte mehr von politischen als von kommerziellen Slogans bedeckt. Nach Ansicht dieses Offiziers gebe es kaum Hoffnung darauf, dass Italien je zum Wohlstand und zur inneren Ruhe kommen werde, solange sie sich nicht mehr für die Konkurrenz unter rivalisierenden Cornflakes- oder Zigarettenmarken als für die Fähigkeiten ihrer Politiker interessieren werden.«

Genau diesen amerikanischen Standpunkt übernahm Berlusconi. Die Italiener interessierten sich zu intensiv für Politik und engagierten sich mit zu viel Leidenschaft für die öffentliche Sache. Berlusconi nutzte die Ermattung der Italiener aus und füllte mit der glänzenden und trügerischen Welt der kommerziellen Werbung, mit ungebremster Konsumkultur und mit karrieristischem Individualismus die Leere, die der Untergang der großen Ideologien des 20. Jahrhunderts hinterlassen hatte. Alexander Stille, populärer Italien-Korrespondent der *New York Times* und Autor der 2006 erschienen Berlusconi-Biographie *Citizen Berlusconi:*

»Berlusconi führte eine Kulturrevolution herbei, indem er dieser altmodischen, gemächlichen, paternalistischen italienischen Lebenswelt einen Schuss amerikanische Kommerzkultur injizierte. [...] Berlusconi half mit, Italien aus der »Gutenberg-Galaxie« [...] – der auf dem gedruckten Wort basierenden Kultur des 19. und 20. Jahrhunderts, bei der die Auseinandersetzung zwischen politischen Ideologien die treibende Kraft der Politik war – in eine andere Welt zu katapultieren, in der Persönlichkeit, Prominenz, Geld und Medienmacht Trumpf sind. Das Gute daran ist, dass die Italiener aufgehört haben, politische Morde zu begehen. Das Schlechte ist, dass sie so leben, als gebe es keine politischen Ideen mehr, für die es sich zu kämpfen oder zu streiten lohnte.«

Diese Passage fasst die Grundelemente von Berlusconis »Videokratie« zusammen. Die Medienübermacht ist das Instrument, mit dem er das Volk direkt ansprechen kann. Durch diese Übermacht konnte er sich einen einmalig breiten Konsens in der Bevölkerung aufbauen und nicht zuletzt eine politische Machtstellung erreichen, die es ihm ermöglichte, sich vor der Strafjustiz in Sicherheit zu bringen. Die Ad-personam-Gesetze, unter seinen Regierungen erlassene Gesetze, die offensichtlich auf seine Interessen zugeschnitten sind und die merkwürdigerweise von der Mitte-Links-Regierung nie aufgehoben wurden, geben Anlass dazu, von einem Missbrauch des Staates zu privaten Zwecken zu sprechen. Berlusconi dominiert bis heute den öffentlichen Diskurs, so dass der Konflikt zwischen Berlusconi-Anhängern und -Gegnern für eine weitere Polarisierung in der schon stets gespaltenen italienischen Gesellschaft gesorgt hat.

Es wäre aber unzureichend, das »politische Werk« Berlusconis als rein eigennützige Aktivität darzustellen. Wenn das politische Vorhaben des Medienmoguls am Anfang noch ziemlich konfus war und sich praktisch nur auf die Suche nach einem Machtkonsens richtete, sind weitere politische Motive und Ziele mit der Zeit immer deutlicher geworden. Nach seiner ersten kurzen Erfahrung als Ministerpräsident 1994 verstand Berlusconi, dass die Vorstellung, einen Staat wie einen Konzern zu leiten, illusorisch war. Er musste den Staat okkupieren, die Bürokratie für sich gewinnen und strategisch wichtige Ämter mit

Vertrauenspersonen besetzen. Dank seiner ausufernden kulturellen Hegemonie, die ihm bequeme Parlamentsverhältnisse beschert hat, ist ihm dieses Vorhaben gelungen.

Mit seiner zweiten Regierungszeit begann das politische Programm des *Cavaliere* Gestalt anzunehmen – und zwar eine sehr beunruhigende. Als 1984 die Existenz der Geheimloge P2 aufgedeckt wurde, beschlagnahmten die Carabinieri kurz nach der Auffindung der Mitgliederkartei auch den »Piano di rinascita democratica« (Plan für eine demokratische Wiedergeburt), das geheime politische Programm der Loge. Die Grundpfeiler des subversiven Vorhabens von Licio Gellis Geheimbund hießen: Reduzierung der politischen Landschaft auf zwei Parteien, Kontrolle über die Massenmedien, insbesondere das Fernsehen durch die Abschaffung des staatlichen Fernsehmonopols und die Liberalisierung der Fernsehsender, Verfassungsreformen, um die Staatsform in eine Präsidialrepublik zu verwandeln, eine Justizreform, um die Autonomie der Staatsanwaltschaften stark einzuschränken und die Judikative der Legislative, sprich: dem Parlament zu unterwerfen. Diese Punkte sind auch die Grundpfeiler des politischen Programms Berlusconis. Ein Zufall, dass sein Name in den Listen der Logenmitglieder auftauchte?

Berlusconi und die politischen Kräfte, die ihn unterstützen, haben keine Hemmung, das 1946/47 von den Verfassungsvätern entworfene Gleichgewicht der Gewalten zu zerstören. Berlusconi verlangt mehr Macht für die Exekutive, mit anderen Worten für sich selbst, die Abgeordnetenzahl soll drastisch reduziert werden, und zwar nicht so sehr, um die Kosten der Politik zu senken, sondern um ein Parlament zu kreieren, das weniger diskutiert und schneller Entscheidungen ratifiziert. Und für den Fall, dass er je zum Staatspräsidenten gewählt wird, fordert er seit Jahren eine Veränderung der Staatsform: In einer Präsidialrepublik wie Frankreich könnte er als Staatspräsident seine Macht bis zu seinem Tod bewahren.

Die Reduzierung der Parteienlandschaft auf ein Zwei-Parteien-System ist bereits ein fast vollendeter Prozess. Verhandlungen unter zwei Parteien sind wesentlich bequemer für die Beteiligten als anstrengende Diskussionen mit mehreren kleinen Parteien. Wenn auch die Reduzierung der Parteienlandschaft auf nur zwei Parteilager – nach dem amerikanischen Modell –

sowohl von Berlusconis Partei PDL als auch von der größten Oppositionspartei PD als eine historische Chance für die Vereinfachung und Verbesserung der Effektivität der italienischen Demokratie dargestellt wird, so bedeutet dieser Prozess in Wahrheit einen Verlust an Repräsentativität, eine Verarmung des politischen Angebots und eine Einengung der politischen Debatte.

Der Interessenkonflikt, der dadurch entsteht, dass Berlusconi als Ministerpräsident großen Einfluss auf die staatliche Fernsehanstalt RAI ausüben kann, während er gleichzeitig Eigentümer der privaten Konkurrenzgesellschaft Mediaset ist, bedroht tatsächlich die Meinungsfreiheit in Italien, wie im Laufe der letzten Jahre auch anerkannte internationale Organisationen wie »Freedom House« oder »Reporter ohne Grenzen« öffentlich betont haben.

Auch die Auseinandersetzung zwischen Politik und Justiz wird von Berlusconi massiv beeinflusst. Die italienische *magistratura* (Richterstand) genießt eine besonders große Autonomie gegenüber den anderen öffentlichen Gewalten. Der Grund, warum sich so viele italienischen Politiker, von den P2-Geheimlogisten über Craxi bis Berlusconi, über die Jahrzehnte immer wieder um die Einschränkung dieser Autonomie bemüht haben, ist einfach: Bereits seit den frühesten Nachkriegsjahren übte die Judikative eine Kontrollfunktion über die politische Macht aus, wie es die freie Presse in andern Ländern tut. In Abwesenheit einer wirklich freien Presse – fast alle italienischen Tageszeitungen sind entweder Parteiorgane oder bekommen Zuschüsse vom Staat – haben italienische Staatsanwälte und Richter die nicht zu unterschätzende Rolle als Enthüller der Machenschaften der Politik übernommen. Die unzähligen Skandale der Ersten Republik sind durch Staatsanwälte aufgedeckt worden. Vieles, was die Öffentlichkeit über ihre Herrscher und deren Geschäfte erfuhr, ist der Judikative zu verdanken, erst recht der Anti-Mafia-Kampf. So ist ein heftiger Zusammenstoß zwischen der judikativen Macht und der Politik kein Wunder. Berlusconi wirft der Richterschaft vor, einen Staatsstreich durchführen zu wollen. Sie übe nicht ihre verfassungsmäßige Funktion der Machtkontrolle aus, sondern sei bestrebt, sich selbst als Machtorgan an die Stelle der Legislative und Exekutive zu setzen. Darüber hinaus habe die Judikative für sich die Rolle einer moralischen Instanz reklamiert, die ihr nicht zustehe. Bisher sind allerdings alle Bemühungen um eine Justizreform, die zu einer wesentlichen Einschränkung der Autonomie der Richter geführt hätte, gescheitert. Denn dafür wäre eine Verfassungsänderung notwendig, für die sich bislang keine Mehrheit findet.

Im Gleichgewicht: die Gesellschaft der Dauerkrise

Die Familie über alles

Seit Jahren erscheint Italien von Zukunftsangst gelähmt. In Land selbst spricht man immer häufiger von einem drohenden *declino* (Niedergang), und zwar sowohl auf wirtschaftlicher als auch auf kultureller und ethischer Ebene. *Declino* – das ist die Furcht vor einem Land ohne Perspektiven, das sich allmählich isoliert. Tatsächlich überaltert die italienische Gesellschaft zunehmend, und immer mehr junge Leute sehen für sich keine Zukunft in einem stagnierenden Land, das von Greisen und Opportunisten beherrscht wird und den Anforderungen der Globalisierung nicht gerecht zu werden scheint. Wie also sieht die italienische Gesellschaft heute aus, und wie stellen sich die Italiener ihre Zukunft vor?

Zwei Entwicklungen haben die Gesellschaft grundlegend verändert. Die Erste ist das Wirtschaftswunder zwischen ungefähr 1950 und 1970. Dies war eine Schlüsselphase für die Entstehung der modernen Gesellschaft Italiens. In ihr – von wenigen Gebieten abgesehen – fand der Übergang von einer Agrar- zu einer Industriegesellschaft statt, eine radikale Veränderung, die so gut wie keinen Aspekt des Alltaglebens – von Kultur, Sprache und Religiosität über die Klassenstruktur bis hin zum Familienverständnis, zu Freizeitgewohnheiten und Sexualnormen – unangetastet ließ. Die Idee der Vollbeschäftigung und des Wohlstands für alle blieb länger als ein Jahrzehnt der Bezugspunkt, an dem sich die ganze Gesellschaft orientierte. Die Optimisten entwarfen ein Modell der sozialen Integration, doch die tatsächlichen Auswirkungen jenes einmaligen Wirtschaftsaufschwungs waren widersprüchlich, manche positiv, manch andere negativ.

Die Industrialisierung und mit ihr die Massenabwanderung aus ländlichen Gebieten in die größeren Städte sowie die Mythen des Konsumismus trugen stark dazu bei, einige der traditionellen autoritären Strukturen der Gesellschaft, beispielsweise die Autorität des Vaters innerhalb der Familie, zu schwächen. Jugendliche und Frauen eroberten Räume und Horizonte individueller Freiheit, die vorher undenkbar gewesen waren, und auch die moralische Autorität der katholischen Kirche verlor an Einfluss. Diese positiven Aspekte wurden von negativen begleitet. Die »Modernisierung« setzte einen Prozess der kulturellen Uniformierung in Gang, der in kurzer Zeit zum Verlust traditioneller Werte und damit zum Identitätsverlust lokaler Gemeinschaften führte. Pier Paolo Pasolini beschrieb diese seiner Meinung nach ethische Verarmung mit der Metapher vom »Verschwinden der Leuchtkäfer«. So wie die kleinen Tiere durch die Urbanisierung absterben, so werden auch die regionalen Volkskulturen durch die Massengesellschaft bedroht. Zudem entstanden keine neuen kollektiven Werte. Dem Staat gelang es zwar, den wirtschaftlichen Aufschwung anzukurbeln, er konnte aber die sozialen Folgen dieses Aufschwungs nicht meistern. Der Aufbau eines sozialen Netzes wurde versäumt, und es entstanden keine neuen Formen des Zusammenlebens, die der Isolation der Menschen entgegenwirkten. Familien und Individuen, die in den agrarischen Regionen oft in der Dorfgemeinschaft aufgefangen worden waren, fühlten sich nun immer mehr allein gelassen.

Die zweite wichtige Veränderung der modernen italienischen Gesellschaft fand in den 80er Jahren statt. Nach den Krisen in dem vorangegangenen Jahrzehnt gab es eine Rückkehr zu einer Art sozialem Frieden, der mit dem Untergang der politischen Ideologien des 20. Jahrhunderts zusammenfiel. Man gewann den Eindruck, dass die Gesellschaft nach einem lange Jahre währenden zähen, von vielen als zwecklos und anachronistisch gehaltenen Widerstand dem Kapitalismus endlich nachgegeben hatte. Das Wirtschaftswunder erlebte ein neues goldenes Zeitalter, der *sogno americano* (amerikanische Traum) bewegte für etwa ein Jahrzehnt die vom politischen Engagement zurückgezogene jüngere Generation. Das »Verschwinden« der Arbeiterklasse ließ die Illusion einer Integration der unteren Gesellschaftsschichten aufkommen, doch jenes Jahrzehnt verbarg eine beunruhigende Dynamik. Wie die 60er wurden auch die 80er Jahre von widersprüchlichen Veränderungen geprägt. Die italienische Gesellschaft zeigte einige ermutigende Zeichen der Reifung. Zahlreiche Bürgerbewegungen formierten sich. Sie strebten die Emanzipation der Zivilgesellschaft von der Herrschaft der Kirche und der politischen Parteien an. Doch die Harmonie der italienischen Gesellschaft bestand nur an der Oberfläche, unter dieser begann unter dem doppelten Druck von Massenzuwanderung und Wirtschaftskrise ein Prozess der Auflösung des sozialen Zusammenhalts, der von der italienischen Presse als soziale »Zerfaserung« bezeichnet wurde. Heute scheint jede Hoffnung auf einen neuen Wirtschaftsaufschwung hinfällig zu sein, im öffentlichen Diskurs ist nur noch von Niedergang und Stagnation die Rede.

Am besten lässt sich der Wandel der italienischen Gesellschaft an der Familie beobachten. Es ist ein Klischee, trifft aber zu: In Italien wird die Familie über alles andere gestellt. Und obwohl sie zu allen Zeiten unumstritten eine zentrale Rolle einnahm und weiterhin einnimmt, so hat sie sich doch beträchtlich verändert – vor allem in dem schon immer schwierigen, ambivalenten und widersprüchlichen Verhältnis der Familie gegenüber dem Kollektiv und dem Staat. Traditionell neigt die italienische Familie dazu, sich als geschlossene Einheit zu betrachten, die auf sich selbst gestellt ist, auch weil der Staat die Familie zwar theoretisch und wortreich als Grundlage der Gesellschaft schützt, in der Realität jedoch immer wieder allein lässt. Als Folge hat sich in der Familie eine Art parasitäre Beziehung zum Staat herausgebildet: Man verlangt Leistungen, die man nutzt, ohne dabei zum Funktionieren der Gemeinschaft beizutragen. Im Blickpunkt jeder Familie steht die Maximierung der Vorteile für ihre Mitglieder, wobei die möglichen Folgen dieser Haltung für andere nicht in Betracht gezogen werden. Um diese Einstellung der Familie, vor allem in den südlichen Regionen, zu charakterisieren, hat der amerikanische Soziologe Edward C. Banfield Ende der 50er Jahre den Begriff des »unmoralischen Familismus« eingeführt. Die italienische Familie handle unmoralisch, weil sie die Solidarität mit Individuen außerhalb des Familienkreises tendenziell nicht berücksichtige. Der italienischen Familie fehle es sozusagen traditionell an Gemeinschaftsethos. Stimmt das?

Für einige Epochen bestimmt. Es gab aber auch Zeiten, so in den 80er Jahren, als die Familie zur Triebfeder für wichtige

Bewegungen wurde: Eltern schlossen sich zusammen, um sich gemeinsam im Kampf gegen Drogen zu engagieren. Da sich die Familie in jenem Jahrzehnt als eine besonders starke und lebhafte Struktur, ja quasi als ein Grundpfeiler der gerade ihrer selbst bewusst gewordenen italienischen Zivilgesellschaft erwies, schrieb der britische Italien-Historiker Paul Ginsborg in Anlehnung an Banfield vom Aufkommen eines »moralischen Familismus« in Italien. Seit den 90er Jahren scheint die »unmoralische« Neigung der italienischen Familien zum Egoismus wieder die Oberhand gewonnen zu haben. Allerdings sind geographische Differenzen zu berücksichtigen, denn man kann nicht einfach von der italienischen Familie sprechen, ohne dabei zu beachten, in welchem sozialen Umfeld sich die Familien bewegen. Auch die Institution Familie und deren Verhältnis zur Gesellschaft ist von der Zwei- bzw. Dreiteilung des Landes beeinflusst.

Im Norden werden Familien seit den 60er Jahren immer kleiner. Die Qualität der sozialen Infrastruktur und der öffentlichen Dienstleistungen liegt im westeuropäischen Durchschnitt, die Arbeitslosigkeit ist gering, und aufgrund eines relativ verbreiteten Wohlstandes hat sich ein positives Verhältnis zwischen den Familien und der Gemeinschaft entwickelt. Soziale Verantwortung ist dort verhältnismäßig gut ausgeprägt und verankert. In den nordöstlichen Regionen (Venetien, Friaul) sowie in Mittelitalien herrscht ein besonderes Familienmodell, das zugleich auch ein Wirtschaftsmodell ist. Die Soziologen sprechen von der *famiglia azienda:* Die Familie ist zugleich ein Unternehmen, in dem alle Familienmitglieder beschäftigt sind. In vielen Aspekten ist dort die traditionelle, patriarchalische und autoritäre Struktur der italienischen Halbpächter-Familie erhalten geblieben. Als wirtschaftliches Modell hat sich die *famiglia azienda* bis in die frühen 90er Jahre als erfolgreich erwiesen. Erst die Globalisierung der Märkte und das Aufkommen der weltweiten Konkurrenz haben dieses Modell in die Krise gestürzt. Als soziale Organisationsform zeigt dagegen die *famiglia azienda* einige Nachteile, so eine eindeutige Tendenz zur Selbstausbeutung einzelner Mitglieder des Familienkreises. Im krassen Widerspruch zu der nord- und mittelitalienischen Familie steht die im europäischen Vergleich weiterhin kinderreiche süditalienische Familie. In Süditalien ist die Qualität der öffentlichen Dienstleistungen gering und die Arbeitslosigkeit sehr hoch. Erhebliche Strukturschwächen – im Volksmund: die Abwesenheit des Staates –, die schrittweise Zerstörung der traditionellen landwirtschaftlichen Strukturen durch Urbanisierung und Massenauswanderung nach Norden sowie eine jahrzehntelange falsche staatliche Investitionspolitik haben zur Bildung einer Art sozialen Parasitentums geführt. Die Familien versuchen sich mit allen Mitteln über Wasser zu halten. Das führt zu ausgeprägtem Familienegoismus, schwachem Bürgerbewusstsein und einem destruktiven Verhältnis der Familien zum Rest der Gesellschaft.

Vor allem hat sich die Familie aber im Inneren, in der Hierarchie der Familienmitglieder, verändert. Der Autoritätsverlust des Vaters sowohl gegenüber der Frau als auch gegenüber den Kindern wurde schon erwähnt. Der in den 80er Jahren einsetzende drastische Rückgang der Geburtenrate hat seine Ursachen sowohl in der wachsenden finanziellen Unsicherheit vieler Menschen als auch in der individualistischen Veränderung des Lebensstils. Die Italiener entscheiden heute freier als vor 20 oder 30 Jahren, wie sie ihr Leben gestalten wollen, ob sie heiraten und Kinder kriegen oder lieber allein bleiben und keine Familie gründen wollen. Überzeugte Singles und kinderlose Paare sind ein absolutes Novum in der italienischen Gesellschaft. Trotzdem bleiben Familienbindungen von zentraler Bedeutung und stark prägend für die Entwicklung der Italiener und ihr Miteinander. Das hat Vor- und Nachteile. Rein finanziell gesehen sorgt die Familie meistens für ein Minimum an existentieller Sicherheit. Die Familie besetzt in Italien den Platz, den in anderen Ländern wie zum Beispiel Deutschland der Sozialstaat innehat. In Italien ist die staatliche Förderung in der Regel als Unterstützung der Familien konzipiert. Eine Abhängigkeit von der Familie ist sicherlich weniger egalitär als eine vom Staat, sie kann aber auch weniger streng, entspannter und in gewisser Hinsicht authentischer sein, weil sie nicht von Gesetzen, sondern von persönlichen Bindungen bestimmt ist. Sie kann allerdings zugleich die Emanzipation von der Familie und den Reifungs- und Entfaltungsprozess des Einzelnen erschweren.

Beunruhigende Anzeichen

Im Winter 2007/08 flimmerten die Bilder von Müllbergen auf den Straßen Neapels über die Fernsehschirme in aller Welt. Die Abfallkrise, ein Glanzstück italienischer Ineffizienz, das aus der verheerenden Kombination von Korruption in der öffentlichen Verwaltung, mangelhaftem Gemeinschaftssinn der örtlichen Bevölkerung und Interessen der organisierten Kriminalität entstand, wurde zum Sinnbild der tiefen Krise. Jenseits der besonderen Umstände, die zu diesem Schandfleck für eine Kulturmetropole wie Neapel sowie für das ganze Land geführt haben, ist die Krise unleugbar. Hinter der heiteren Pappfassade, die Berlusconis Medien alltäglich Millionen von Italienern als Wirklichkeit verkaufen, durchlebt die italienische Gesellschaft eine Zeit tiefsitzenden Unbehagens. Die eindeutigsten Anzeichen der Krise zeigen sich bei den jüngeren Generationen.

Aufgrund des schwachen Sozialstaates, der die ganze Last der Bildung den Familien überlässt, trifft die ökonomische und existentielle Unsicherheit die jungen Italiener besonders hart. Ein junger Italiener hat es viel schwerer, sich von seiner Familie zu emanzipieren, aus dem Elternhaus auszuziehen und selbständig seine Zukunft aufzubauen als ein gleichaltriger Deutscher. Mit den Veränderungen der Arbeitswelt in den 80er Jahren hat sich die Lage für viele noch verschärft. Heute sehen sich Millionen junge Italiener dazu gezwungen, entweder schwarz oder im Rahmen von Projektverträgen ohne arbeitsrechtliche Absicherungen und Sozialabgaben zu arbeiten. Diese finanzielle Instabilität begleitet sie bis weit über das 30. Lebensjahr hinaus – mit erheblichen Konsequenzen für die Zukunft der Gesellschaft. Die Migration nach Norditalien ist für viele Süditaliener immer noch eine Option, um aus der Not herauszukommen. Die Zeit der »Sonnenzüge«, die süditalienische Migranten massenhaft in die Städte des industriellen Dreiecks Turin–Mailand–Genua brachten, liegt lange zurück, aber der Exodus aus Süditalien hat nie aufgehört. In den letzten zehn Jahren haben knapp eine Million Menschen aus Apulien, Kampanien und Sizilien ihre Heimatorte verlassen, um nach Nord- und Mittelitalien zu ziehen. Die Protagonisten dieser »stillen« Migration, die von den Medien komplett ignoriert wird, sind nicht mehr Bauern und

Halbanalphabeten, sondern gut ausgebildete junge Leute. Fast 80 Prozent von ihnen sind unter 45 Jahre alt und besitzen die Hochschulreife, einer von vieren verfügt sogar über einen Universitätsabschluss. Steigend ist auch die Zahl der jungen Süditaliener, die sich für ein Studium an einer norditalienischen Universität entscheiden – mittlerweile etwas über 30 Prozent. Das führt nicht nur zu einer zusätzlichen finanziellen Belastung für die Familie, sondern auch zu einer Abwertung der süditalienischen Hochschulen. Schließlich kehrt im Durchschnitt nur einer von drei Süditalienern nach Beendigung des Studiums nach Hause zurück und findet dort einen Arbeitsplatz. All das trägt dazu bei, den Graben, der Süditalien vom Rest des Landes trennt, weiter zu vertiefen.

Größere Aufmerksamkeit erfährt in den nationalen Medien ein anderer Migrantenstrom, der ebenso sehr die Zukunft der Gesellschaft unterminiert. Es handelt sich um die Auswanderung von Hochbegabten und Hochqualifizierten ins Ausland, die sogenannte *fuga dei cervelli,* die »Flucht der Gehirne«, für viele ein beunruhigender Indikator des italienischen »Niedergangs«. Die geringen Investitionen des Staates in das Hochschulsystem – gegenüber dem europäischen Durchschnitt, der bei 1,6 Prozent liegt, investiert Italien weniger als ein Prozent seines Bruttoinlandsprodukts in Bildung und Forschung – verbinden sich mit einem kaum zu reformierenden akademischen System, in dem nicht die Klügsten und Fähigsten vorankommen, sondern die, die über die richtigen Beziehungen verfügen. Es gibt ganze Universitätsabteilungen, in denen die wichtigsten Lehrstühle unter den Mitgliedern von zwei oder drei Familien verteilt und »vererbt« werden. Deswegen bezeichnet man Universitätsdozenten in Italien häufig als *baroni.*

All das veranlasst jährlich mehrere tausend italienische Hochschulabsolventen, Doktoranden und Forscher – vor allem Biologen und Chemiker, aber auch Ingenieure und Ärzte – dazu, ihre Karriere in Instituten und Universitäten anderer Länder fortzusetzen. Im Jahresdurchschnitt »exportiert« Italien 30 000 Akademiker, während nur knapp 3000 aus dem Ausland nach Italien kommen. Insgesamt scheinen die italienischen Universitäten für ausländische Studierende und Forscher wenig attraktiv zu sein. Bisher sind die Maßnahmen des Staates, um diese

Flucht zu stoppen, nur verschwenderisch, von Populismus geprägt und ausgesprochen unwirksam gewesen. So wurde 2001 die »Operation Brainbuster« lanciert: Mit einer Investition von über 70 Millionen Euro wollte man innerhalb von drei Jahren Forschungsstipendien und Professorenlöhne an die europäischen Standards anpassen. Im Mai 2006 beendete das Bildungsministerium das Projekt: Die Finanzmittel waren aufgebraucht und nur 500 Forscher nach Italien zurückgekehrt. Es ist offensichtlich, dass eine tiefgreifendere Reform der akademischen Strukturen dringend notwendig ist. Das größte Hindernis sind dabei die Privilegien der Professorenkaste und die verknöcherten Hierarchien.

Wut und Frustration der jungen Menschen suchen sich manchmal auch ein anderes, weniger kluges Ventil als die Auswanderung. Eines dieser Ventile stellt der Fußball dar – besser: die nicht endende Gewalt in den Fußballstadien. Eine Aufzählung der Toten und Verletzten der letzten 15 Jahre würde einen erschaudern lassen. Die barbarische Ermordung eines Polizeiinspektors durch sizilianische Hooligans in Catania im Frühjahr 2007 sowie acht Monate später die Erschießung eines Fans von Lazio Rom durch einen Sicherheitsbeamten auf einer Autobahnraststätte bei Florenz, gefolgt von heftigen Krawallen und Überfällen auf Polizeistationen in Rom durch rechtsextreme Hooligans, waren traurige Höhepunkte einer langjährigen Eskalation der Gewalt. Die »Militarisierung« der Fußballarenen durch die massive Präsenz von Polizei und Carabinieri hat die Situation eher noch verschlimmert. Erstaunlicherweise ist in den Peripherien vieler Großstädte die politische Militanz der 70er Jahre teilweise nahtlos in den Hooliganismus übergegangen. Fast alle gewaltbereiten Ultra-Organisationen positionieren sich politisch, Fußball und Politik werden miteinander verbunden und vermischt, und so wimmeln die Stadionkurven von Transparenten mit rassistischen Parolen oder den bewaffneten Kampf verherrlichenden Phrasen; Fahnen mit Hakenkreuzen sind zu sehen ebenso wie solche mit dem faschistischen Liktorenbündel, mit Hammer und Sichel, mit dem Gesicht von Mussolini oder Stalin. Durchaus legitim ist die daher die Frage, die sich die internationalen Medien stellen: Wie kann nur ein Land von solchen Geistern aus der Vergangenheit gefangen gehalten werden?

Auf diese Frage habe ich keine Antwort; eine Annäherung an dieses schreckliche Phänomen kann ich nur über persönliche Erinnerungen versuchen. Seit meiner Kindheit bin ich ein großer Fußballfan. Mein Verein ist der FC Turin, die Mannschaft des »anderen« Turin, erbitterter Gegner von Juventus Turin, dem Verein, der ebenso der Familie Agnelli gehört wie Fiat. Mein Vater nahm mich das erste Mal mit ins Stadion, als ich acht Jahre alt war. Seit dieser Zeit verfolge ich die Siege und Niederlagen meines Vereins jeden Sonntag; lange Jahre hatte ich sogar eine Dauerkarte für die Heimspiele. Eines Tages, es mag etwa zehn Jahre her sein, wollte ich zum Auswärtsspiel von *il Torino* in Perugia fahren. Organisiert von Fanclubs sollte in der Morgendämmerung aufgebrochen werden, mit einem der berühmt-berüchtigten Fantransporte, von denen ich immer nur im Fernsehen gehört hatte. »Transport« ist durchaus das angemessene Wort, denn die Wagen des Zuges waren fast eine Art Viehwaggons, dreckig und mit Gittern vor den Fenstern, als ob Gefängnisinsassen überführt werden sollten. Passenderweise stiegen denn auch Polizisten in die Züge, um die Fans zu begleiten. Die Reise nach Umbrien verlief ereignislos. Die Fans waren vor allem müde, und die Situation war ruhig und friedlich bis zur Ankunft im Bahnhof von Perugia. Die Polizei forderte uns auf, aus dem Zug auszusteigen, dann beleidigten uns die Einwohner von Perugia. Auf die Provokationen reagierten die Fans zunächst mit Gesängen, schließlich aber auch mit Wurfgeschossen in Richtung der Balkone und Fenster. Bis zum Stadion hatte sich eine geradezu militante Stimmung aufgebaut, und wir wurden in den sogenannten Gästeblock buchstäblich eingekerkert, einen kleinen Sektor, der von Metallgittern völlig umschlossen war. Das ganze Spiel über hatte ich Angst, da aus den anderen Blöcken permanent Münzen, Flaschen und Bierdosen geworfen wurden, durchaus mit der Absicht, jemanden zu verletzen.

Nach dem Spiel leerte sich das Stadium schnell, aber die Polizei hielt uns noch mehrere Stunden in unserem Käfig fest, in glühender Hitze, bevor sie uns dann zum Bahnhof zurückeskortierte. Wir erreichten den Zug, als es schon fast Abend war, und machten eine unangenehme Überraschung. Einige Gangs der gegnerischen Mannschaft hatten sich entschlossen, uns direkt anzugreifen. Ich versteckte mich hinter einem Auto, während um mich herum auf dem Bahnhofsvorplatz das Inferno losbrach. Innerhalb von kürzester Zeit war der Platz eingenebelt vom Tränengas, das die Polizei verschoss. Ich hatte Angst zu ersticken und wollte mit einigen anderen versuchen, in den Bahnhof zu rennen und in den Zug zu steigen. Inmitten des ganzen Chaos fand ich mich, ohne es zu wollen, im Bahnhofscafé wieder, das die Fans von Turin gerade plünderten. Sie nahmen praktisch alles mit, sogar die Kaffeemaschine. Mir gelang es, den Zug zu erreichen, der irgendwann endlich abfuhr.

Die Rückfahrt war eine der schlimmsten Erfahrungen, die ich je in meinem Leben gemacht habe. Mir kam es vor, als ob ich aus dem Krieg in einem Lazarettwagen voller Verwundeter zurückkehrte. Überall war Blut, Fans mit tiefen Wunden an den Armen und am Kopf, gebrochene Nasen, aufgeplatzte Lippen. Trotzdem herrschte an Bord dieses Zuges, der in der Nacht Italien auf dem Weg nach Turin durchquerte, eine seltsame Ruhe. Niemand kommentierte das Spiel, einer erzählte seinem Freund gelassen, was er während des Zusammenstoßes gesehen hatte, ein anderer Fan mit Glatze und einem tiefen Schnitt über der Augenbraue beschwerte sich, dass er am nächsten Tag, Montag, wieder zur Arbeit müsse; er arbeitete als Verwaltungsangestellter. Auf den Gesichtern der Ultras fand sich keine Spur von Aufregung, Empörung oder Schock. Alles normal. Der übliche sonntägliche Wahnsinn.

Ich dagegen kam völlig fertig und mit einem Gefühl der Übelkeit zu Hause an. Seitdem bin ich zwar weiterhin sonntags ins Stadion gepilgert, aber nie wieder zu einem Auswärtsspiel gefahren. Selbst mein Vater hat aufgehört, ins Stadion zu gehen, das in heutigen Zeiten kein Platz mehr für Familien, Kinder oder Rentner ist. Ich erinnere mich nicht, ob die Ultras im Zug Zeichen für ihre rechtsradikale oder linksradikale Gesinnung trugen. Ich weiß aber, dass die Fangemeinde des FC Turin seit etwa Anfang der 90er Jahre in Fanclubs der extremen Rechten und solche von Anhängern der Autonomen gespalten ist. An diesem Sommertag in Perugia jedoch konnte ich keine Unterschiede erkennen – die absurde Kriegsstimmung war einfach allen gemeinsam.

Es gibt auch andere Indikatoren des diffusen Unbehagens in der italienischen Gesellschaft. Die Zustimmung der nord- und teilweise auch mittelitalienischen Bevölkerung für die politische Bewegung der Lega Nord ist ebenfalls ein besorgniserregendes Signal der tiefen Krise. Denn die Stimmen der Italiener, die sich für die Lega entscheiden, sind keine Proteststimmen gegen die beiden großen Partei Popolo delle Libertà und Partito Democratico. Die Lega Nord verfügt über eine äußerst starke regionale Verwurzelung und macht Politik unter Beteiligung der Parteibasis. Das ist nur einer, aber wahrscheinlich der wichtigste unter den Erfolgsgründen dieser ausgesprochen populistischen politischen Organisation. Ihr politisches Programm ist eine explosive Mischung von Rassismus sowohl gegen außereuropäische Zuwanderer als auch gegen Süditaliener. Wer die Lega unterstützt, scheint für interkulturelle Toleranz als Prinzip des Miteinanders in einer modernen offenen Gesellschaft sowie für überregionale Solidarität nicht viel übrigzuhaben.

Schließlich die tödlichen Arbeitsunfälle, deren Zahl im europäischen Vergleich schon immer hoch war. Ursachen dafür sind Schwarzarbeit und irreguläre Beschäftigung, bei denen Vorkehrungen der Arbeitssicherheit kaum eingehalten werden. Aufgrund der Krise der italienischen Wirtschaft, deren Verlust an Wettbewerbfähigkeit auf dem internationalen Markt sowie der Masseneinwanderung, die ein Reservoir an billigen Arbeitskräften geschaffen hat, ist die Macht der Gewerkschaften gering und die Sicherheit am Arbeitsplatz daher kein politisches Thema. Italien ist heute mit Abstand das Land in Europa, in dem die meisten tödlichen Arbeitsunfälle passieren: doppelt so viele wie in Frankreich, 30 Prozent mehr als in Deutschland und Spanien. Man stirbt in Italien häufiger am Arbeitsplatz, als man erschossen oder niedergestochen wird. Die Zahl der Todesopfer beträgt seit 2007 rund 1200 im Jahr. Ein Durchschnitt von drei bis vier Toten pro Tag: ein trauriger Rekord sowie ein alltägliches Massaker, dem die Politik weder mit strengeren Gesetzen noch durch Aufklärungskampagnen ein Ende setzen kann. In diesem Fall zeigt der allgemeine Rückgang des Rechtsgefühls unmittelbar tödliche Folgen.

Was ist also die heutige italienische Gesellschaft für eine Gesellschaft, die von solch unüberwindlich scheinenden Problemen geplagt wird? Obwohl sich der vielbeschworene »Niedergang« Italiens von der siebtgrößten Wirtschaftsmacht der Welt zu einem Land an der Peripherie des Westens in vielen Hinsichten sehr konkret zeigt, haben die Italiener meist ein sehr widersprüchliches Bewusstsein von den Gründen dieser Krise. Francesco Giavazzi, Professor für politische Ökonomie an der Mailänder Bocconi-Universität und am Massachusetts Institute of Technology, beschreibt das trefflich:

> »Wenn ich vom Niedergang Italiens lese, muss ich an die Studenten in meiner Universität denken, die aus Süditalien kommen: [...] Sie sind kluge junge Menschen. Die Universität kann nur versuchen, ihnen nicht zu schaden. Ich muss an die großen Geschäftsbanken in London denken: Dort wird im Schalterraum wie in der Führungsebene Englisch gesprochen, einer von dreien ist aber ein Italiener. [...] Ich muss an das neue Museum für Moderne Kunst in New York denken, dessen Designabteilung eine einzige Schau italienischer Architekten ist. Ich muss an die Restaurants denken, wo es ständig um unsere Produkte geht. Wie kann sich so ein Land im Niedergang befinden?
> Aber dann denke ich an die Pendler, die eines Montagmorgens völlig verzweifelt die Schienen im Bahnhof von Vignate besetzen mussten, weil das Land mit der größten Staatsverschuldung Europas kein Geld für den Ausbau der Bahnlinie Turin–Venedig findet. Ich sehe die Hochgeschwindigkeitszüge Eurostar mit 90 Minuten Verspätung und schmutzigen Waggons. Ich denke an die Dozenten, die zu spät zu den Vorlesungen kommen, die Prüfungstermine verschieben und auf die E-Mails ihrer Studenten nicht antworten. Ich denke an die Zivilgerichte, die Mitte Juli dicht machen und erst Mitte September ihre Arbeit wieder aufnehmen, während die Zahl der anhängigen Zivilverfahren immer weiter steigt. [...] Dieses Land ähnelt einem Meccano-Metallbaukasten. Leider ist etwas falsch zusammengebaut worden. Hier und da ist Sand im Getriebe, der eine Bewegung verhindert. Das Ergebnis ist, dass diese Konstruktion glänzt, sich aber nicht bewegt, und wenn man versucht, sie zu schieben, sich überschlägt. Es bleibt nichts anderes zu tun, als sie auseinanderzunehmen und dann Stück für Stück wieder zusammenzubauen.«

An diese Aufgabe hat sich noch keiner herangetraut. Zumindest nicht mit Ehrlichkeit, gutem Willen und im Interesse aller Italiener. Die düstere Zeit, die in den 90er Jahren für die italienische Gesellschaft begonnen hat, ist noch längst nicht vorbei.

Der Papst und die Italiener

Die Beziehung des Staates zur katholischen Kirche ist in fast keinem anderen Land Europas so eng und wichtig wie in Italien. Die katholische Kirche hat ihren Sitz im Herzen der Hauptstadt, nur wenige Schritte von den Palästen der politischen Macht entfernt. Der Vatikan betrachtet die italienische Gesellschaft und Politik als legitime Einflusssphäre. Päpste waren jahrhundertelang gebürtige Italiener, und das Verhältnis zwischen dem Staat und dem Heiligen Stuhl ist bereits seit der Gründung des Einheitsstaates ein wichtiges Politikfeld. Die Trennung von Religion und Staat wurde in Italien seither immer sehr flexibel gehandhabt: Mal aus Zwang, mal aus Interesse, mal aus Überzeugung gewährten die Regierungen in Rom der katholischen Kirche große Handlungsspielräume, Freiheiten, Rechte und Privilegien innerhalb der Gesellschaft und der Institutionen. Der Vatikan hat schon immer Politik gemacht, auch direkt im Parlament, nicht zuletzt durch Massenparteien wie die Partito Popolare von Don Sturzo im vorfaschistischen Italien und die Democrazia Cristiana (DC) von De Gasperi, Moro und Andreotti in der Nachkriegszeit.

Nichtsdestotrotz sind die Beziehungen zwischen dem Staat und der Kirche nie entspannt gewesen – schließlich wurde er gegen die Interessen des Vatikans geschaffen. Die »Bresche in der Porta Pia«, die am 20. September 1870 die Armee in die Mauer zum Vatikan schlug und Rom damit von der Herrschaft des Papstes befreite, war für die Kirche lange eine schwärende Wunde. Sie rächte sich an dem Staat, indem sie über viele Jahre alle Katholiken aufforderte, sich der Beteiligung am politischen Leben zu enthalten und auch nicht wählen zu gehen. Die »Römische Frage«, wie sie bis in die 1920er Jahre genannt wurde, wurde schließlich von Mussolini mit den Lateranverträgen vom 11. Februar 1929 beantwortet bzw. beigelegt. Mit jenen Verträgen erkannten sich das Königreich Italien und der Vatikanstaat offiziell und gegenseitig an. Bis zu diesem Tag war das Verhältnis zwischen Staat und Kirche in Italien nach dem *Legge delle Guarentigie* (Gesetz der Garantien) geregelt worden, das das italienische Parlament 1871 verabschiedet hatte. Dieses Gesetz, das vorsah, dass der italienische Staat dem Vatikan eine Entschädigung für die verlorenen Gebiete zahlen müsse, war vom Papst nie akzeptiert worden. Das Mussolini-Regime erkannte die volle Souveränität des Vatikanstaats an und schloss mit diesem einen Vertrag über die finanziellen Verpflichtungen. Ein Konkordat regelte die Beziehungen zwischen Staat und Kirche sowohl in zivilen als auch in religiösen Fragen – so verpflichtete sich die Regierung, ihre Gesetze in Sachen Ehe und Scheidung den Prinzipien der römisch-katholischen Kirche anzupassen, den Klerus vom Militärdienst freizustellen, und sie erkannte den Katholizismus als Staatsreligion an.

1948 wurden die Lateranverträge in die neue Verfassung der Republik Italien eingebaut. Nach Artikel 7 darf der Staat sie nicht einfach und einseitig kündigen wie jeden anderen internationalen Vertrag. Dafür ist eine Verfassungsänderung erforderlich. Darüber hinaus bedarf jegliche Veränderung der Verträge das Einverständnis des Heiligen Stuhls. Im Lauf der Zeit reiften allerdings in der Gesellschaft und teilweise auch in der Politik laizistische Positionen gegen den Alleinvertretungsanspruch der Kirche vor allem in ethischen und moralischen Fragen. Als zu Beginn der 80er Jahre die ersten nichtchristdemokratisch geführten Kabinette gebildet wurden, war die Konstellation günstig, um die Lateranverträge zu revidieren. Die Regierung wollte vor allem die römisch-katholische Kirche als Staatsreligion abschaffen, da sich darauf die meisten Privilegien des Vatikans gründeten. Außerdem stand die staatliche Finanzierung des katholischen Klerus zur Debatte. Die Regierung des Sozialisten Bettino Craxi erreichte 1984 eine Einigung mit dem Vatikan. Im »neuen Konkordat« wurde der Religionsunterricht in den öffentlichen Schulen für fakultativ erklärt und weiterhin bestimmt, dass die Förderung der Kirche über das System von *Otto per mille*, mit dem alle Kirchen unterstützt werden, erfolgen solle. Mit diesem System überlässt der Staat dem Bürger die Wahl, ob er *Otto per mille* (acht Promille) seiner Steuer dem Staat zur

Finanzierung sozialer Projekte oder einer vom Staat anerkannten Kirche überlässt.

In den 80er Jahren konnte man in Italien den Eindruck gewinnen, dass der Vatikan kompromissbereiter gegenüber der Laizität des Staates geworden sei. Doch diese Phase währte kurz – und sie war nur scheinbar von Kompromissbereitschaft geprägt. In Wirklichkeit hat die Kirche nie aufgehört, direkten Einfluss auf die Politik Italiens ausüben zu wollen. Mit der Wahl des deutschen Erzbischofs Ratzinger zum neuen Papst im Jahr 2005 hat der Konflikt zwischen Staat und Kirche in Italien wieder an Schärfe gewonnen, auch weil Papst Benedikt XVI. Vertreter einer »aggressiveren« politischen Theologie ist und die Stärkung der direkten Intervention der Kirche in politischen Fragen befürwortet. Bereits am Anfang seines Pontifikats sagte der damalige Vorsitzende der italienischen Bischofskonferenz, Erzbischof Camillo Ruini: »Ihr werdet euch daran gewöhnen müssen, dass die Kirche wieder laut sprechen wird.«

Der Nachweis folgte bald: Nachdem die Regierung Prodi im Frühjahr 2007 einen Gesetzentwurf für die staatliche Anerkennung eingetragener Partnerschaften, inklusive homosexueller Paare, vorgelegt hatte, ging die Kirche auf die Barrikaden. Obwohl Intellektuelle und Teile der Bevölkerung gegen die Einflussnahme der Kirche auf die Innenpolitik protestierten, setzte sich diese schließlich durch und bewies so, welches Gewicht die Stimme des Vatikans immer noch besitzt. Doch Teile der Gesellschaft, insbesondere die jüngere Generation, wollen die Einflussnahme der Kirche auf die Politik nicht mehr hinnehmen. Im Januar 2008 musste Papst Benedikt XVI. seine Rede an der Universität La Sapienza in Rom zur feierlichen Eröffnung des neuen akademischen Jahres kurzfristig absagen, offiziell wegen mangelhafter Sicherheitsvorkehrungen. In Wahrheit hatten aber 67 Dozenten einen Protestbrief verfasst, in dem sie den Vortrag des Papstes als »unvereinbar« mit dem für das Athenäum grundlegenden Prinzip der Laizität der Wissenschaft erklärten. Als die Absage des Papstes bekannt wurde, jubelten die Studenten: »Der Papst raus aus der Uni!« Die Medien bezeichneten das Geschehen als Skandal, der Vatikan beklagte offiziell, dass dem Papst die Rede verboten worden sei, und die Regierung entschuldigte sich formell beim Heiligen Stuhl.

Allerdings geraten nicht nur die politische Linke, die Intellektuellen und der progressivere Teil der Gesellschaft immer wieder in Konflikt mit der Kirche. Seit der Auflösung der christdemokratischen Partei scheint der Vatikan auch in dem »konservativen« Mitte-Rechts-Block um Berlusconi einen Ansprechpartner zu verlieren. Und schlimmer noch ist seine Beziehung zu den eigentlich ultrachristlichen Fundamentalisten der Lega Nord. In den letzten Jahren hat die Kirche die soziale Lage in Italien immer schärfer kritisiert, was sich mehr oder weniger direkt an Berlusconi richtete, der seit der politischen Wende von 1993 am längsten an der Macht ist. Erzbischof Angelo Bagnasco, Vorsitzender der italienischen Bischofskonferenz, bezeichnete 2008 Italien als ein »zerfasertes und zerstückeltes« Land, welches von »Zukunftsangst und einer fatalistischen Niedergangsstimmung« beherrscht werde und dessen Krise nicht nur eine wirtschaftliche, sondern auch eine ethische sei. Auseinandersetzungen gibt es auch beim Thema Immigration. Die Bischofskonferenz warnt vor einer »kulturellen Regression«, und beklagte im Juli 2009 die Verabschiedung eines Paketes von Sicherheitsgesetzen durch die Regierung Berlusconis, die unter anderem illegale Einwanderung zu einem Straftatbestand machen. Die Kirche protestiert auch bei jeder Aktion der Marine, die versucht Schiffe mit Migranten an den italienischen Küsten zurückzuweisen. Die unmenschliche Behandlung der Zuwanderer in den Sammel- und Abschiebelagern ist ein weiterer Streitpunkt, ebenso die kategorische Ablehnung der Lega Nord, anerkannten und seit Jahren in Italien lebenden nichteuropäischen Ausländern auch nur das kommunale Wahlrecht zu gewähren. Für eine weitere Irritation des Vatikans gegenüber der Mitte-Rechts-Regierung sorgte schließlich der Sexskandal um Silvio Berlusconi im Frühling/Sommer 2009 – Berlusconi wurde öffentlich vorgeworfen, ein sexuelles Verhältnis mit einer Minderjährigen gehabt zu haben und sich dem Amt des Ministerpräsidenten unwürdig zu zeigen. Erzbischof Bagnasco forderte im Juli 2009 Berlusconi zum Rücktritt auf und warnte die Öffentlichkeit vor »Männern, die sich an ihrer eigenen Großartigkeit berauschen, die die Illusion der Allmacht schüren und moralische Werte verdrehen«.

Die Reaktion des *Cavaliere* erfolgte ganz in seinem Stil: ein medialer Rachefeldzug, eine dreiste Vergeltungsaktion gegen die katholische Tageszeitung *Avvenire* durch die im Besitz seiner Familie befindliche Zeitung *Il giornale*. Chefredakteur Dino Boffo, der den Ministerpräsidenten scharf attackiert hatte, wurde zum Ziel einer üblen Medienkampagne, die seine Homosexualität zum Thema machte und ihn schließlich zum Rücktritt von seinem Posten zwang. Ein deutliches Beispiel für die einschüchternden Methoden, vor denen der Medienherrscher Berlusconi nicht zurückschreckt. Auch nicht gegenüber dem mächtigen Vatikan.

Als Frau in einer Männergesellschaft

Italien ist ein männerdominiertes Land. So lautet das Klischee, und es stimmt – wenn auch nur teilweise. Die traditionelle Rolle der italienischen Frau als Anhängsel des Familienoberhauptes, die sich ausschließlich um den Haushalt und die Kinder kümmert, gehört der Vergangenheit an, obwohl es Regionen Italiens gibt, wo die Zeit stillzustehen scheint. Aber auch dort sind Realität und Schein verschiedene Dinge. Selbst in jenen Regionen, in denen die Frauen am wenigsten unabhängig von ihren Männern leben, spielen sie sozusagen »hinter den Kulissen« meistens eine zentrale Rolle – sei es in den Entscheidungsprozessen innerhalb der Familie, sei es in Erziehungs- oder in finanziellen Fragen. Letztendlich – und das dürfte auch einem Außenstehenden relativ schnell auffallen – ist der in der Öffentlichkeit zur Schau gestellte Machismo der italienischen Männer mehr oder weniger eine Fassade, hinter der sich ganz andere »Machtverhältnisse« in der Ehe verbergen.

Die Herausforderungen für die Frauenemanzipation betreffen vor allem die öffentliche Rolle der Frau – und da haben italienische Frauen noch einiges zu erkämpfen. Italien ist ein westliches Land, und als solches sieht es zumindest juristisch die vollkommene Gleichstellung beider Geschlechter vor. Frauen können sich heute in Italien auf allen beruflichen Gebieten betätigen sowie wichtige öffentliche Ämter bekleiden. Das war nicht immer so: Das Familienrecht, das die Rechte und Pflichten der italienischen Frau regelte, wurde erst 1975 reformiert. Bis dahin war die Frau rechtlich gesehen in jeder Hinsicht nicht viel mehr als ein Anhängsel des Familienoberhauptes. Sie hatte kein Recht darauf, die Fürsorge für ihre eigenen Kinder zu beanspruchen, sie durfte nicht über das selbstverdiente Geld bestimmen, für jede öffentlich relevante Entscheidung musste sie sich beim Vater oder Ehemann die Zustimmung holen. Eine Trennung vom Ehemann war nur dann möglich, wenn der Ehemann sie zuließ. Im Artikel 486 des Strafgesetzbuchs war eine von drei Monaten bis zu zwei Jahre dauernde Gefängnisstrafe für den Ehebruch durch die Ehefrau festgelegt. Der Ehemann wurde nur im Falle eines Konkubinats belangt, das heißt im Falle einer beweisbar dauerhaften außerehelichen Beziehung mit einer anderen Frau. Was öffentliche Ämter anging, gab es für italienische Frauen keine Hoffnung darauf, Chefin einer Firma, Besitzerin eines Geschäfts, geschweige denn Beamtin oder Ministerin zu werden.

Zu Beginn des 20. Jahrhunderts war die Zahl der Frauen, die sich für ihre rechtliche Emanzipation engagierten, sehr gering. Auch die fortschrittlichen Parteien, an erster Stelle Sozialisten und Kommunisten, zögerten, jenseits von schönen Worten und rhetorischen Formeln, die *questione femminile,* die Frauenfrage, aufzugreifen. Das Familienrecht vom Ende des 19. Jahrhunderts war schon rückständig genug, trotzdem schaffte es der Faschismus, es zu verschärfen. Die Frau wurde in einen Zustand totaler Abhängigkeit und Untertänigkeit gegenüber dem Ehemann gezwungen. Es galt das Prinzip: »Die Mutterschaft gehört zur Frau wie der Krieg zum Mann«, und als ihre Domäne waren nur Haushalt und Kinderpflege zugelassen. Das 1930 von der Regierung Mussolini erlassene Strafgesetzbuch, der bis in die Nachkriegszeit geltende *Codice Rocco,* beinhaltete den Artikel 587, der eine Strafminderung von bis zu einem Drittel der Gesamtstrafe für den sogenannten Ehrenmord vorsah – was bedeutete, dass der Mord an der eigenen Ehefrau, Tochter oder Schwester durch einen Mann, der seine oder die Ehre seiner Familie verteidigen wollte, als weniger verwerflich galt als jeglicher anderer Mord.

Am Partisanenkrieg 1943 bis 1945 beteiligten sich viele nord- und mittelitalienische Frauen – ein wichtiger Grund für die damaligen KPI- und DC-Chefs Togliatti und De Gasperi, einvernehmlich das allgemeine Wahlrecht einzuführen. Bei den Kommunalwahlen im Frühjahr 1946 durften die Frauen zum ersten Mal wählen. Die neue Verfassung garantierte zwar die rechtliche Gleichstellung beider Geschlechter, dennoch bestanden beinahe alle Diskriminierungen, insbesondere im Familien- und Strafrecht, weiter. Der Emanzipationsprozess ging allerdings weiter, wenn auch mit kleinen Schritten und nicht ohne Rückschläge. 1951 bekam die erste Frau ein hohes Amt in einer italienischen Regierung: Die Christdemokratin Angela Cingolani wurde Staatssekretärin im Industrie- und Handelsministerium. Sieben Jahre später verabschiedete das Parlament in Rom das Merlino-Gesetz über die Abschaffung der staatlichen Kontrolle über die Prostitution und die Gesetzwidrigkeit der Zuhälterei. In der Folge genossen aber die von nun an illegal praktizierenden Prostituierten weniger Rechte. 1959 wurde das erste weibliche Polizeikorps gegründet, 1961 wurde Frauen erstmalig die Möglichkeit eingeräumt, eine diplomatische Laufbahn einzuschlagen oder Karriere in der Justiz zu machen.

Ende der 60er Jahre formierte sich in Italien wie in vielen anderen westlichen Ländern eine starke Frauenbewegung. Sie sah ihre Hauptaufgaben in der Information und Sensibilisierung der Schülerinnen, in der Legalisierung der Abtreibung, in der Abschaffung getrennter Unterrichtsprogramme in den öffentlichen Schulen sowie in der Eröffnung antiautoritärer Kinderhorte und Kindergärten. Die von der neuen Partito Radicale (Radikale Partei) energisch vorangetriebene Diskussion über die Liberalisierung der Abtreibung bewegte Italien Mitte der 70er Jahre wie kaum ein anderes Thema zuvor. Das Land war zwischen katholischen Prinzipien und starken emanzipatorischen Impulsen zutiefst zerrissen. 1974 initiierten die *radicali* eine erste Unterschriftensammlung für einen Volksentscheid zur Legalisierung der Abtreibung, doch erst ein zweiter Versuch im Frühjahr 1975 führte zum erhofften Erfolg: Dank des Einsatzes der Zeitschrift *L'Espresso* konnten über 800 000 Unterschriften gesammelt werden. Um dem Volksentscheid zuvorzukommen, verabschiedete das Parlament 1977 ein Gesetz, das die Abtreibung innerhalb der ersten 90 Tage der Schwangerschaft zuließ und sogar deren Finanzierung durch den Staat vorsah. Ein Volksentscheid wurde 1981 durchgeführt, in dem sich die Mehrheit der Italiener gegen die Abschaffung dieses Gesetzes aussprach. 1970 wurde gegen die vehemente Opposition der Democrazia Cristiana erstmalig die Ehescheidung legalisiert. Der Versuch des katholisch-konservativen Lagers, das Scheidungsgesetz mit einem Referendum gleich wieder abzuschaffen, schlug fehl. Am 12. Mai 1974 stimmten fast 20 Millionen Italiener, 60 Prozent der Wahlberechtigten, für den Erhalt des Gesetzes. Ein halbes Jahr später wurde das Familienrecht endlich reformiert. Von nun an herrschte in Italien die vollkommene rechtliche Gleichstellung von Mann und Frau in der Ehe.

Die italienische Gesellschaft hatte sich inzwischen wesentlich verändert, und die Gesetze spiegelten diesen Wandel wider. Es blieben aber dennoch Reste der vormaligen Diskriminierung erhalten, beispielsweise die sogenannten »Straftaten gegen die Moral«, die Vergewaltigung und Inzest einschließen. Wenn ein Mann eine Frau vergewaltigte, handelte es sich in Italien nicht um eine Straftat gegen die betroffene Person, sondern gegen die öffentliche Moral. Ein schreckliches Ereignis, das 1975 ganz Italien erschütterte, machte diese inakzeptable und verschwiegene diskriminierende Rechtslage offenbar und auch, wie stark die im Land herrschende frauenfeindliche Kultur noch war. Am 29. September 1975 luden drei Männer zwei junge Frauen zu einer Party in eine Villa in Rom ein. Die beiden Frauen, die die gleichaltrigen, aus wohlhabenden römischen Familien stammenden Männer kurz zuvor in einer Bar kennengelernt hatten, wussten nicht, dass es sich um drei Rechtsextremisten mit Vorstrafen wegen Diebstahl und Vergewaltigung handelte. 24 Stunden lang wurden die beiden jungen Frauen in der Villa geschlagen, gefoltert und vergewaltigt. Die eine, Rosaria Lopez, wurde in der Badewanne ertränkt, die andere, Donatella Colasanti, mit einer Stange brutal geschlagen. Beide Körper wurden dann im Kofferraum eines Autos versteckt. Doch Donatella war wider Erwarten nicht tot. Als sie wieder zu Bewusstsein kam, gelang es ihr, die Aufmerksamkeit eines Nachtwächters auf das Auto zu lenken, und sie wurde befreit.

Dies Verbrechen, das unter dem Namen *massacro del Circeo* (Circeo heißt das Viertel in Rom, in dem sich die Villa befand) in die Geschichte der schaurigsten Kriminalfälle Italiens einging, erregte großes Aufsehen und schockierte ein Land, das eine solche scheinbar unerklärliche Gewalt durch junge Menschen bis dahin nie gekannt hatte. Beim Prozess erhoben zahlreiche

Gruppen und Verbände für die Frauenemanzipation Nebenklage und waren stets bei den Verhandlungen anwesend. Die Anwältin von Donatella Colasanti, Tina Lagostena Bassi, die kämpferischste unter den Rechtsanwältinnen und eine überzeugte Verteidigerin der Frauenrechte, wurde berühmt für ihre Plädoyers, die erstmals die Mauer des Schweigens in der Frage der sexuellen Gewalt gegen Frauen sowohl in den Gerichtssälen als auch in der Gesellschaft durchbrachen. Obwohl 1979 der erste Prozess wegen Vergewaltigung in Italien angestrengt wurde – die Verhandlungen wurden sogar von dem öffentlich-rechtlichen Sender RAI direkt übertragen –, blieben die Artikel des italienischen Strafgesetzbuches, nach denen sexuelle Gewalt gegen Frauen eine Straftat gegen die öffentliche Moral darstellte, noch knapp zwei Jahrzehnte in Kraft. Erst die Verabschiedung der »Normen gegen die sexuelle Gewalt« vom 15. Februar 1996 hat das Prinzip durchgesetzt, dass eine Vergewaltigung in erster Linie ein Verbrechen gegen eine Person ist.

Heute ist die Lage widersprüchlich. Italienische Frauen sind schon lange nicht mehr nur Mutter, Ehefrau und Hausfrau. Es ist allerdings nicht einfach zu beurteilen, wie es um den Emanzipationsprozess heute steht: ob er noch in Gang oder ins Stocken geraten ist. Am Anfang dieses Abschnitts war die Rede davon, dass alle Berufe und öffentlichen Ämter für Frauen zugänglich seien. Das stimmt leider nur bedingt. Die Zahl der Frauen, die Führungsposten bei großen Firmen besetzen oder hohe politische Ämter bekleiden, ist heute zwar höher als je zuvor, aber immer noch geringer als im europäischen Durchschnitt. Das liegt selbstverständlich nicht daran, dass sich Frauen nicht so sehr für bestimmte Berufe oder gar für Politik interessieren. Ganz im Gegenteil. Die Hindernisse sind kultureller Natur und gerade deswegen noch schwieriger zu überwinden und auszuräumen als die rein rechtlichen. Gesetze lassen sich verändern, aber eine Akzeptanz für Frauen in Bereichen zu schaffen, die traditionell von Männern beherrscht werden, erfordert größere Anstrengungen. Ein Beispiel ist die Politik. Der Zugang von Frauen zu führenden Ämtern wie wichtigen Ministerposten ist absolut eingeschränkt und von Männern kontrolliert. Italien ist unter den Ländern in Europa dasjenige, mit den wenigsten weiblichen Parlamentariern und Ministern. Zwar ist es inzwischen modern geworden, Kabinette zu bilden, in denen möglichst viele Frauen sitzen, denn das macht einen guten Eindruck. Aber nach wie vor ist eine Verteidigungsministerin in Italien genau so undenkbar wie eine Ministerin für Wirtschaft, Finanzen oder Innenpolitik. Ganz zu schweigen vom Amt des Regierungschefs oder des Staatsoberhaupts. Für die italienische Mentalität ist die Regierung eindeutig eine Männersache, denn dort seien Qualitäten vonnöten, die angeblich nur Männer besitzen: Stärke, Bestimmtheit, Härte, ein gewisser Zynismus, jedenfalls Durchsetzungsvermögen. Politikerinnen könnten sich viel besser um das Erziehungs- und Bildungs- oder um das Gesundheitsministerium kümmern, heißt es. Für sie ist darüber hinaus die Leitung des Ministeriums für Chancengleichheit sozusagen »reserviert«, denn dessen Schwerpunkt ist eben das Problem der Vertretung der Frauen in der Politik sowie in der Arbeitswelt.

Zum Vorurteil, dass Frauen nicht so gut führen könnten wie Männer, kommt das italienische Familienverständnis hinzu, nach dem eine anspruchsvolle berufliche Karriere nur im Widerspruch zu den Verpflichtungen der Frau in der Kindererziehung und der Haushaltsführung stehen kann. Die berufliche Entfaltung der Frau bedrohe die Institution der Familie und führe zu Problemen wie niedrige Geburtsrate und Vernachlässigung der Kinder – so die Argumente derjenigen, die, insbesondere in katholisch-konservativen Kreisen, einer realen Chancengleichheit kritisch gegenüberstehen.

Doch trotz aller Widersprüche religiöser oder kultureller Art zeigen italienische Frauen, vor allem im Norden und der Mitte des Landes, kein geringeres Selbstbewusstsein und nicht weniger Emanzipationswillen als die in anderen westlichen Ländern. Das ließe für die Zukunft, für das Ziel einer Geschlechtergerechtigkeit in Italien wohl hoffen, gäbe es in den letzten Jahren nicht Anzeichen einer Rückentwicklung: Eine ganze Generation junger Italiener wächst heute unter dem starken Einfluss von Berlusconis Fernsehen auf. Wie lässt sich noch ein progressives Frauenbild erzeugen, wenn in Sendungen, die von Millionen Zuschauern gesehen werde, Frauen praktisch nur noch als Sexobjekt stilisiert werden? Handelt es sich hier aber nicht um eine internationale Tendenz, die auch von der Modewelt oder in MTV-Clips bestärkt wird? Schon. Aber in Italien neigen die Dinge immer dazu, ein bisschen krasser zum Vorschein zu kommen. Die Herabwürdigung der Frau bzw. deren Reduzierung auf Körper und Erotik in den Massenmedien trägt südlich der Alpen den Namen *velinismo,* und im Zeitalter Berlusconis ist sie zu einem gesellschaftlichen und politischen Phänomen geworden. Als *velina* werden in Italien die in zahlreichen TV-Programmen auftretenden Showgirls bezeichnet, die zumeist keine weitere Aufgabe haben, als leicht bekleidet selbst politische Talkshows zu »dekorieren«.

Berlusconis Fernsehkanäle – und aufgrund von deren Hegemonie in der Folge auch die öffentlich-rechtlichen Programme – präsentieren den Italienern nicht nur ein ausgesprochen vulgäres und armseliges Frauenmodell, in dem die Frau gelinde gesagt nur jung, schön und dumm sein darf, sondern ein besonders ungleiches Verhältnis zwischen den Geschlechtern, in dem Frauen in einen Konkurrenzkampf untereinander um die Eroberung eines Macho-Mannes treten. Zwei »Lernziele« hat dieses »Harem-Modell« für junge Menschen. Das Erste, für Frauen: Es ist nicht nötig, sich zu bilden, um nach oben zu kommen – es reichen ein attraktiver Körper und die Bereitschaft, mit den richtigen Leuten ins Bett zu steigen. Das Zweite, auch für Männer: Selbst als Sexobjekt sind Frauen nicht mehr da, um von Männern umworben zu werden, sondern sie reißen sich um einen Mann. Das reicht, um von einer alt-neuen Frauenfeindlichkeit in einer immer noch männerdominierten Gesellschaft sprechen zu können. Aber es kommt noch schlimmer: Im Frühjahr 2009 hat der Skandal um Berlusconis Versuch, anlässlich der Europawahlen eine Reihe von *veline* aus Sendungen seiner Fernsehkanäle in den Listen seiner Partei kandidieren zu lassen, gezeigt, dass das Verächtlichmachen der Frauen noch zu steigern ist. Mit dem weiblichen Körper macht man nicht mehr nur Geschäfte, gewinnt man nicht nur Zuschauer oder verkauft mehr Zeitschriften, sondern kann man auch Politik machen und Wählerstimmen gewinnen. *Velinismo* heißt als gesellschaftliches Phänomen der »leichte Weg zum Erfolg«, anwendbar auch in der politischen Welt. Keine Frage: ein spezielles Produkt von Berlusconis Italien.

Armut und Reichtum sowie Modernität und Rückständigkeit sind relative Begriffe, die eigentlich immer wieder neu definiert werden müssen, wenn sie verwendet werden. Ist Italien ein reiches und modernes oder ein eher armes und rückständiges Land? Für den Schriftsteller und Zeitungskolumnisten Maurizio Maggiani ist Italien eigentlich »ein Land noblen Reichtums«, heute aber »ein Land unzivilisierten Reichtums [...] – tragisch arm, dumm reich, erbärmlich«. Meiner Meinung nach ist Italien ein Reich der Widersprüche – ein Ort, in dem Luxus und Misere, Sattheit und Perspektivlosigkeit, bezaubernde Schönheit und unfassbare Scheußlichkeit nicht nur nebeneinander existieren, sondern sich gegenseitig so durchdringen, dass daraus eine verwirrende Wirklichkeit entsteht.

Es reicht, sich einige vielleicht ein wenig langweilige, aber vielsagende Fakten vor Augen zu führen. Die siebtstärkste Wirtschaft der Welt schleppt seit Jahrzehnten die dritthöchste Staatsverschuldung der Welt mit – eine ständig steigende Last. Italienische Regionen wie die Lombardei oder Venetien zählen zu den reichsten und produktivsten Gebieten Europas. Dort liegt das Pro-Kopf-Einkommen weit über dem Durchschnitt der EU-Länder. Gleichzeitig stellen in anderen Regionen wie Kalabrien oder Kampanien Mafia-Organisationen die erfolgreichsten Wirtschaftsakteure dar. Es wird geschätzt, dass die kalabresische Ndrangheta einen Jahresumsatz erzielt, der sich auf ungefähr drei Prozent des gesamten Bruttoinlandsprodukts von Italien beläuft. Die Inflation ist in Italien so hoch wie in einem südamerikanischen Land. Wenn in der Bundesrepublik Deutschland eine jährliche Steigerung von ein Prozent ausreichend ist, um die Kaufkraft der Löhne auf dem gleichen Niveau zu halten, ist in Italien aufgrund der hohen Inflation eine drei Mal so große Steigerung vonnöten, die natürlich niemals erreicht wird. Die direkte Folge davon ist ein konstanter Verlust der Konsumfähigkeit der Bevölkerung, eine regelrechte Plage für die Wirtschaft und ein sehr konkretes Problem für Millionen Italiener, die Tag für Tag zusehen müssen, wie der Wert ihrer sauer verdienten Löhne immer weiter schrumpft. Die Löhne in Italien gehören heute zu den niedrigsten Europas. Der Verarmungsprozess, der in den 90er Jahren eingesetzt hat und insbesondere abhängig Beschäftigte, Handwerker, kleine Selbständige, kurz den Mittelstand am härtesten trifft, ist unleugbar und scheint unaufhaltsam zu sein. Und doch sind die Italiener statistisch gesehen das im Durchschnitt reichste Volk Europas, weil im Stiefelland die reichsten Bürger der ganzen EU leben: ein Gesamtvermögen an Immobilien, Geld und Aktien, das sich auf über 21 000 Milliarden Euro beläuft, das Neunfache des italienische Bruttoinlandsprodukts. Mit anderen Worten wird ein sehr kleiner Anteil der Bevölkerung immer reicher, während die große Masse der Bürger des Landes immer ärmer wird, da sie zusammen mit dem krisenhaften ökonomischen System Italiens untergeht. Laut dem Wirtschaftsexperten Nicola Cacace gehört Italien ganz gewiss weiterhin zu den reichsten Ländern der Welt, sein Reichtum sei aber »ein fehlerhafter Reichtum«.

Fehler, die man korrigieren kann? Vielleicht in einem anderen Land. In Italien scheint ein Fehler stets unkorrigierbar und alles Übel unheilbar zu sein. Es sei schon immer so gewesen, und eine Erklärung dafür zu suchen sei ein unmögliches Unterfangen. Das Problem zusammengefasst: Italien schiebt seit Jahrzehnten, vielleicht sogar seit dem Eintritt in die moderne Zeit, eine ungelöste soziale Frage vor sich her. Diese hat sich inzwischen, nicht zuletzt durch die Wirtschafts- und Bankenkrise und den Zuzug von Hunderttausenden Zuwanderern aus den ärmsten Ecken der Welt, weiter verschärft und ist sozusagen chronisch geworden. Doch diejenigen, die sich darum kümmern sollten, nämlich die Politiker, zeigen kaum Ambitionen, die sozialen Probleme des Landes einigermaßen in den Griff zu bekommen. Gelegentlich werden vereinzelte Maßnahmen ergriffen, meistens in Zusammenhang mit Wahlterminen, die mehr propagandistischen Zwecken dienen, als dass sie real wirksam sind. Mitunter sind sie demütigend für die Betroffenen, wie im Falle der *Social Card,* einer Art Guthabenkarte für Arme, die im Herbst 2008 von der Regierung Berlusconi eingeführt wurde: 40 Euro im Monat für alle, meistens Rentner mit Sozialrente, die weniger als 8000 Euro im Jahr zur Verfügung und weniger als 15 000 Euro auf dem Sparkonto haben. Als die feierlich vom Finanzminister Tremonti angekündigten Karten verteilt wurden, war es kurz vor Weihnachten. Die Berechtigten gingen in die Geschäfte und überreichten der Kassiererin die türkise, mit der Trikolore versehene Karte. In ungefähr der Hälfte aller Fälle lautete die Antwort der Kassiererin: »Tut mir leid, Ihre Karte ist leer.« Die zuständigen Stellen hatten einfach vergessen, sie aufzuladen, bevor sie ausgehändigt wurden. Eine Schande, die zu dem bereits unschönen Gefühl hinzukam, an der Kasse eines Supermarkts ein Zeugnis der eigenen Armut vorzeigen zu müssen. Also *oltre il danno la beffa,* wie man in Italien sagt – zum Schaden kommt auch noch der Spott. Über die Jahrzehnte haben die Italiener sicher gelernt, über solche Vorkommnisse zu lächeln. Aber es ist immer ein bitteres Lächeln.

Abgesehen von den Armutsstatistiken, die in einem Land wie Italien kaum eine Vorstellung von den sozialen Schwierigkeiten vermitteln, braucht man nur mit offenen Augen durchs Land zu reisen oder die Nachrichten zu verfolgen, um die seltsame Mischung von »unzivilisiertem« Reichtum und tragischer Misere zu sehen. Etwa den altgriechischen Ruinenkomplex des Tempeltals im sizilianischen Agrigentum, seit vielen Jahren von einer wilden, nicht genehmigten Bautätigkeit geschändet, der der Staat anscheinend keinen Riegel vorschieben kann. Oder das Stadtzentrum von Neapel, von der UNESCO als Weltkulturerbe anerkannt, das von Touristenscharen durchquert wird, die mit erstaunten und ungläubigen Blicken die Müllhaufen an den Straßenrändern mustern. Oder die unzähligen zeitlosen Baustellen der Autobahn Salerno–Reggio Calabria, ein Bauwerk, das Mitte der 60er Jahre begonnen und niemals fertiggestellt wurde und mittlerweile zum Symbol der ewigen Unvollendetheit der Vereinigung von Nord- und Süditalien geworden ist. Die gefährlichste Schnellstraße Italiens ist aber nur das berühmteste der zahlreichen unvollendeten, in vielen Fällen kurz vor der Fertigstellung verlassenen Bauwerke, die über das Land verteilt sind. Hinzu kommen die Barackensiedlungen der rumänischen Immigranten an den Peripherien Roms und Mailands, armselige Behausungen in einem Land, das Stararchitekten in die weite Welt exportiert und sich für seinen ausgeprägten, unverwechselbaren Geschmack in Sachen Baukunst und Design rühmt.

Das ist aber längst noch nicht alles: In einem Land, das von seinen unermesslichen welthistorischen und künstlerischen Schätzen leben könnte, gab die Regierung im Jahr 2007 satte

45 Millionen Euro für die Einrichtung eines Internetportals aus, das das touristische, kulturelle und kulinarische Angebot Italiens im großen Stil im Internet bewerben sollte. Nach einem Jahr war das Webprojekt *italia.it* kläglich gescheitert: Die Homepage konnte nicht hochgefahren werden, die bereitgestellten Ressourcen waren aufgebraucht, und ganz Italien durfte sich über einen lächerlichen Werbespot amüsieren, in dem der damalige Tourismusminister Francesco Rutelli in einem erbärmlichen Englisch und einem peinlich pathetischen Ton die Welt aufforderte: »Please visit Italy«, als ob Italien ein weltweit noch unbekanntes Land sei.

Italien, das Land des Geschmacks und der weltberühmten Küche, das in der EU für den Schutz seiner Produkte kämpft, ist immer wieder Schauplatz von Lebensmittelskandalen, mit Dioxin vergifteter Mozzarella oder mit über 100 000 Flaschen gepanschten Brunello-di-Montalcino-Weins des Jahrgangs 2003. In Italien, dem Land von Cicero und Horaz, schafft es der Staat nicht, die Schulpflicht durchzusetzen. Viel zu viele neapolitanische Kinder schwänzen täglich den Unterricht, um sich anderen, weniger erbaulichen, aber profitableren Tätigkeiten zu widmen. In Italien, dem Land der Toleranz und der Wiege der Zivilisation, zwingt die Regierung Romakinder, Fingerabdrücke abzugeben, während Banden von Rechtsextremen in Rom, Verona oder Mailand Ausländer, Homo- und Transsexuelle auf offener Straße überfallen und zu Tode prügeln. Auf den Barockfassaden in den historischen Zentren vieler italienischer Großstädte erscheinen über Nacht entsetzliche Parolen, die den Holocaust preisen oder zum Rassismus und politisch motivierten Morden auffordern. Während die Tageszeitungen mit dem letzten Vergewaltigungsfall durch einen osteuropäischen oder nordafrikanischen Zuwanderer aufmachen, gehen Bürger zur Selbstjustiz über. Gruppen von Nachbarn gehen auf Streife, junge Hitzköpfe organisieren regelrechte Feldzüge und stecken Barackensiedlungen von Migranten und Prostituierten in Brand. Als ob das nicht schon schlimm genug wäre, hat die Regierung Berlusconi mit den Sicherheitsgesetzen von 2009 die Bildung von Bürgerwehren, den sogenannten *ronde,* legalisiert.

Was ist das für eine Gesellschaft, die in das 21. Jahrhundert eintritt und mitten in diesem Chaos lebt? Sie ist desorientiert, sie hat Ziel und Richtung und teilweise auch jeglichen Realitätssinn verloren. Sie erscheint manchmal wie ein zusammenhangloser Haufen von Individuen, die nach dem Überflüssigen verrückt sind, die völlig geblendet auf der Suche nach dem allerletzten Handymodell die Kaufhäuser stürmen, sich auf Lebenszeit verschulden, um alle zwei Jahre das Auto zu wechseln und mindestens drei Mal im Jahr in den Urlaub zu fahren. Doch wenn man sie nach der Qualität ihrer Lebensumstände fragt, klagen sie darüber, dass es ihnen am Notwendigsten fehlt, dass sie die Rechnungen für Strom und Wasser nicht bezahlen können, dass ihre Löhne nicht bis zum Ende der dritten Monatswoche reichen und sie sich deswegen Brot oder Konserven bei der Lebensmittelausgabe des Caritas-Verbands oder der örtlichen Kirchengemeinde holen müssen, um ihre Kinder satt zu kriegen. Für den bereits erwähnten Zeitungskolumnisten Maurizio Maggiani ist Italien

> »ein Land, in dem [...] das, was teuer sein sollte, billig ist, und das, was billig sein sollte, teuer ist. [...] Wir haben die teuersten Stromrechnungen Europas, aber die billigsten Handys. Wasser, Strom, Gas, Mieten müssten sich alle leisten können [...], aber ein Handy könnte ruhig jahrelang funktionieren und zehn Mal so teuer sein wie eine gute Waschmaschine oder ein guter Fensterrahmen, und niemand würde auf sein Recht auf Kommunikation verzichten müssen. In der Welt herumzureisen, um Bekannten idiotische, mit Handys gemachte Bilder zu schicken, ist ein miserabler Reichtum. Die Hälfte des Monatseinkommens für ein Zwei-Zimmer-Loch am Stadtrand zu bezahlen ist miserable Armut. Der eine und die andere werden von Millionen meiner Landsleute verkörpert. Es wäre viel anständiger, wenn Strom die Hälfte kosten würde und ein Armani-Anzug zehn Mal teurer wäre. [...] Alles hat einen Preis, weil alles einen Wert hat. Aber nicht nur einen kommerziellen Wert, sondern auch einen ethischen und gesellschaftsrelevanten.«

Es handelt sich bei dem Beschriebenen sicher um eine Entwicklung, die für die gesamte westliche Zivilisation typisch ist, doch, wie schon des Öfteren bemerkt, scheint alles in Italien besonders krasse Erscheinungsformen anzunehmen. Ethische Desorientierung prägt mehr als alles andere die italienische Gesellschaft. Eine Gesellschaft, die schon seit Jahrzehnten in einen Zustand der permanenten Unruhe geraten ist.

Es ist schwer zu erklären, wie eine solche Gesellschaft alles in allem ihr labiles Gleichgewicht mit einer relativen Gelassenheit erhalten kann. Die Zeit der Wut, der Revolte und der politischen Gewalt scheint endgültig vorüber. Ist nun die Zeit der Resignation angebrochen? Vielleicht. Doch es geht hier nicht nur um Resignation. Italiener sind von Natur aus skeptisch. Italiener neigen dazu, wenn sie können, keine klaren Position zu vertreten, sich eine eher abwartende Haltung zu Eigen zu machen, was dazu führen könnte, die Italiener für feige oder untreu zu halten. In Wahrheit beherrschen Italiener quasi instinktiv die Kunst des Zweifels und der Differenzierung. Bei all der Komplexität der Wirklichkeit und der Probleme in einer modernen Gesellschaft scheint es ratsam, nicht voreilig mit allzu großer Bestimmtheit Urteile laut auszusprechen. Man weiß ja nie. Italiener sind sozusagen Sozialagnostiker: Sie zweifeln an den realen Möglichkeiten des Menschen, innerhalb einer Gesellschaft Wahrheit und Gerechtigkeit eindeutig zu erkennen. Dazu kommt, dass es beim Durchschnittsitaliener eine Art Urmangel an Vertrauen in die Macht des Kollektiven gibt, in die Möglichkeit, dass die Gesellschaft Probleme im Interesse aller lösen kann. Das führt nicht nur zum traditionellen Individualismus und Egoismus, sondern auch zur Ohnmacht des Einzelnen bzw. der einzelnen Familie. Tatsächlich sind die Probleme, unter denen die Gesellschaft leidet, fast immer das Ergebnis jahrelanger Untätigkeit. Oftmals wird ihre Lösung so lange aufgeschoben, bis die Probleme irgendwann so komplex werden, dass ihre Bewältigung kaum mehr möglich erscheint.

Zwei Beispiele. Zuerst die Wohnungsfrage. Seit den Jahren des Wirtschaftsbooms in den 60ern wird in Italien von einem Wohnungsnotstand geredet. Damals führte die Auswanderung aus den ländlichen Gebieten zu einer Expansion von Klein- und Großstädten. Es war meistens ein wildes Wachstum; Triebfeder war die illegale Bautätigkeit, das Ergebnis die Betonierung Italiens unter grober Missachtung der Umwelt. Heute beharrt man immer noch darauf, Küsten und Landschaften mit Beton zu übergießen. Das Verhältnis von Kubikzentimeter Beton pro Bürger ist schwindelerregend. Man könnte denken: Wenigstens mangelt es jetzt nicht an gutem, modernem Wohnraum. Doch ganz im Gegenteil: Tausende von Bürgern leben in maroden Gebäuden in Erwartung, dass der Staat ihnen eine neue menschenwürdigere Unterkunft zur Verfügung stellt. Häufig baut der Staat tatsächlich, aber aus verschiedenen, undurchschaubaren Gründen – die allerdings immer etwas mit Ineffizienz, Amtsmissbrauch und Spekulation zu tun haben – stehen die Häuser dann für lange Zeit leer. In Mailand, Neapel und anderen Städten besetzen schließlich die Verzweifeltsten die Wohnungen und werden erst nach vielen Jahren wieder rausgejagt. Die Massenmigration aus Afrika, Asien und Südamerika hat das Problem noch verschlimmert. Die Verteilung von Sozialwohnungen erfolgt nach Ranglisten, die sich nach dem Armutszustand der Familien richten. So entstehen reine Ghettos, die vor allem von Zuwanderern bewohnt werden.

Zweites Beispiel: die einzigartige Verflechtung von Armut, Bodenvergiftung, illegaler Einwanderung und organisierter Kriminalität, wie sie in der Region Kampanien vorkommt. Castelvolturno ist ein uraltes Dorf in der dortigen Provinz Caserta, bekannt weniger wegen seiner Geschichte aus der altrömischen Zeit, sondern als Symbol für Bauspekulation infolge der massiv missbrauchten staatlichen Subventionen für den Wiederaufbau des Gebiets nach dem Erdbeben vom November 1980. Darüber hinaus ist das Städtchen auch Sinnbild für die Camorra und für die Kriege unter rivalisierenden Clans. Im September 2008 landete Castelvolturno in den Schlagzeilen aller nationalen Tageszeitungen wegen eines Massakers an sieben afrikanischen Einwanderern, die von Killern des Camorra-Clans der Casalesi auf offener Straße mit Kalaschnikows niedergemäht wurden. Dem Gemetzel folgte ein Aufstand: Hunderte von Landsleuten der Opfer gingen auf die Straße und entluden ihre Wut in heftigen Krawallen. In der Geschichte Italiens war es noch nie zu einem solchen Protest gegen die Camorra gekommen. Die Medien wollten nicht begreifen, was da gerade passierte, und gossen Öl ins Feuer des Protests, indem sie von einer Abrechnung zwischen Camorristen und nigerianischen Drogendealern berichteten. Der Aufstand erregte auch den Protest der italienischen Bürger Castelvolturnos, so dass die Polizei und die Regierung Angst vor schweren rassistischen Übergriffen bekamen. Als endlich Ruhe einkehrte, versuchte man zu klären, wie es zu dem Massaker hatte kommen können. Alle richterlichen Ermittlungen stellten fest, dass die afrikanischen Opfer nicht an illegalen Geschäften beteiligt gewesen waren. Der Schriftsteller und Camorra-Experte Roberto Saviano erklärt die Morde so: Die Camorra sei dabei, sich in großen öffentlichen Bauprojekten zur Wiederaufwertung der Gegend zu engagieren, da hier der Tourismus gefördert werden sollte. Das Massaker sei eine direkte Botschaft an die lokalen afrikanischen Bewohner gewesen, etwa 13 000 legale und illegale Einwanderer (knapp 60 Prozent der gesamten Einwohnerschaft von Castelvolturno), die sich weigern, die Stadt zu verlassen und der Camorra unkontrollierbar erscheinen. Die Camorra, warnt Saviano, sei bereit, ethnische Säuberungen durchzuführen, um zu verhindern, dass Castelvolturno eine »schwarze« Stadt werde.

Diese beiden Beispiele sind nur ein kleiner Ausschnitt der äußerst komplexen und schwierigen sozialen Wirklichkeit einiger Gebiete Italiens. Castelvolturno liegt nur wenige Kilometer von Rom, vom politischen Herzen des Landes entfernt. Bittet man einen Italiener, mit wenigen Worten das Problem der Wohnungsnot, der Bauspekulation, der illegalen Einwanderung oder der organisierten Kriminalität zu erklären, schluckt dieser. Wie soll man die Fäden von so verwickelten Problemknäueln bloß entwirren? Wo beginnen?

Die Webseite *italia.it* wurde schließlich doch noch zum Laufen gebracht. Auf der Homepage finden sich heute diese Worte von Silvio Berlusconi:

> »Italien ist das Land des Himmels, der Sonne und des Meeres. Ein magisches Land, das nicht nur seine Einwohner, sondern auch seine Besucher und alle, die es zum ersten Mal entdecken, verzaubert und ihre Herzen zu erobern weiß. Italien ist magisch. Entdecken Sie es. Es wird eine große Liebe werden.«

Alles schön und irgendwie auch wahr. Wenn die Probleme zu groß werden, dann löst man sie nicht, sondern greift auf das Einfachste zurück: Sonne, Meer und Strand.

Die Moral der Ausnahme

Sind die Italiener nur ein Haufen von Individuen, die sich gegenseitig ignorieren, kaum Rücksicht auf den Nächsten nehmen und denen alles Gemeinschaftliche ziemlich egal ist? Wie kann eine solche Gesellschaft überhaupt existieren? Was ist ihr Geheimnis? Sich die »italienischen Verhältnisse« durch eine moralische Brille anzusehen, sie der Logik zu unterwerfen oder die Dinge nur nach ihrer äußeren Erscheinung zu beurteilen ist, wie mit einem Elefanten einen Porzellanladen betreten zu wollen. Man kann dadurch großen Schaden einrichten und vieles davon nicht verstehen, was man vor Augen hat. Vor allem, weil die italienische Gesellschaft auf einer eigenen Moral, auf einer eigentümlichen Vorstellung davon, was richtig und was falsch ist, basiert. Ein eigenes gemeinschaftliches Recht sozusagen. Versuchen wir jetzt am Ende dieses Kapitels, klarer zu machen, um was für eine Moral es sich hierbei handelt.

Am Café-Tresen in einer x-beliebigen Stadt kann man alltäglich eines der unverwechselbaren Merkmale des Durchschnittsitalieners in der Praxis erleben: die selbstgefällige Äußerung der eigenen Besonderheit. Dabei ist die Situation mehr als gewöhnlich – eine Bar betreten, um einen Kaffee zu trinken. Eine Angelegenheit übrigens, die, wie den meisten sicherlich bekannt ist, in Italien in wenigen Augenblicken erledigt ist. Denn ein Espresso oder ein Cappuccino wird dort meist stehend in wenigen Schlucken konsumiert. Sobald die Tasse leer ist, blättert man höchstens kurz in der Sportzeitung oder wechselt ein Wort mit dem Mann hinter der Theke, falls man Stammkunde ist, und schon muss man seinen Platz abtreten, denn von hinten drängelt bereits der nächste Gast, der an den Tresen vorrücken will. Nun, aus dem alltäglichem Akt, sich einen Kaffee zu bestellen, weiß ein Italiener, egal ob Mann oder Frau, jung oder alt, reich oder arm, einen Moment der Entfaltung seiner Individualität zu machen. Espresso oder Cappuccino ist zwar leicht gesagt, aber ein

Kaffee ist in Italien nie bloß ein Kaffee. Einen *espresso doppio ristretto* wünscht sich einer, einen *macchiato corretto lungo* verlangt ein anderer. Die Milch möchte dieser allerdings extra dazubekommen, und zwar *freddo in un bicchere tiepido,* kalt in einem lauwarmen Glas.

Die verfügbaren Variationen sind dabei so zahlreich, wie die Adjektive und der gesunde Menschenverstand reichen: *caldo, freddo, stretto, lungo, doppio, macchiato, corretto con grappa, sanbuca, fernet, genepi,* mit viel, wenig oder gar keinem Schaum, mit kalter, warmer oder lauwarmer Milch, mit Sahne oder Milchcreme oder mit Kakaopulver bestäubt. Um von lokalen Spezialitäten oder modischen Kreationen wie *marocchino, mischio, bicerin, shakerato, decoffeinato, ciocolaccino, biscolato, moccaccino* ganz zu schweigen. Und wenn man zum traditionellen italienischen Schnellfrühstück auch eine *brioche* nimmt, steigen die Möglichkeiten durch die Vielfalt der Füllungen sowie die Art des Zuckergusses sogar exponentiell: *cornetto alla crema, al cioccolato, alla marmellata di albicocche* (Aprikosen-) oder *ciliegie* (Kirschmarmelade), *alla crema pasticciera,* die eine besondere Konditoreicreme ist, die mit der einfachen Creme nichts zu tun hat, oder auch nur *vuoto,* natur. Sein Hörnchen mag der eine warm, der andere mit Puderzucker oder Schokostreuseln bestreut. Ein weiterer schließlich noch mit Zuckerguss. Wie man dem gezierten Phantasiereichtum solcher Herzenswünsche gerecht wird, ohne dabei die Selbstachtung der einzelnen Gäste zu erschüttern, ist ein Rätsel, dessen Lösung ein jeder italienischer Barmann wie sein gut zu hütendes Erfolgsgeheimnis für sich zu behalten weiß.

Der Punkt ist: Italiener lieben Vielfalt. Besser: Sie lieben Unterschiede. Es geht nicht so sehr um die Wahlmöglichkeit an sich, sondern um die Gelegenheit, durch eine Vorliebe die eigene Einzigartigkeit, die eigene persönliche Besonderheit auszudrücken. Vorlieben und Unterschiede werden als Ausdruck von Menschlichkeit empfunden. Sie sind das Salz des Lebens. Ohne sie würde das Leben einfach nicht schmecken. Dagegen erscheint Gleichheit farblos und auch irgendwie unnatürlich. Zwar als abstraktes Prinzip durchaus akzeptiert und stets als Voraussetzung der sozialen Gerechtigkeit gefordert, wird sie in Wirklichkeit im Alltag instinktiv als unerträgliche Reduktion und Einschränkung des Einzelnen wahrgenommen. Italien ist der Triumph des Partikularen über das Allgemeine. Und zwar schon immer, denn davon schrieb der florentinische Historiker Francesco Guicciardini bereits im 16. Jahrhundert. Ein Land, wo jeder am liebsten ein Privilegierter sein möchte. *Fatta la legge, trovato l'inganno* besagt ein populäres italienisches Sprichwort: Kaum ist ein Gesetz verabschiedet, ist schon auch eine Möglichkeit zum Betrug, oder besser gesagt zur Umgehung gefunden. Denn dabei ist nicht so sehr der Betrug, die Schädigung anderer typisch italienisch, sondern die Suche nach einem Schlupfloch im Gesetz, nach einer besonderen Kategorie, in die man fallen könnte, um dadurch von der Allgemeingültigkeit befreit zu werden – kurzum: Es geht darum, eine Ausnahme zu bilden.

Wenn ein Italiener ein Zeugnis oder eine Genehmigung braucht und sich dafür lieber dieser oder jener Beziehung bedient, liegt das nicht nur an der Leistungsschwäche der öffentlichen Verwaltung. Wenn man in Italien bei der Arbeitssuche alle Verwandten und Freunde um Hilfe bittet, passiert das nicht nur wegen der schlecht funktionierenden Jobvermittlung. Dahinter steckt eine ganze Ästhetik des Privilegs. Der Vorteil, jemanden zu kennen, der dir ermöglicht, ein Problem zu lösen, deutet auf eine menschliche, ja soziale Qualität hin. Denn Beziehungen zu haben bedeutet auch, Beziehungen pflegen zu können – und letztendlich nicht allein zu sein. Ein Vorrecht zeichnet dich aus. Selbst ein kleines oder für andere kaum bedeutendes Privileg ist etwas, das einen von den anderen abhebt und als Individuum erkennbar macht. Das, was der Durchschnittseinwohner des Stiefellandes über alles fürchtet, ist, in der grauen, anonymen Masse der Kollektivität unterzugehen.

In dieser Moral der Ausnahme hat die italienische flexible Einstellung zu Regeln und Gesetzen ihre Wurzeln. Wohlgemerkt: Für den, der sich an Gesetze hält und immer rechtmäßig handelt, hat man Respekt, zuweilen sogar ehrliche Bewunderung. Dennoch ohne Leidenschaft. Ohne Sympathie. Ohne, so könnte man sagen, davon ergriffen zu werden. Das Herz schlägt für den, der sich im Leben zu helfen weiß. Regeln dabei einzuhalten spielt im Vergleich zum Erfolg eine eher zweitrangige Rolle. Mal zugespitzt formuliert: Wenn die Gleichheit als Verflachung und Erstarrung empfunden wird, ist der italienische Held *il furbo*, der Schlaue, der Angelegenheiten auf seine Art löst. Dabei muss er nicht mal sich selbst zu sehr treu bleiben, denn ein konsequentes Tun, das sich vor den Versuchungen und Wechselfällen des Lebens nicht beugt, macht einem vielleicht Ehre, ist aber der Unmenschlichkeit verdächtig.

Man sollte deshalb vorsichtig sein, diesen italienischen Egoismus gleich als zerstörerisch und asozial oder gar als unmoralisch abzuurteilen. Er ist es sicher vom Standpunkt des Staates und der Institutionen aus, die das Leben der Gesellschaft zu regeln versuchen. Aber eigentlich handelt es sich hier um ein eigenartiges, durchaus langlebiges Prinzip des Miteinanders – der sozialen Organisation. Ein Italiener erwartet meist nichts vom Kollektiv und verlangt von ihm auch nichts, was er für sich persönlich, seine Familie und seinen Freundes- und Bekanntenkreis braucht. Abstraktionen wie der Staat oder die Allgemeinheit bewegen ihn nicht so sehr wie konkrete zwischenmenschliche Beziehungen. Die zum Bestehen jeder Gesellschaft notwendige Solidarität mit dem Nächsten erfolgt nicht durch das Einhalten von anonymen Vorschriften, sondern direkt, durch einen persönlichen Akt, zu dem man sich individuell entschließt. Ein Gefallen: Jeder bittet mal darum und wird mal darum gebeten, jeder fragt danach und erwidert ihn. Ungeschriebene Regeln bestimmen ihn, aber vor allem das Gewissen eines jeden Einzelnen. Geschriebene Regeln und Gesetze dagegen nehmen sich in diesem Kontext wie eine von außen kommende Verhärtung aus, wie eine realitätsferne, ja sogar wirklichkeitsfremde Abstraktion, und müssen sich stets mit einer hartnäckigen Lebensphilosophie messen, deren Leitgedanke mit einem weiteren in Italien sehr bekannten Sprichwort übereinstimmt: *ognuno per se e dio per tutti* – jeder für sich und Gott für uns alle.

Vorliebe für Unterschiede, Suche nach der Ausnahme, Pflege des Eigeninteresses, Geringschätzung des Kollektivs, in dem der Einzelne untergeht – das alles bildet auch die Grundlage für den außerordentlichen Erfolg des Phänomens Berlusconi, das innerhalb der letzten zwei Jahrzehnte wie kaum ein anderes das Image von Italien geprägt hat. Das eigenartige Verhältnis zwischen dem Medienzar Silvio Berlusconi und den Italienern ist für die meisten, und zwar nicht nur außerhalb des Landes, ein unergründliches Geheimnis. Erklärungsversuche wurden im Laufe der Zeit selbstverständlich reichlich unternommen. Sie haben eine Fülle von Thesen hervorgebracht, von der angeblichen Unreife der italienischen Öffentlichkeit, die schlecht informiert und daher dem Charisma eines Populisten ausgesetzt sei, bis hin zu der Aussage, dass Berlusconi den Charakter des Landes widerspiegle, die Verkörperung der italienischen Laster und Tugenden, die Verherrlichung des *Homo italicus* sei. Sicherlich steckt ein bisschen Wahrheit in allen diesen Behauptungen. Dennoch, um zu begreifen, was das Phänomen Berlusconi eigentlich ist, muss man zu dessen Ausgangspunkt zurückkehren – und sich klar machen, dass Politik dabei eine eher zweitrangige Rolle spielte.

Der Politiker Berlusconi, über den heutzutage am häufigsten gestritten wird, ist in Wirklichkeit nur wenig relevant. Abgesehen von seinem rhetorischen, ja anachronistischen Antikommunismus sowie seinem plakativen Eintreten für die Freiheit des Einzelnen gegenüber dem Staat, hat der Mailänder Medienmogul kaum eine klar definierte politische Vision für Italien. Es ist leicht abzusehen, dass sein Werk keine unauslöschlichen Spuren – außer vielleicht ein gewisses Chaos in den Institutionen des Staates – hinterlassen wird. Zwar wird er als mehrfacher Ministerpräsident in die Geschichte des Landes eingehen, jedoch nicht ohne den Verdacht, die politische Bühne nicht nur zum Wohle der Nation und der Demokratie betreten zu haben, sondern um den Interessen seines eigenen Finanzimperiums zu dienen. Den Wandel der politischen Landschaft Italiens zu Beginn der 90er Jahre, dessen Protagonist er ohnehin war, wusste er auszunutzen. Er wurde aber nicht von ihm in Gang gesetzt. Die verführerische Wirkung Berlusconis auf Millionen Italiener hat wenig mit dem politischen Angebot des *Cavaliere* zu tun. Der Politiker Berlusconi ist nur ein erfolgreicher und anpassungsfähiger Unternehmer, der während seines Aufstiegs immer ein Kompromissschließen mit der Politik als unvermeidliches Übel akzeptiert hat, um seine Geschäfte erfolgreich voranzutreiben. Der aber dann plötzlich alle seine politischen Kontakte verlor, als unter dem Druck der Schmiergeldskandale 1992/93 sämtliche Parteien der Ersten Republik vom Erdboden verschwanden und er sich mit der Notwendigkeit konfrontiert sah, die Kontrolle über die Politik selbst zu übernehmen. Der eigentliche Berlusconi, der die italienischen Massen erobert hat, ist der Werbemann. Noch besser: der Fernsehintendant.

Berlusconis Fernsehen hat das Welt- und Selbstbild der Italiener geradezu grundlegend verändert. Was das bedeutet und wie das geschehen konnte, kann man nicht einmal ansatzweise nachvollziehen, wenn man sich den bereits erwähnten italienischen Egoismus und die besondere Leidenschaft für Unterschiede nicht klar genug gemacht hat. Berlusconis drei Fernsehsender, die ab den frühen 80er Jahren als erste private Sender überregional auszustrahlen begannen – und zwar illegal, denn das Gesetz garantierte das Monopol des öffentlich-rechtlichen Rundfunks RAI –, ebneten den Weg für den Triumphzug des Kommerz-Fernsehens. Es war, als ob ein Damm gebrochen war. Eine regelrechte Flut von Produkten und Lebensstilen überschwemmte die Wohnzimmer der Italiener, die schon lange von dem farblosen, biederen Staatsfernsehen gelangweilt waren. Das Tagesprogramm, das sich nun wirklich über fast 24 Stunden täglich hinstreckte, hatte ein Angebot für jedes Alter und jeden Geschmack: US-amerikanische Serien und Musikprogramme für die Jüngeren, japanische Zeichentrickfilme für die Kinder, Abendshows und Spielfilme für die ganze Familie, erotische Spätprogramme und Sportsendungen für die Herren, lateinamerikanische Soaps und Gewinnspiele für die Frauen, insbesondere Hausfrauen. Und das alles begleitet von dem Gehämmer von Dutzenden von Werbespots, die den Konsum als höchste Form individueller Freiheit verherrlichten.

Die Italiener wurden von Berlusconis Fernsehen buchstäblich erobert, und zwar derart, dass es, als 1984 drei Richter gegen die illegale Sendepraxis von Berlusconi vorgingen und die Abschaltung der Sender verfügten, zu einer Art Volkserhebung kam. Das nachdrückliche Verlangen des »Volkes« erlaubte dem Mailänder Unternehmer einen Ausnahmestatus einzunehmen, der bald mit der Unterstützung ihm befreundeter Politiker in einem Gesetz verankert wurde, das das staatliche Fernsehmonopol in ein einzigartiges »Duopol« umwandelte. So begann das plebiszitäre Liebesverhältnis zwischen »seiner Emittenz« Berlusconi und den Italienern.

Berlusconis TV wirkte wie eine starke Droge. Die Reklame

für eine Shampoo-Marke oder einen Schokoriegel beinhaltet immer mehr als eine bloße Kaufempfehlung. Eine ganze Welt, eine Art zu denken und zu leben, steckt darin. Die verführerische Vielfalt der kapitalistischen Warenwelt stieß wie noch nie zuvor auf das ausgeprägte Begehren des Durchschnittsitalieners, darauf, jenseits der Zugehörigkeit zu einer bestimmten sozialen Gruppe als Individuum wahrgenommen und anerkannt zu werden. Die Abschaltung der Serie »Dallas« oder »Die Schlümpfe« ließ Frauen und Kinder auf die Straße gehen. Das, was sich auf den Bildschirmen bewegte, bildete eine Parallelwelt, die stets bunt, heiter, sorglos und oberflächlich fast bis zur Blödsinnigkeit war – und darauf wollte keiner mehr verzichten. In einem Italien, das gerade mühsam das dumpfe Klima der »Bleiernen Jahre« hinter sich ließ, bot Berlusconis Fernsehen die Chance zu einer Massenflucht aus der Realität; die Möglichkeit, sich von der Müdigkeit und Frustration zu befreien, die ein jahrzehntelanger Kult der kollektiven Aktion produziert hatte. Das Phänomen des »Rückzugs ins Private«, das die italienischen 80er Jahre prägte, gewann durch den durchschlagenden Erfolg von Berlusconis Fernsehmodell ein besonderes Merkmal: eine regelrechte Intoleranz gegenüber jeder Einschränkung des Individuellen im Interesse der Allgemeinheit.

Im Mittelpunkt der von Berlusconis Sendern geschaffenen Parallelwelt steht das Individuum. Deshalb traf und trifft sie immer noch den Geschmack zahlreicher Italiener. Doch manche Auswirkungen des Wertesystems dieser Parallelwelt auf die italienische Gesellschaft zeigen inzwischen ihre weniger erfreulichen Früchte. Nach 20 Jahren von Berlusconis TV-Herrschaft ist die starke Kultur der Solidarität, die traditionell das Land kennzeichnete, weitgehend zerstört. Sie war ein zentrales Motiv beider Kulturen, der christlichen wie der kommunistischen, die das moderne Italien lange Zeit prägten, und diente als ein wirksames Gegengewicht zur egoistischen Neigung vieler Italiener. Das machte die Stärke und teilweise sogar die Unabhängigkeit der Zivilgesellschaft gegenüber dem Staat aus. Berlusconis Fernsehen hat dafür einen Allgemeinsinn etabliert, für den Solidarität nur Almosen und jede zwischenmenschliche Beziehung ein potentielles Geschäft ist. Das subversive Verhalten des Politikers Berlusconi, der sich des Parlaments zu eigenem Nutzen bedient und, egal ob direkt oder indirekt, die Bürger dazu auffordert, private Interessen vor dem Staat und der Allgemeinheit zu schützen, hat diese negative Tendenz noch weiter gestärkt.

So degeneriert die traditionelle italienische Moral der Ausnahme heute immer mehr zu einem zerstörerischen Egoismus, der jede Regel des Zusammenlebens missachtet und gnadenlos nur den eigenen Vorteil zum Schaden anderer verfolgt. In Anbetracht dessen ist Berlusconi nicht so sehr die Verkörperung der italienischen Laster und Tugenden, sondern eher deren Perversion. Vor allem dafür sollte er in die Geschichte eingehen.

Homo italicus: Macken und Leidenschaften des Italieners

Der Durchschnittsitaliener: Wie lebt er, wie versteht er sich, was liebt er, was charakterisiert ihn und sein Denken am besten? Eine kleine Vorbemerkung: Selbstverständlich gibt es »die Italiener« oder den »Durchschnittsitaliener« als solche nicht. Es gibt nur Individuen mit ihren Charakteren und Vorlieben, mit ihrem Verhältnis zur Gesellschaft, in der sie leben und die sie kulturell geprägt hat. Um nicht andauernd zu Formulierungen wie etwa »die Mehrheit der Italiener« greifen zu müssen, werde ich also hier ausnahmsweise sonst unabdingbare Differenzierungen beiseite legen und schlicht und einfach von »die Italiener« sprechen. Selbstverständlich sind Gemeinplätze nicht mit der Realität zu verwechseln, aber sie enthalten oft mehr als nur ein Körnchen Wahrheit.

Die Italiener und das Fernsehen

Wir sprachen bereits von der ungeheuren Medienmacht Berlusconis. Die berechtigte und interessante Frage dahinter lautet: Warum spielt das Fernsehen eine so große Rolle im Leben der Italiener?

Für die Italiener ist der Fernseher das Tor zur Welt. Dass das, was man auf dem Bildschirm sieht, etwas anderes als die Realität ist, ist den meisten Italienern wohl bekannt. Jedoch sind sie sich auch einer anderen, vielleicht noch wichtigeren Tatsache bewusst: dass das Fernsehen die Wirklichkeit nicht einfach getreu wiedergibt, wie etwa ein realistisches Gemälde, sondern in der Lage ist, eine neue zu erschaffen. Und dass das Fernsehen sogar die Wirklichkeit beeinflussen und verändern kann. Ob ihnen das gefällt oder nicht, ist egal. Italiener gehören nicht zu den Menschen, die das, was ihnen Spaß bereitet und das Gefühl vermittelt, modern, zeitgemäß, in einem Wort am Leben zu sein, intensiv hinterfragen. Also: In Italien ist nicht das Fernsehen ein Spiegel des Landes, sondern umgekehrt. Das Land ist der Spiegel seines Fernsehens.

Es war nicht immer so. Die intensive Beziehung der Italiener zum Kathodenrohr begann Mitte der 50er Jahre, als die ersten Fernsehgeräte in das bigotte und noch weitgehend bäuerliche Italien ihren Einzug hielten. Da sich nur wenige Reiche und Privilegierte ein privates Gerät leisten konnten, war Fernsehgucken am Anfang eine Form kollektiver Unterhaltung. In jedem Dorf Italiens spielten sich ähnliche Szenen ab.

Bereits von Anfang an hatte das Fernsehen für die Italiener zwei Gesichter. Einerseits war es ein Instrument zur kulturellen Bildung und Emanzipation, andererseits war es Unterhaltung und Ablenkung. Das »intelligente« TV, wie man heutzutage in Italien etwas abwertend sagt, wetteiferte mit dem »leichten« TV, für das die Italiener schon immer eine besondere Schwäche hatten. Ende der 50er Jahre stand ein Fernsehgerät in den meisten Gemeinden Italiens nur in der örtlichen Bar an der Dorfpiazza, in der Kirche oder in den lokalen Sektionen der DC und der KPI zur Verfügung. In den sogenannten roten Regionen, wie der Toskana oder der Emilia-Romagna, befand sich ein Fernseher auch in den legendären *case del popolo.* Wenn es in einem Dorf nur ein Gerät in der Kirche oder bei der DC gab, standen die Zuschauer kommunistischen Glaubens vor einem Dilemma. In anderen Gemeinden war die Lage umgekehrt, und dort standen Christdemokraten und Katholiken vor der gleichen Gewissensfrage. Manchmal verbot sogar der örtliche Parteiverband seinen Mitgliedern, beim »Feind« fernzusehen. Manche Leute hielten sich dran, andere nicht. Binnen einiger Jahre vergaßen die Italiener allerdings ihre politischen Ideale, wenn sie fernsehen wollten. Das ganze Dorf guckte *lascia o raddoppia* (etwa »Geld oder Spiel«) oder Filme zusammen, egal ob in der Kirche oder in einer *casa del popolo.*

Mitte der 60er Jahre hörte das Fernsehen auf, eine Form der kollektiven Unterhaltung zu sein. Man ging nicht mehr in die Bar oder zum Nachbarn, um fernzusehen, sondern kaufte sich ein Gerät und blieb einfach zu Hause. Um 1968 hatte mehr als die Hälfte der italienischen Familien ein Gerät im Wohnzimmer. Jede Familie schaute nun für sich allein. Die Italiener wurden dadurch etwas einsamer und auf Individualkonsum eingestellt. Das TV beeinträchtigte darüber hinaus das Kino- und Theatergeschäft sowie den Presse- und Buchmarkt. Bis heute lesen die Italiener verhältnismäßig wenig und informieren sich hauptsächlich über das Fernsehen. Das heißt mehr oder weniger, dass das, was nicht im Fernsehen gesagt oder gezeigt wird, mit sehr wenigen Ausnahmen, einfach nicht existiert.

Wie überall in Europa verfügte der Staat über ein Fernsehmonopol. In Italien kontrollierten die regierenden Christdemokraten und die Kirche das noch sehr eingeschränkte Fernsehangebot mit größter Strenge. Auf Betreiben des ersten RAI-Intendanten Filiberto Guala durften TV-Programme die Familie weder diskreditieren noch in Frage stellen. Ebenfalls verpönt waren »Haltungen, Posen oder Details, die niedere Instinkte weckten«. Das heißt: Italiens Fernsehen war keusch, wenn nicht sogar mönchisch. Die Information war stark antikommunistisch beeinflusst, und es gab Sendungen für katholische Erziehung. Die Italiener informierten sich allerdings zu dieser Zeit eher mittels der Zeitung. Wer nicht lesen konnte, ging zu seiner Parteisektion und ließ sich dort brav indoktrinieren. Der Fernseher war ein Unterhaltungsmittel.

Die Italiener verfolgten am liebsten Musiksendungen, Varietees, Quizshows und Fußballspiele. Doch das Fernsehen hatte in seiner Anfangszeit in Italien auch noch pädagogische Ansprüche. Zahlreiche Italiener, darunter meine Großmutter mütterlicherseits, wurde in den 50er und 60er Jahren vom Fernsehen zu Hause alphabetisiert. Der Bildschirm war ihr Lehrer, von dem sie Lesen, Schreiben und Rechnen lernte. Es gab darüber hinaus Sendungen zur Berufsorientierung der Jugend mit sehr nützlichen Ratschlägen, die tatsächlich vielen Italienern ermöglichten, sich eine berufliche Zukunft vorzustellen und dann aufzubauen. Das Fernsehen genoss anfangs eine gewisse Autorität und Integrität. Es half bei der kulturellen Emanzipation der Massen. Darin liegt das eigenartige »Vertrauensverhältnis« der Italiener zum Fernsehen begründet: Sie waren nicht nur neugierig, sondern empfanden auch Respekt vor dem Bildschirm.

Durch das Fernsehen haben die Italiener im Laufe der Zeit jedoch drei Dinge gelernt und nie wieder vergessen: zu konsumieren, sich abzulenken und zunehmend individualistisch zu leben, teilweise zum Nachteil der Gemeinschaft.

Die Generation der gleich nach dem Zweiten Weltkrieg Geborenen wurde auf eine geschickte, sehr sanfte Weise zum Konsum erzogen. Die RAI-Leitung sollte sich zwischen zwei Modellen entscheiden: einerseits amerikanische Werbeflut, andererseits die komplette Verbannung der Reklame wie im britischen Staatsfernsehen. Man wählte einen dritten Weg: Sämtliche Werbespots wurden in einem Format namens *Carosello* konzentriert. Das Programm dauerte ein halbe Stunde und wurde zum Zeitpunkt der höchsten Einschaltquote, gleich nach den Abendnachrichten, übertragen. In den einzelnen Spots, die etwa zwei Minuten dauerten, durfte das Produkt nur am Anfang und am Ende erwähnt werden.

Dazwischen gab es Sketche oder einen Zeichentrickfilm. Für Kinder war *Carosello* unwiderstehlich, und das Programm wurde schnell zum festen Termin für die ganze Familie. Die Spots wurden von bekannten Filmregisseuren wie Sergio Leone oder Pupi Avati gedreht, mit der Beteiligung von Filmstars und Künstlern wie Totò, Vittorio Gassmann oder Dario Fo. Bis 1977, als die Sendung auf Druck der einflussreichen internationalen Werbeagenturen eingestellt wurde, gab es in Italien kaum ein Kind, das nicht erst nach *Carosello* ins Bett geschickt wurde. Durch diese sehr angenehme, familiäre und scheinbar harmlose Sendung – mancher Sketch hatte sogar pädagogische Absichten – wurden die Italiener in die Konsumgesellschaft eingeführt, ohne die Empfindlichkeit der beiden italienischen Kirchen, der katholischen und der kommunistischen, allzu sehr zu reizen.

1974 erklärte das Verfassungsgericht das staatliche TV- und Funkmonopol für verfassungswidrig. Das war der Start für die Liberalisierung des Fernsehmarkts, die zur Gründung von Hunderten von lokalen und privaten Fernsehsendern führte. Diese finanzierten sich hauptsächlich durch Werbung. Nun gab es kein Halten mehr. Ab den frühen 80er Jahren wurden die Italiener von einer regelrechten Flut von Werbespots überschwemmt. Wie schon im vorigen Kapitel berichtet, war der Durchbruch von Berlusconis Fernsehkanälen, die das Ideal des hemmungslosen Konsums in die Wohnzimmer der Italiener brachten, das maßgebliche Ereignis der 80er Jahre.

Die staatliche und politische Kontrolle über das wohl mit Abstand mächtigste Medium hinderte das italienische Fernsehen lange Zeit daran, sich gegenüber neuen Tendenzen und Trends innerhalb der sich wandelnden Gesellschaft zu öffnen. Mit Berlusconis Fernsehsendern änderte sich das schlagartig. Heute ist die Symbiose von Leben und Fernsehen in Italien beeindruckend, eigentlich erschütternd. Dutzende von Reality Shows beherrschen und bestimmen die Träume und die Lebensführung von Millionen junger Italiener. Alle scheinen von einer wilden Gier nach Ruhm beherrscht zu sein, ein Ruhm, der vom Himmel fällt, durch einen Glückstreffer, wie ein Lottogewinn. Man will »berühmt sein«, zu dem Kreis der Auserwählten gehören, die eine Villa in Sardinien besitzen und zu exklusiven Prominenten-Partys eingeladen werden. Das allein kann nur bzw. am schnellsten der allmächtige Fernsehgott gewähren, der jeden Trottel zu einem Star machen kann. Hauptsache: Er/Sie ist schön und rücksichtslos.

Also wundern Sie sich nicht, liebe deutsche Leser, und vor allem fühlen Sie sich nicht beleidigt über die Reaktion, wenn Sie eventuell einem Italiener erzählen sollten, dass Sie ohne Fernsehen leben. Er wird sie mehr oder weniger so angucken, als ob Sie ein Marsmensch wären. Ohne Fernsehen leben bedeutet, einen Anachronismus leben. Für den Durchschnittsitaliener ist das nicht nur unvorstellbar – es ist auch »ethisch« falsch.

Die Italiener und das Gesetz

Italien ist wahrscheinlich das einzige Land auf der Erde, in dem das Befolgen eines Gesetzes nicht bloß eine Ausnahme, sondern ein destabilisierender, ja sogar subversiver Akt ist. Das ist ein typisch italienisches Paradox. Wenn Sie versuchen, als Deutscher in einer beliebigen italienischen Stadt Auto zu fahren, müssen Sie sich zuvor klarmachen, dass die Chancen, in einen Autounfall verwickelt zu werden oder ihn gar zu verursachen, exponentiell steigen, wenn Sie sich strikt an die Straßenverkehrsordnung halten. Denn dadurch werden sie zur Gefährdung – schließlich wird in Italien dem Instinkt nach gefahren. Auf der Straße herrschen ungeschriebene Regeln und Gepflogenheiten, die sich über Jahrzehnte entwickelt und konsolidiert haben. Solche Gepflogenheiten stimmen oft mit dem gesunden Menschenverstand überein, leider aber nicht immer. Allerdings folgen auch die Gesetze nicht immer dem gesunden Menschenverstand, ganz im Gegenteil. Die Straße an Zebrastreifen zu überqueren ist eigentlich eine Pflicht für jeden Fußgänger, doch in Italien weiß jeder, dass man keinem Autofahrer vertrauen sollte. In Städten wie Rom oder Neapel sind Zebrastreifen ein Schmuck des Asphalts; schön, aber bedeutungslos.

Generell rate ich davon ab, auf die Einhaltung von Rechten zu pochen oder zu versuchen, diese einseitig durch einen Kraftakt durchzusetzen. Das führt nur zu Frust und anderen Unannehmlichkeiten. Wer im Umgang mit der italienischen Bürokratie die Umsetzung von Normen mit allzu großer Genauigkeit fordert, verärgert nur die Beamten, die genau wissen, was sie befolgen müssen und was sie ignorieren dürfen. Und wer drauf besteht, bekommt nicht, was er braucht.

Steuern. Man könnte lange über die Gründe spekulieren, die die Italiener dazu bewegen, alles Erdenkliche zu versuchen, um sie nicht zu bezahlen. Tatsächlich gibt es mehrere Gründe, manche davon sind irgendwie verständlich und entschuldbar, manche andere ganz und gar nicht. Der Steuerlast ist extrem hoch, praktisch so hoch wie in den skandinavischen Ländern, aber die Leistungen der öffentlichen Dienste für die italienischen Bürger sind von weitaus geringerer Qualität. Das erklärt allerdings nicht, warum die Italiener es einfach nicht schaffen, in ihren Staatsabgaben einen Beitrag zum allgemeinen Wohl der Nation zu sehen. Die Steuerhinterziehung hat in Italien seit jeher ein beunruhigend großes Ausmaß. Nach einer Schätzung des Krls Network of Business Ethics, die im September 2008 von der Mailänder Tageszeitung *Corriere della Sera* publiziert wurde, fehlen der italienischen Staatskasse jährlich rund 300 Milliarden Euro Steuereinnahmen – diese Summe entspricht einem Zehnfachen des italienischen Haushalts. Etwa 115 Milliarden dieses Defizits entstehen unmittelbar durch Steuerhinterziehung, ungefähr 145 durch Schattenwirtschaft (Schwarzarbeit), etwa 40 durch die Aktivitäten der Mafia.

Um die Italiener zum Zahlen von Steuern zu bewegen, ist schon vieles versucht worden. Beispielsweise wurden Gesetze verabschiedet, die nicht nur den Händler dazu zwangen, den Kassenbon wirklich auszustellen, sondern auch den Kunden, ihn entgegenzunehmen und aufzubewahren, bis er sich mindestens 50 Meter vom Laden entfernt hatte. Ein typisches Beispiel von Regelungswut, mit der versucht wird, Gesetz und Disziplin durchzusetzen.

Entsprechungen finden sich auch auf anderen Gebieten, zum Beispiel in der Justiz. Italienische Juristen debattieren seit Jahren darüber, wie die *certezza della pena* (etwa »Gewissheit, dass die Strafe erfolgt«) zu gewährleisten ist. Alt und ungelöst ist auch das Problem der zu langen Prozessdauer – ein weiteres Gesetz soll hier Abhilfe schaffen.

Mittlerweile ist aber wohl den meisten klar, dass es weder bei den Steuern noch in der Justiz darauf ankommt, immer neue einfallsreichere und strengere Gesetze zu erlassen. Es ist vielmehr eine Frage der gesellschaftlichen Werte, der Verantwortung der Bürger, eine kulturelle Frage, sowohl kollektiv als auch individuell. Italien ist extrem arm an diesen Werten – und es ist, das darf man nicht vergessen, das Reich der Amnestien: für Steuerhinterzieher, für Bausünder, für Straftäter. Die Politiker wissen, dass sie die Laster ihres Volkes dulden sollen, um sich bei ihm beliebt zu machen. Und die Laster kennen sie sehr gut, da es auch ihre eigenen sind. Wenn man Steuern hinterzieht, ein Haus illegal baut oder eine große Summe Geld ins Ausland transferiert, stehen die Chancen, dafür nicht belangt zu werden, gar nicht so schlecht. Seit den 70er Jahren haben die Regierungen alle drei oder vier Jahre Amnestien spendiert. Das hat sozusagen Tradition. Schon Kaiser Adrian ließ 118 nach Christus sämtliche Steuerschulden der letzten 16 Jahre streichen, um so die Sympathien der Bürger seines Reiches schnell für sich zu gewinnen. Die Römer haben Italien und Europa nicht nur die Kultur des Rechts vererbt.

Sie sollten sich, lieber Leser, nicht vom Schein trügen lassen: Italiener sind keine Anarchisten. Und aufsässig und respektlos gegenüber Autoritäten sind sie auch nicht. Ganz im Gegenteil. Unterwürfigkeit und Gehorsamkeit vor dem Herren oder dem Stärkeren können in Italien ein durchaus entsetzliches Ausmaß annehmen. Solche Verhaltens- oder Denkweisen sind weit verbreitet. Doch aufgrund ihrer alltäglichen Erfahrung mit der Laxheit, mit der Recht durchgesetzt wird, pflegen die Italiener zu sagen – besser: zu denken, ohne es laut zu sagen –, dass jedes Gesetz kein Gesetz, sondern immer nur eine Empfehlung ist. Jeder fühlt sich frei, sie anzunehmen, zu interpretieren und seinem Urteil zu folgen – oder auch nicht. Schließlich gibt es Gesetze im Überfluss. Ein undurchsichtiges Gewirr von Paragraphen, das ans Absurde grenzt und auch die pflichtbewussten Bürger dazu zwingt, von allzu strikter Rechtsbefolgung abzusehen.

Auch weil der Gesetzgeber selbst nicht immer ein Musterbeispiel für Ethik ist. Denn wer ist der Gesetzgeber letztendlich? Hier wandelt sich das Paradox zur Perversion. Die italienischen Politiker regeln als Vertreter einer privilegierten Kaste die Gesellschaft mit ihren Gesetzen, halten sie sich aber erst recht nicht daran. Die italienische Politik ist ein einziges Reich der Doppelmoral. Es gibt Abgeordnete, die sich für die Einführung eines Mindestlohns einsetzen, aber ihre Taschenträger schwarz bezahlen. Es gibt Senatoren, die für die Verteidigung der katholischen Werte in der Familie kämpfen und sich der Beschleunigung der Scheidungsprozedur vehement widersetzen, selbst aber bereits zwei oder drei Mal geschieden sind. *Cavaliere* Berlusconi erklärte die Bilanzfälschung für straffrei und verabschiedete eine ganze Reihe von Ad-personam-Gesetzen, um sich bei den gegen ihn laufenden Prozessen zu entlasten und seine Firmen zu begünstigen. Ein Qualitätssprung, könnte man sagen, denn historisch gesehen ließ bislang nur die Umsetzung der Gesetze zu wünschen übrig, die Gesetze selbst waren in Ordnung. Jetzt erlässt man direkt juristische Absurditäten wie den *Lodo Alfano* von 2007, ein Versuch Berlusconis, sich vor Gerichtsverfahren zu drücken. Dieses Gesetz sollte jeden Prozess gegen die vier höchsten Amtsträger des Staates – Staatspräsident, Ministerpräsident und die Vorsitzenden der beiden Parlamentskammern – unmöglich machen. Vier Bürger hätten damit Immunität genossen. Das italienische Verfassungsgericht hat dieses Gesetz im Herbst 2009 für verfassungswidrig erklärt

In Italien, sagt man, laufen die Dinge folgendermaßen: Auch die schlimmsten Laster finden eine Legitimität im Alltag. Da sie nun einmal vorhanden sind und nicht ausreichend bekämpft werden, dürfen sie weiter bestehen – gewohnheitsrechtlich sozusagen. Ob sie ungesetzlich sind, ist egal. Das System der illegalen Parteienfinanzierung durch Korruption, das zu Beginn der 90er Jahre von der Justiz zerschlagen wurde, hatte seine Legitimation im Alltagsgeschäft der Politik. So stieß die Frage der Staatsanwälte, warum sie bestachen oder sich bestechen ließen, bei Unternehmern und Politikern oft auf achselzuckendes Unverständnis: So taten es alle, warum nicht ich?

Ein Lied des populären Liedermachers Fabrizio De André heißt *Il giudice (Der Richter)*. Ein Vers lautet: »*Una volta un giudice giudicò chi aveva dettato la legge. Prima cambiarono il giudice. E subito dopo la legge.*« Auf Deutsch: »Einmal urteilte ein Richter über einen, der das Gesetz gemacht hatte. Zuerst wurde der Richter ausgewechselt. Gleich danach änderte man das Gesetz.«

Die Italiener und die Religion

Italiener sind alle Christen, genauer gesagt Katholiken; Ausnahmen sind lediglich die Anarchisten und Blasphemiker. So sah es auf jeden Fall mein Großvater. Wer heute in Italien in eine italienische Familie geboren wird, wird in acht von zehn Fällen noch vor dem ersten Geburtstag getauft. Für die katholische Kirche sind sie alle Katholiken, das heißt aber nicht, dass all diese Kirchenangehörigen auch wirklich gläubig und praktizierend sind. Meiner Ansicht nach haben die Italiener eine sehr spezielle Religiosität.

Der Einfluss der katholischen Kirche ist zwar, vor allem im Vergleich zu früheren Zeiten, sowohl in politischer als auch in gesellschaftlicher Hinsicht zurückgegangen, aber immer noch deutlich spürbar. Eine der einflussreichsten Institutionen katholischer Prägung ist das *oratorio,* eine Art kirchliches Gemeinde- und Freizeitzentrum für die Jugendlichen. Jede Gemeinde, vor allem in Norditalien, besitzt eine solche Infrastruktur, um ihre jugendlichen »Schäfchen« zu betreuen: Sport- und Bolzplätze, Spielhallen, Theater, Kinosäle, ein Café oder Übungsräume, um Musik zu machen. Priester und Freiwillige, vor allem die Eltern, organisieren Aktivitäten, an denen Jugendliche des Viertels teilnehmen, beginnend mit sieben-, achtjährigen Kindern bis zu den Heranwachsenden im Alter von 18 oder 20.

Meine Mutter schickte mich das erste Mal zum *oratorio,* als ich etwa zehn Jahre war. Priester und Nonnen waren in meiner Jugend ein alltäglicher Umgang. Fast jeden Tag ging ich nach der Schule, und nachdem ich meine Hausaufgaben gemacht hatte, zum Gemeindezentrum, das sich direkt hinter der Kirche befand, um Flipper oder Tischfußball zu spielen; samstags verbrachte ich sogar den ganzen Tag dort. Im Zentrum habe ich auch, wie unzählige andere italienische Jungs, Fußballspielen gelernt. Sonntags forderte der Priester uns auf, die Messe um zehn zu besuchen, aber ich folgte dieser Einladung fast nie, weil ich lieber mit meinem Vater im Park Fußball spielte, während meine Mutter das Mittagessen vorbereitete. Im Sommer gab es dann die Sommercamps, in denen man mit allen, die mitkommen wollten, eine Woche in den Bergen verbrachte. Gebete und Kommunionsunterricht wurden in die sonstigen Aktivitäten integriert, aber man war nicht gezwungen, daran teilzunehmen, auch wenn die Priester und Schwestern, je nach Persönlichkeit und missionarischem Eifer, manchmal ein wenig Druck ausübten, um uns zum Mitmachen zu bewegen. Mein persönlicher Schrecken war der jährliche Besuch in einer Wallfahrtskapelle der Stadt, bei dem die Beichte ein Muss war. Ich erinnere mich noch heute an die Befremdung und die Irritation, die ich empfand, als der – fremde – Priester mich aufforderte, jetzt vor Gott zu bekennen, ob ich mich denn hin und wieder »berühren« würde. Ich war vielleicht 15 oder 16, es war also etwa Mitte der 90er Jahre.

Ich hörte auf, ins Gemeindezentrum zu gehen und brach den Kontakt zur Kirche und zum katholischen Glauben ab, dies aber weniger aus weltanschaulichen Gründen. Die Zeiten hatten sich geändert, ich wechselte aufs Gymnasium, lernte neue Freunde aus anderen Vierteln kennen, die zum Teil nicht das Gemeindezentrum frequentierten. Es eröffneten sich mir neue Dimensionen, mit anderen ethischen Vorstellungen und einem offeneren Geist. Die mir bisher bekannte, katholisch geprägte Welt, die sich mir eher als eine Möglichkeit der Freizeitgestaltung darstellte denn als eine kulturelle Prägung, in der ich mich hätte wiederfinden können, konnte meine Interesse nicht mehr binden. Geblieben ist mir aus dieser Zeit – bis auf den Fußball – vor allem das Bedürfnis nach gesellschaftlichem Engagement, das ich auch nach meiner Trennung vom kirchlichen Kreis fortsetzte.

Das religiöse Empfinden meiner Eltern hat mich lange Zeit beschäftigt. Sie halten sich für mäßig praktizierende Gläubige. In jenem Zusatz »mäßig« steckt das Wesentliche ihrer Art, die Religion zu verstehen und zu leben. Meiner Ansicht nach handelt es sich um eine in Italien sehr verbreitete Form des Glaubens. Jahrelang sind sie nur anlässlich von Hochzeiten, Firmungs- und Kommunionsfeiern sowie Beerdigungen in die Kirche gegangen. Sie sind beide in Süditalien aufgewachsen, dort ist es nicht so üblich, die Kinder zum *oratorio* zu schicken. Als es Zeit wurde, uns Kinder zu sozialisieren, fühlten sie sich verpflichtet, mit gutem Beispiel voranzugehen. Es war aber nicht einfach. Sonntags schliefen sie länger, meine Mutter hatte mit der Vorbereitung des üppigen Sonntagsmahls reichlich zu tun, für den lieben Gott blieb nicht viel Zeit übrig. Sie hörte zwar häufig aus dem Fernseher die Messe, die immer vom Petersdom in Rom live übertragen wird, machte uns aber jedes Mal klar, dass *così non vale,* »es so nicht gilt«. Nur der körperlich oder geistig behinderte Christ darf am Sonntag die Messe im Wohnzimmer verfolgen. Das sonntägliche Essen ist kein von Gott vorgesehenes Hindernis. Mit den Jahren haben sich meine Eltern dann der Kirche angenähert. Sie gehen heute regelmäßig in die Kirche, am Sonntagvormittag oder am Samstagabend, und meine Mutter redet immer häufiger vom Papst, obwohl der polnische Wojtila ihr besser gefallen hat als der Bayer Ratzinger. Aber das gibt sie nicht so laut zu. Auf meine Frage, warum sie sich so entwickelt haben, können oder wollen sie mir keine Antwort geben. Ich vermute, das hängt mit ihrem Alter zusammen. Sie sind mittlerweile beide in Rente, ihre Ängste vor Krankheiten und vor dem Ableben scheinen zuzunehmen. Daher wahrscheinlich das Bedürfnis, Gott ein bisschen mehr Zeit und Achtung zu schenken. Ich glaube, dass das mit der Natur ihres religiösen Empfindens zusammenhängt. Seitdem ich denken kann, scheint mir, dass ihre Religiosität mehr mit Aberglauben als mit tiefempfundener religiöser Spiritualität zu tun hat.

Eines Tages vor vielen Jahren wollte mein Vater mir beibringen, wie man einen Autoreifen wechselt. In der Garage erklärte er mir, wie man das Fahrzeug mit einem Wagenheber anhebt. Er öffnete den Kofferraum, um mir zu zeigen, wo sich das Ersatzrad befindet. Etwas lenkte ihn ab, so dass ich mich allein daran machte, das Rad aus dem Kofferraum zu holen. Beim Herausheben bemerkte ich, dass unter dem Rad etwas versteckt war. Als ich genauer hinsah, entdeckte ich zwei rote Gegenstände, die aussahen wie zwei etwa daumengroße Hörnchen. »Was machst Du denn?«, hörte ich meinen Vater fragen, und als ich mich umdrehte, sah ich sein verlegenes Lächeln. Als ich ihm klarmachen wollte, dass ich diesen Aberglauben ganz sympathisch fände, versteifte er sich. Er nahm das Rad und warf den Kofferraum zu. »Das ist nichts«, wiederholte er nur und wollte kein weiteres Wort darüber verlieren. Das Hörnchen, ein äußerst populärer Talisman in Neapel, ist im Volksglauben sowohl ein Glücksbringer als auch ein Schutz gegen Unheil und Neid. Ich war vor allem überrascht, weil es im Auto meiner Mutter lag. Mein Vater hatte den Talisman offensichtlich unter dem Ersatzrad versteckt, um meine Mutter vor Unfällen und anderen Unannehmlichkeiten zu schützen. Ein Hörnchen hat dann am meisten Macht, wenn es geschenkt, nicht selbst erworben wird. Wer es ihm gegeben hatte, weiß ich nicht, da es eine weitere Bedingung für die Wirksamkeit des Talismans ist, dass er nur im Geheimen aufbewahrt wird, weit weg von den bösen Blicken der anderen, und dass man nicht darüber redet.

Der Durchschnittsitaliener ist ein stark abergläubisches Wesen. Aberglauben ist ein wichtiger Bestandteil der Volkskultur Italiens und hat uralte Wurzeln. Und noch mehr ist er Teil einer Weltsicht, einer Art, das Leben aufzufassen. Spiritualität und Religiosität der Italiener sind damit ganz durchtränkt. Da hilft keine päpstliche Enzyklika: Die apotropäischen Traditionen, das heißt jenes Vermögen an Volksweisheiten und Handlungen, um Dämonen auszutreiben und Unheil abzuwenden, waren vor dem Christentum schon da, und der Katholizismus konnte sie nicht auslöschen, also musste er sie erdulden, ja integrieren. Das gilt vor allem für Süditalien. Mein Vater, obwohl er studiert hat und einigermaßen westlich »aufgeklärt« ist, bildet da keine Ausnahme. Ich sah ihn mehrmals sich bekreuzigen, wenn wir an einer Statue der Madonna, eines Heiligen, an einer Kirche oder einem Friedhof vorbeifuhren. Viele Italiener tun das, in Regionen wie Kampanien oder Sizilien ist so eine Geste völlig normal. Diese Geste ist rituell und, wenn ich mich so ausdrücken darf, gefühllos. Sie erfolgt automatisch und hat mehr mit gewissen abergläubischen Ritualien etwas gemeinsam, wie etwa das Hörner-Zeichen machen, wenn man gerade vom Tod spricht, oder sich an die Hoden fassen, wenn eine schwarze Katze die Straße überquert hat, als mit einer religiösen Liebesgeste. Ich unterwerfe mich einem Gott, den ich fürchte und der Unheil über mich schicken kann. Darüber nachgedacht wird nicht. In Süditalien sind Volksglaube und abergläubische, geradezu magische Praktiken bis heute verbreitet. Es gibt verschiedene Mond-, Natur- und Tierkulte sowie die unterschiedlichsten Nummern- oder Gebetsriten.

Ein Grundpfeiler des italienischen Aberglaubens ist der *malocchio,* der »böse Blick«. Der Blick von eifersüchtigen Menschen oder von Personen, die andere zu stark begehren, kann sich auf das Objekt dieser Eifersucht oder Begierde negativ auswirken: Er kann einen Unfall, eine Krankheit, ein dauerhaftes Unglück, bis hin zum Tod, hervorrufen. Es handelt sich also um eine Form von Zauber: Gewissen Menschen wird die Fähigkeit zugesprochen, anderen Unglück zu bringen; man nennt sie *jettatori.* Um den *malocchio* unwirksam zu machen, verwenden die Italiener Amulette (wie etwa die roten Hörnchen meines Vaters), berühren Eisen oder Holz, tragen ein Heiligenbild oder ein kleines Kruzifix an der Halskette mit sich herum.

In besonders schweren Fällen kann man das *malocchio*-Opfer verschiedenen Exorzismen unterziehen. Meine Großmutter mütterlicherseits konnte noch wie jede gute alte Frau des Südens mit Öl in einem Teller zaubern, um eine Person von einer *fattura,* einer »Hexerei«, zu befreien. Meine Mutter litt schon als Mädchen an Migräne, und einmal stellte meine Oma ihr einen Teller mit Wasser auf den Kopf und goss dann einen Tropfen Olivenöl hinein. Hätte sich der Tropfen im Wasser ausgedehnt, wäre das der Beleg für eine *fattura* gewesen, die sich in den Kopfschmerzen äußerte. Jedoch blieb der Tropfen Öl klein, und meine Großmutter war sichtlich erleichtert. Wäre sie Opfer einer Hexerei gewesen, hätte meine Mutter sich ausziehen und ihre Kleidung, insbesondere die Unterwäsche, in einen Topf mit kochendem Wasser tun müssen. Der *jettatore* hätte kurz darauf an der Tür geklingelt oder angerufen. Um sich von der *fattura* zu befreien, hätte sie sich dann bei der Taufe eines Kindes von einem Priester segnen lassen und einen Zettel aufs Herz legen müssen, auf dem sie eigenhändig die ersten zwölf Zeilen des Johannes-Evangeliums aufgeschrieben hätte. Auch dieser Zettel sollte vom Priester gesegnet sein.

Der Aberglaube grassiert nicht nur in den untersten Schichten der Gesellschaft und in den »rückständigeren« Gebieten des Landes. Der Aberglaube ist in allen sozialen Schichten, in allen Milieus vorhanden. Egal ob man gebildet ist oder Karriere gemacht hat. Ein Beispiel: In den 1970er Jahren gab es in Neapel eine Cholera-Epidemie. Der damalige Staatspräsident Giovanni Leone kam in ein Krankenhaus der Stadt, um seine Solidarität und sein Mitgefühl zu zeigen. Als er die Hände der Patienten schüttelte, wurde der höchste Amtsinhaber des Staates von einem Pressefotografen ertappt, wie er dabei mit der linken Hand hinter dem Rücken die berühmte Geste der *corna* (Hörner) machte. Ganz offensichtlich glaubte der Präsident als echter Neapolitaner so die Gefahr einer Infektion bannen zu können. Die Presse interpretierte die Geste aber als Zeichen mangelnden Respekts den Cholera-Kranken gegenüber, was sich selbstverständlich auf das Image des Präsidenten nicht sonderlich positiv auswirkte.

Ich denke, das ist ein Beispiel dafür, dass meine Eltern nicht die einzigen in Italien sind, die Religiosität und Aberglauben verbinden. Für die meisten Italiener ist der katholische Gott ein Gott, der bestraft und den man fürchten muss, wenn man ein schlechtes Gewissen hat. Der Durchschnittsitaliener scheint mir nicht aus tiefer geistiger und ethischer Überzeugung fromm zu leben, sondern weil er eine Strafe oder ein Missgeschick von sich fernhalten will. Gewisse Dinge macht man nicht, weil man dann in der Hölle landet oder zu Lebzeiten mit Unglück und Unfällen bestraft wird. Viele Italiener handeln und fühlen auf diese Weise. Eine irrationale Haltung, die mir aber als stark verwurzelt erscheint. Der Durchschnittsitaliener stellt sich nicht allzu viele Fragen über die innersten Gründe, warum man so und nicht anders handelt, über die individuell empfundene

Ethik, über den persönlich empfundenen Sinn von Richtig und Falsch. Typisch katholisch? Für die italienischen Katholiken ganz sicher.

Die Italiener und die Freundschaft

Als Fremder in einem anderen Land neu zu beginnen ist nie einfach, das weiß ich aus eigener Erfahrung. Man wird mit anderen Gewohnheiten und Gebräuchen konfrontiert. Ich habe von deutschen Freunden und Bekannten, die länger in Italien lebten, immer wieder gehört, wie anders sie die italienische Auffassung von Freundschaft gegenüber der deutschen empfunden haben. Ihrer Meinung nach bezeichnen die Italiener fast jeden als *amico,* während Freundschaft für einen Deutschen, zumindest für meine deutschen Freunde, eine tiefere Bedeutung hat: eine tief empfundene Zuneigung für jemanden, eine emotionale Nähe und Intimität, also Gefühle, die man für einen recht begrenzten und ausgewählten Kreis an Personen empfindet. Für den Aufbau wahrer Freundschaft braucht man Zeit, ebenso wie für die Liebe. In Deutschland unterscheidet man auch deutlich zwischen »Freunden« und »Bekannten«. Wenn man über jemanden spricht, gibt es genaue Differenzierungen wie »mein Arbeitskollege« oder »die Freundin einer Bekannten«. In Italien hätte man jedes Mal »Freund« gesagt.

Wer aus Deutschland kommt und eine nicht allzu introvertierte Person ist, sondern den Wunsch hat, neue Menschen kennenzulernen, sich einzuleben und freundschaftliche Beziehungen aufzubauen, wird zunächst fasziniert sein von dem herzlichen Klima, das einen in Italien empfängt. Man ist stets mit großen Gruppen von Freunden und Familienmitgliedern unterwegs, die alle immer lebhaft kommunizieren. Der Enthusiasmus aber kann bald einer gewissen Irritation weichen, wenn man (der Deutsche) bemerkt, welche Oberflächlichkeit die meisten dieser Beziehungen prägt. Alle sind Freunde mit allen, aber der Austausch erreicht keine Tiefe; oftmals verbergen sich sogar hinter der zur Schau gestellten Herzlichkeit alles andere als Gefühle der Zuneigung. Es kommt zu Schwierigkeiten, Bekanntschaften zu vertiefen und sich näher kennenzulernen. Der Deutsche bekommt somit den Eindruck, dass der vermeintlich so offene Italiener in Wirklichkeit sein Innerstes eisern verbirgt.

Er hat mit diesem Eindruck nicht ganz Unrecht. Dennoch ist es zu kurz gegriffen, wenn man annimmt, dass Freundschaft in Italien einen anderen Stellenwert als in Deutschland hat. Es handelt sich vor allem um ein teils sprachliches, teils sozial-kulturelles Missverständnis. Der durchschnittliche Italiener ist, um es mal etwas brutal auszudrücken, ein Herdentier. Er kann einfach nicht allein mit sich sein. Die Einsamkeit, oder besser: das Alleinsein gilt nach der italienischen Mentalität als ein geradezu krankhafter Zustand oder ein Schicksalsschlag, ein unglücklicher Zustand, in dem man sich entweder durch eigenes Verschulden bringt oder den die anderen über einen verhängen. Die Geselligkeit ist in Italien mehr als ein Bedürfnis, sie ist geradezu ein Zwang. Der Italiener verbringt einen großen Teil seiner Lebenszeit damit, anderen darzubieten, dass er sich auf das Leben, die Eleganz, den sozialen Umgang versteht. Er ist nicht arm, weder an Geld noch an Freunden, und damit kein Außenseiter, sondern im Gegenteil: normal. Oder besser: Es geht ihm immer gut, und er lässt es sich immer gutgehen. Um dies zu beweisen, muss er sich in Gesellschaft begeben. Es ist einfach nicht gut, wenn man sich zurückzieht, mit nur wenigen Freunden und Bekannten Kontakt pflegt und schon gar nicht, wenn dies bei den »vorgeschriebenen« Gelegenheiten wie Festlichkeiten, Ferien oder am Samstagabend vorkommt. Dies sind die Anlässe oder Zeitpunkte, zu denen der Italiener mit allen zusammen ist, am liebsten mit der ganzen (zahlreichen) Familie oder einer Gruppe von Freunden. Dabei spielt es dann aber keine Rolle, ob es wirklich gute Freunde sind, wichtig ist, dass alle gute Laune haben und sich amüsieren. Wenn meine Mutter mich einmal allein, ein Buch lesend in meinem Zimmer sah, hagelte es Fragen: Bist du traurig? Ist was passiert? Hast du dich mit jemand gestritten? Dass ich das relativ simple Bedürfnis hatte, ein wenig allein zu sein, machte sie eher argwöhnisch. Diejenigen meiner Freunde, die nie allein waren und fast alle kannten, wurden als Erfolgstypen angesehen, man beneidete sie und eiferte ihnen nach. Wer sich dagegen allein blicken ließ, niemanden traf oder nur selten jemanden begrüßte, war ein Pechvogel, ein Außenseiter, der sich keine Freunde machen kann.

Später dann, als Heranwachsender und auch in den folgenden Jahren, ging man nicht mit einigen guten Freunden – oder gar nur einem Freund – aus, sondern begab sich in *compagnia,* also in eine teilweise recht wahllos zusammengewürfelte Gruppe von mindestens zehn bis 15 Personen. Man verbrachte dementsprechend einen großen Teil des Abends damit, auf die Ankunft der jeweilig angekündigten Leute zu warten; wenn schließlich alle versammelt waren, begann das große Debattieren, in welche Bar oder Disko man sich denn nun begeben solle. Alle quetschten sich dann in drei oder vier Autos, was folgerichtig bedeutete, dass nun als nächstes vor dem Lokal auf die Unglücklichen ohne Parkplatz gewartet wurde.

Mit ein oder zwei Freunden auszugehen, ein Bier zu trinken und sich in Ruhe auszutauschen ist etwas, was ich erst mit ungefähr 30 Jahren gelernt habe. Auch heute noch, wenn ich meine Freunde in Turin besuche, die ich schon seit einiger Zeit nicht mehr gesehen habe, ist es nie sicher, ob nicht doch noch der eine oder andere »Freund« oder Bekannte mitkommt, was mich nach zehn Jahren in Deutschland zunehmend irritiert. Für den durchschnittlichen Italiener ist also ein großer Bekanntenkreis, egal wie oberflächlich diese Bekanntschaften sind, ein Zeichen dafür, dass er lebt, dass alles so ist, wie es sein soll, und dass er in Harmonie mit sich und der Welt ist. Diese Sichtweise ist gleichzeitig ebenso lebensbejahend und positiv wie unbarmherzig und deprimierend.

Nun wird man die Irritation und das Unbehagen derjenigen verstehen, die sich nicht wahrgenommen fühlen und die es anstrengt, in dem ständigen Gesellschaftskarussell von Beziehungen nach wahren Freundschaften mit Italienern zu suchen. Aber die Anstrengung lohnt sich. Die Italiener sind echten Freundschaften gegenüber ebenso offen und sensibel wie die Deutschen. Es gibt eine Stelle in einem Roman von Andrea Camilleri, die meines Erachtens die italienische Freundschaft treffend erklärt; dies gerade an einem Ort wie Sizilien (dem Schauplatz der meisten Romane von Camilleri), an dem das Wort »Freund« oft benutzt wird, um sehr eigennützige Beziehungen zu verkleiden: »Montalbano war bewegt. Hier hatte er eine echte sizilianische Freundschaft, die auf dem Unausgesprochenen basierte, auf der Intuition: Einen Freund braucht man nicht zu bitten, er versteht es selbst, was man braucht, und handelt dementsprechend.«

Wenn ich dem Deutschen, der in Italien lebt, einen Rat geben darf: Nehmen Sie die Herzlichkeit in Anspruch, genießen Sie diese, lassen Sie sich aber nicht einwickeln. Die offene und herzliche Art kann eine gute Ausgangsbasis sein. Seien Sie nicht enttäuscht, sondern nutzen Sie die Gelegenheit, um die Personen besser einzuschätzen und befreunden Sie sich mit denen, die Ihnen am meisten zusagen. Mit etwas Glück entdecken Sie dann, dass die Italiener gewohnt sind, in ihrem öffentlichen Leben viel von sich zu verstecken, wenn nicht sogar zu unterdrücken. Es handelt sich dabei aber nicht immer um charakterliche Defizite, sondern häufig gerade um besonders schöne Wesenzüge, und diese zu entdecken kann den Weg zum Herzen öffnen. Wenn sie dann einmal Freunde gefunden haben, vergessen Sie nie, dass der Italiener eine wahre Freundschaft höher schätzt als den Umgang in der Gesellschaft, die er zwar nicht ignorieren kann, aber die er insgeheim als einen eher feindlichen und bedrohlichen Ort ansieht.

Zwei Dinge dürfen darüber hinaus nicht vernachlässigt werden. Erstens: Lassen Sie sich von der italienischen Leidenschaft nicht täuschen. Auch ein wirklich tief empfundenes Gefühl ist getränkt mit Theatralik und einem Sinn für Melodramatik. Lachen Sie darüber, wenn es Ihnen hilft, am besten aber genießen Sie das Schauspiel und lassen sich mitreißen. Lassen Sie sich nicht von Ihrem deutschen Skeptizismus blockieren, Sie könnten einen wichtigen Teil des überaus vitalen Enthusiasmus verpassen, der das Temperament vieler Italiener beseelt. Glauben Sie aber auch nicht, dass hinter all diesen feurigen Leidenschaften immer eine wirkliche Tiefe steckt. Diese Dramatik ist eine Art, das Leben zu leben und miteinander zu kommunizieren. Letztendlich aber werden in Italien ebenso wie in Deutschland die wirklich tiefen und authentischen Gefühle und Dramen mit Behutsamkeit, Zartheit und Diskretion behandelt.

Zweitens, und hier handelt es sich um eine Art Vorwarnung: Unterschätzen Sie nicht das Bild, das Italiener von den Deutschen haben und in das natürlich die Vergangenheit, der Krieg, der Nationalsozialismus usw. hineinspielen. Sicher haben diese Dinge ein gewisses Gewicht, aber auf der anderen Seite wechseln die Generationen, und manche Aspekte verlieren an Bedeutung. Dennoch ist die Beziehung zwischen Italienern und Deutschen speziell. Ich weiß nicht genau, von wem die Aussage ursprünglich stammt, vielleicht Goethe? (im Zweifel immer Goethe!), der sagte, dass die Deutschen die Italiener zwar lieben, aber nicht schätzen, während die Italiener die Deutschen schätzen, aber nicht lieben. In diesem Aphorismus steckt viel Wahres. Die Italiener bewundern die organisatorischen Fähigkeiten und die Effizienz der Deutschen, und jedes Mal, wenn ich nach Turin fahre und ungewisse Zeit auf den Bus warten muss, wird mir klar, dass es sich nicht nur um einen Gemeinplatz handelt. Allerdings gelten die Deutschen dabei als kühl und gefühlsarm. Und dies kann man nicht nur auf die Erfahrungen während des Zweiten Weltkriegs zurückführen. Italiener sind der Auffassung, dass Deutsche keinen Geschmack haben und ihre Leidenschaften nicht ausdrücken können.

Italiener brauchen Menschen, die ihre Gefühle offen zeigen und bei denen eine Annäherung leicht fällt. Die reservierte und immer angemessene Art, die Selbstbeherrschung der Deutschen ist eher ein wenig verdächtig, ebenso wie die übertriebene Betonung von Präzision und Planung, die als unmenschlich und wenig spontan betrachtet wird. Sie müssen sich also darauf vorbereiten, diese Klischees bei einer Annäherung an die Italiener zu umgehen oder sogar zu entkräften. Sie werden Sie dennoch jeden Tag begleiten – ebenso wie mich als Italiener bestimmte Vorurteile in den letzten zehn Jahren in Deutschland begleitet haben. Ich bin mir aber sicher, dass diese Ideen Sie nicht daran hindern werden, Freunde zu finden und sich in die Gesellschaft einzufinden. Wenn Sie erst darüber lachen können, sind Sie offen genug, um die Menschen, die Sie vor sich haben, wirklich kennenzulernen. Und zwar als Individuen, aber immer als italienische Individuen.

Ein Land als Weltkulturerbe: Kunst und Kultur in Italien

Historische Verantwortung: italienische Kulturpolitik

Italien ist ein Land mit 2500 Jahren Kulturgeschichte und der weltweit größten Anzahl von Kulturstätten unter dem Schutz der UNESCO. Aber Kultur bedeutet in Italien nicht nur alte Steine und weltberühmte Galerien. Die große italienische Literatur, Film- und Tonkunst der letzten 60 Jahre haben immer wieder Weltruhm erlangt und das Image des Landes im Ausland geprägt. In welchem Zustand befindet sich heute die Kreativität in Italien? Und wie gehen die Italiener und der italienische Staat mit der riesigen historischen Verantwortung ihrer jahrhundertlangen Geschichte um?

Wie zu Beginn schon erwähnt, konzentrieren sich die Italiener gewöhnlich eher darauf, was sie teilt und quält. Der Nationalstolz ist schwach ausgeprägt. Wenn ein Italiener an sein Land denkt oder davon spricht – allerdings nicht in Anwesenheit eines Ausländers, denn in diesem Fall macht sich ein gewisser Stolz doch breit und dann wehe dem, der Italien kritisiert –, tut er es meist in negativer Weise. In Anbetracht der zahlreichen Probleme der letzten Jahrzehnte ist das kein Wunder. Aber an sich ist diese Negativität ein Produkt italienischer Kurzsichtigkeit, besser: der mangelhaften Kenntnisse vieler Italiener über die historischen Wurzeln ihrer Gemeinschaft. Denn viele scheinen sich überhaupt nicht mehr dessen bewusst zu sein, was die vorigen Generationen im Laufe einer mehrtausendjährigen Geschichte alles geschaffen haben. Italien hat in der Geschichte einen großen Einfluss ausgeübt in allen wichtigen Gebieten des Wissens sowie des gesellschaftlichen Zusammenlebens, von der Wissenschaft über die Technologie, Baukunst und Musik bis hin zur Medizin und zum Recht.

Die Spuren der Geschichte, die oft nicht bloß von nationaler, sondern von europäischer Relevanz sind, finden sich in sehr vielen italienischen Städten und Dörfern. Für viele Italiener gehören jahrhundertealte Ruinen und Denkmäler zur natürlichen Landschaft wie ein imponierender Berg oder ein wuchernder Wald. Sie sind sozusagen Gottesgeschenke, und in der Regel wird kaum darüber nachgedacht, dass unterschiedliche Zivilisationen, die sich in Italien abgelöst haben, diese Dinge geschaffen, gebaut oder erfunden haben. Nichtsdestotrotz ist ein gewisser Respekt vor der Kultur den meisten Italienern angeboren.

Das Ausland spricht uns Italienern eine besondere Eigenschaft zu, die sie in der Welt auszeichnet: einen natürlichen Sinn für Ästhetik, für »das Schöne«. *Una cosa fatta ad arte,* sagt man auf Italienisch – in Deutsch etwa »ein gut gemachtes Ding«. Doch in Deutschland muss ein Ding, um »gut gemacht« zu sein, funktionieren, seine Aufgabe erfüllen, also sich durch den Beweis seiner Nützlichkeit das Existenzrecht verdienen. In Italien verhält es sich anders. Im italienischen Weltbild darf ein Ding auch nicht funktionieren, es muss aber auf alle Fälle schön sein. Ästhetik ist ein Grundprinzip im italienischen Leben, in der Kultur und in der Kunst, von der Malerei bis zum Design, wie auch im Alltag, in der Kleidung, der Schminke und was sonst das äußere Erscheinen beeinflusst. Das ästhetische Gespür der Italiener ist kein Produkt zeitgenössischer Moden und Launen, sondern hängt mit einer ganzen Art und Weise zusammen, die Welt zu sehen, die Wirklichkeit zu deuten, das Leben zu fühlen, die für die Italiener typisch ist und historische Wurzeln hat. Denn die Italiener sind ein Volk – egal ob es ihnen gerade bewusst ist oder nicht –, das von einer sehr langen, extrem ereignis- und kulturreichen Vergangenheit geprägt wurde. *Il bello,* »das Schöne«, hat in Italien eine große Tradition: das Kolosseum oder die historische Mitte von Florenz, die mittelalterlichen Burgen und die malerischen Fassaden der ligurischen Küste, ein Gemälde von Botticelli oder eine Statue von Bernini.

Das gilt auch für das sogenannte *Made in Italy.* Das »kleine Wirtschaftswunder« der 80er Jahre entstand vor allem durch die italienische Verarbeitungsindustrie. Seither begannen sich italienische Produkte auf dem internationalen Markt durchzusetzen und dabei eine spezifische Identität sowie einen guten Ruf zu gewinnen. Es war die Geburtsstunde des *Made in Italy,* eines Markenzeichens, das heute weltweit anerkannt und geschätzt wird und für eine unverwechselbare Wertarbeit steht, die in einer einzigartigen Kombination aus Tradition, Innovation, Qualität und Leidenschaft im Design ihr Erkennungsmerkmal hat. Der gute Ruf, den italienische Produkte in Italien und im Ausland genießen, hat dazu geführt, dass die Erzeugnisse *Made in Italy* in unterschiedlichen Handelssparten und -bereichen quasi eine selbständige Kategorie darstellen. Die Fiat Cinquecento und die Vespa, Anzüge und Kleider von Armani, Versace, Bulgari e Valentino, italienische Schuhe und Krawatten, italienisches Einrichtungsdesign für Bäder und Wohnräume – all das gilt als Inbegriff des *Made in Italy* und trägt zu einer ungeheueren Popularität der italienischen Kultur in der Welt bei.

Die italienische Wirtschaft ist heute mit allen Kräften bemüht, Einzigartigkeit und Ruf italienischer Produkte zu schützen und zu fördern. Rechtlich gesehen reichte es anfangs, dass ein Produkt von einem Italiener entworfen bzw. gestaltet wurde, um es mit dem Markenzeichen *Made in Italy* versehen zu dürfen. Wo es hergestellt wurde, war irrelevant. Diese Rechtslage ist mit der einsetzenden Globalisierung und Liberalisierung des Welthandels nicht nur unbefriedigend geworden: Sie setzt die italienische Wirtschaft, deren Rückgrat Handwerk und Verarbeitungsindustrie darstellen, stark unter Druck. Die Exklusivität der italienischen Produktion ist im harten Wettbewerb mit Billiglohnländern, insbesondere mit dem weltweit größten Produzenten von Imitaten, China, ernsthaft bedroht. Zu diesem Zweck wurde schon Anfang der 90er Jahre das rechtlich geschützte Gütezeichen *Made in Italy* aus der Taufe gehoben. Ausschließlich Produkte, die tatsächlich und nachweisbar in Italien hergestellt wurden, dürfen sich mit dem Logo *100 % Made in Italy* schmücken und als solche vertrieben werden. Für die Bescheinigung der vollkommenen »Italianität« der Erzeugnisse bzw. der Tatsache, dass deren gesamte Herstellung, vom Entwurf bis zur materiellen Fertigstellung, in Italien erfolgte, ist das 1992 gegründete Istituto per la Tutela dei Produttori (Institut für den Schutz der Produzenten) verantwortlich.

Firmen, die ihre Produkte als *Mady in Italy* bezeichnen wollen, müssen sich einer sorgfältigen Qualitätskontrolle durch diese Institution unterziehen. Eine ebenso wichtige Aufgabe des

Instituts ist allerdings die Aufklärung der Konsumenten über die Bedeutung des Gütezeichens und darüber, welche Unternehmen und Marken auf dem Markt tatsächlich die beste Qualität bieten. Denn schließlich liegt das Schicksal des *Made in Italy* in den Händen der Konsumenten.

Nicht zu vergessen: In dem, was man heute mit dem Gütesiegel *Made in Italy* versieht, ist das gesamte über Jahrhunderte entstandene Wissen des *artigianato,* des italienischen Handwerks, eingebettet, dessen Traditionen in den Erzeugnissen der heutigen Zeit ihren modernen Ausdruck finden. Wenn man also in Italien von Rettung und Förderung des *Made in Italy* spricht, geht es dabei um viel mehr als um eine wirtschaftsrelevante Frage. Es geht um die kulturelle Tradition, ja um die gesamte Identität Italiens. Denn Italiener sehen ihre Mode, ihr Design und Handwerk als festen Bestandteil des Kulturerbes ihres Landes.

Der Begriff Kulturerbe ist für das nationale Selbstverständnis des italienischen Volkes von zentraler Bedeutung. Was die Verwaltung, den Schutz und die Förderung der unschätzbaren Kunst- und Kulturwerte des Landes angeht, gehörte die italienische Sammlungs-, Konservierungs- und Restaurierungskultur zu den besten der Welt. Das italienische Modell der Kultur- und Denkmalschutzpolitik ist dadurch geprägt, dass das gesamte nationale Erbe an Museen, Bauten und Landschaften als ein einziges Ensemble begriffen wird. Der italienische Staat übernimmt für dessen Schutz die Verantwortung, selbst wenn Kunst- und Kulturdenkmäler im Besitz von Privatleuten sind. Im letzteren Fall wird das Recht auf freie Verfügung über Privateigentum eingeschränkt, denn die zivilisatorische Funktion des Kulturerbes hat, zumindest auf dem Papier, absoluten Vorrang.

In der Europäischen Union ist Italien das Land mit der strengsten und fortschrittlichsten Gesetzgebung zum Denkmalschutz. Dank der Kultur, die diese Gesetzgebung inspiriert und geschaffen hat, verfügt Italien heute über mehr große und kleine Denkmäler der Vergangenheit als viele andere Länder der Welt. Für die Umsetzung dieser Gesetze fehlte es allerdings nicht selten an den finanziellen Mitteln, um die bestmögliche Pflege und Förderung des Kulturerbes zu gewährleisten. In den 80er Jahren hat die Politik angefangen, der wirtschaftlichen Rolle der Kultur sowie der Wirkung kultur- und denkmalschutzpolitischer Entscheidungen auf Bereiche wie Tourismus, Städtebau, Umwelt und Handel mehr Aufmerksamkeit zu schenken.

Das historische Kulturerbe ist für Italien ein wahrer Schatz, ein wichtiger Trumpf sowohl in wirtschaftlicher Hinsicht als auch in Hinsicht auf das internationale Image Italiens. Die institutionelle Kulturförderung des italienischen Staates, insbesondere die, die über das Netz der italienischen Kulturinstitute im Ausland umgesetzt wird, lässt diesbezüglich etwas zu wünschen übrig. Das Außenministerium und die italienische Kulturdiplomatie investieren gerade ein knappes Zehntel ihres jährlichen Finanzbudgets in kulturelle und kulturfördernde Aktivitäten. Auch die Koordination ihrer Arbeit mit Initiativen von nichtstaatlichen Stellen und Organisationen, zum Beispiel der *Dante-Gesellschaft* oder der Kulturvereine der zahlreichen italienischen Gemeinden im Ausland, ist unbefriedigend. Ursache dafür ist die mangelnde politische Kultur der zeitgenössischen Führungseliten Italiens. Die politischen und wirtschaftlichen Entscheidungsträger des Landes unterschätzen den historischen und kulturellen Reichtum ihrer Heimat bzw. dessen Rolle für die wirtschaftliche Entwicklung Italiens. Geringschätzung für das Potential von Investitionen auf allen kulturellen Gebieten zeichnet nicht nur die staatlichen Stellen, sondern auch die Privatwirtschaft, egal ob kleine oder große Betriebe, aus. Moral der Geschichte: Die volle Ausschöpfung des ökonomischen Potentials des italienischen Kulturvermögens steht noch aus.

Kunst: zwischen Einmischung und politischer Apathie

Über zweieinhalb Millionen verkaufte Exemplare in drei Jahren nur in Italien, genauso viele im Ausland, Übersetzungen in mehr als 40 Fremdsprachen; in Deutschland war das Buch kurz nach dem Erscheinen Toptitel der *Spiegel*-Bestsellerliste, während die *New York Times* und *The Economist* es als einziges italienisches Buch in die Liste der wichtigsten Titel des Jahres 2007 aufnahmen: *Gomorrha*, der 2006 vom Mailänder Verlagshaus Mondadori herausgebrachte dokumentarische Roman des süditalienischen Journalisten Roberto Saviano, hat nicht nur die Aufmerksamkeit der internationalen Gemeinschaft auf das illegale Finanzimperiums der Camorra gelenkt. Diese erschütternde Reise durch die schmutzigen Geschäfte einer der gefährlichsten Verbrecherorganisationen der Welt ist vor allem ein literarisches Werk höchster Qualität, das auf eine mögliche Rückbesinnung der italienischen Literaten auf die Gesellschaftskritik und die Auseinandersetzung mit der Wirklichkeit hoffen lässt.

Die Prosaliteratur des 20. Jahrhunderts hat für die kritische Selbstreflexion der Bürger Italiens eine unentbehrliche Rolle gespielt. Sie diente dem Land immer als Spiegel. Doch zu Beginn der 80er Jahre zog sich die zeitgenössische Literatur vom gesellschaftlichen Engagement zurück. Die Italiener schienen sich nur noch nach Zerstreuung und Unterhaltung zu sehnen. Bei den Intellektuellen stellte sich in einer Zeit des Niedergangs der großen politischen Ideologien des 20. Jahrhunderts Müdigkeit und Desorientierung ein. Es wurde schwierig, von Italien zu erzählen.

Bereits in den 60er Jahren hatten die Italiener den Film dem Buch als Medium für die kritische Auseinandersetzung mit ihrer eigenen Gesellschaft vorgezogen. Diese Tendenz wurde ab den 80ern noch stärker. Man las immer weniger und wenn, dann Unterhaltungsliteratur. Soziale Kritik hatte man satt. Der Boom des Privatfernsehens führte zum Einzug des Konsumalltags sowie der skurrilsten Vorlieben und Trends der Massenkultur in die literarische Produktion. Die Popliteratur entstand mit all ihren Untergattungen – vom Cyberpunk bis zum Horror und Pulp, die in den 90er Jahren ihren Höhepunkt an Reife, Verbreitung und nicht zuletzt kommerziellem Erfolg erreichten. Das Genre der Science-Fiction, das schon in den vorangegangenen zwei Jahrzehnten eine Blütezeit erlebt hatte, entwickelte sich zum Fantasy weiter, jedoch meistens ohne die literarischen, philosophischen und gesellschaftskritischen Ansprüche von Klassikern der italienischsprachigen fantastischen Literatur wie Dino Buzzati oder Italo Calvino. Umberto Eco (*Der Name der Rose*, 1982) leitete die Wiederentdeckung des historischen Romans ein, allerdings ohne explizite Verweise auf die zeitgenössische italienische Gesellschaft. Unter den meistgelesenen und -übersetzten italienischen Autoren der 90er Jahre waren Susanna Tamaro (*Geh, wohin dein Herz dich trägt*, 1995) und Alessandro Baricco (*Oceano Mare*, 1993), zwei Musterbeispiele des Rückzugs des italienischen Romanschriftstellers von jeglicher gesellschaftskritischen Reflexion in die reine Poesie, Subjektivität und teilweise auch Sentimentalität. Soziale Anklage und Kritik des Bestehenden erreichten das große Publikum nur, wenn sie satirisch verpackt wurden, wie etwa in den Werken von Stefano Benni (*Die Bar auf dem Meeresgrund,* 1999).

Es wäre allerdings nicht ganz korrekt, der gesamten literarischen Produktion der letzten drei Jahrzehnte sozialpolitische Indifferenz vorzuwerfen. Ablenkung und bloße Unterhaltung können auch als Ausdrucksformen eines Unbehangens der Intellektuellen gegenüber einer Gesellschaft betrachtet werden, die Phänomenen wie dem ungebremsten Konsumismus, der politischen Apathie der Massen oder dem Medienpopulismus Berlusconis unterworfen ist. Entscheidend ist die Art und Weise, wie die neuen Generationen italienischer Autoren mit diesem Unbehagen umgehen. Wie sie sich letztendlich mit einer Gesellschaft beschäftigen, die, wie es scheint, sich nicht mehr so gern mit sich selbst auseinandersetzen will. In gewisser Hinsicht ist der Verzicht der Literatur der letzten Jahrzehnte auf gesellschaftliche Reflexion auch nur ein scheinbarer. Das Panorama zeitgenössischer Autoren bietet, insbesondere seit der zweiten Hälfte der 90er Jahre, ein etwas differenzierteres Bild. Sie ist in erster Linie von einer intensiven Suche nach neuen Formen des Erzählens und der Darstellung beherrscht. In einer Zeit der multimedialen Überschwemmung versuchen Autoren durch Sprachexperimente und Genrevermischungen, sich mit Aspekten der komplexen und vielschichtigen Wirklichkeit der Gesellschaft auseinanderzusetzen. Das tun sie mit zwei Anliegen. Zum einen, um den Zugang zum größtmöglichen Publikum zu finden. Die meistgelesenen italienischen Autoren der letzten Jahre, jeder im Rahmen seiner Gattung, teilen einen gewissen Mainstream, den sie aber keineswegs als einen Widerspruch zu einer hohen literarischen Qualität ihrer Texte sowie deren sprachlichen und erzähltechnischen Ansprüchen begreifen. Diesen Mainstream verlangt nicht nur der Buchmarkt, sondern er ist auch Ausdruck des Wunsches vieler zeitgenössischer Autoren, die die bereits tiefe Kluft zwischen Intellektuellen und Massen in Italien nicht größer werden lassen wollen. Selbst in einem Land mit einer so wundervollen Dichtertradition, von Dante Alighieri und

Francesco Petrarca bis hin zu Eugenio Montale und Giuseppe Ungaretti, sind Schreibende mit Zeitgenossen konfrontiert, die für manche literarischen Genres wie zum Beispiel die Lyrik nicht mehr empfänglich sind. Das zweite Anliegen: die Leser dazu zu bringen, direkt über realistische oder indirekt über metaphorische Darstellungen der Wirklichkeit über das entfremdete Leben in einer Gesellschaft nachzudenken, die in einer tiefen Wertekrise steckt. Sei es die eigene Gesellschaft oder die westliche Zivilisation im weitesten Sinne.

Die Kritik des Bestehenden, sowohl in sozialer als auch in existentieller Hinsicht, steht im Mittelpunkt des programmatischen Manifests der *New Italian Epic,* kurz NIE. Es handelt sich um ein literarisches Etikett, das von Roberto Bui, einem Mitglied des bolognesischen Autorenkollektivs Wu Ming, erfunden wurde, um eine Reihe erfolgreicher und scheinbar sehr unterschiedlicher Romane wie etwa *Q* (1999) von Luther Blissett, *Romanzo criminale* (2002) von Giancarlo De Cataldo, *L'ottava vibrazione* (2008) von Carlo Lucarelli, die Nostradamus-Trilogie (2000/01) von Valerio Evangelisti und auch Savianos *Gomorrha* in eine einzige literarische »Bewegung« zusammenzuführen. Was haben die Bauernaufstände im von den Wirren der Reformation erschütterten Deutschland des 16. Jahrhunderts, der Aufstieg und Niedergang einer Verbrecherbande im Rom der 1970er und 1980er Jahre, der gescheiterte Kolonialfeldzug des Königreichs Italien in Äthiopien von 1896, geheimnisvolle Ereignisse im mittelalterlichen Europa und die globale Expansion des Wirtschaftsimperiums der neapolitanischen Camorra gemeinsam? An sich gar nichts. Doch alle diese Bestseller teilen die Suche nach neuen literarischen Mischformen. Originelle historische Ambientes verbergen erkennbare Parallelen und Verweise auf Aspekte und Probleme der heutigen Welt.

Das führende literarische Genre der letzten Jahre in Italien ist zweifellos der Roman Noir, im Ausland auch als italienisches Noir bezeichnet. Vom erfolgreichen Krimiautor Giorgio Scerbanenco initiiert, übernahm diese ursprünglich französische Untergattung des Kriminalromans Elemente vom »sozialen« Kriminalroman, der in Größen der italienischen Literatur wie Leonardo Sciascia und Carlo Emilia Gadda seine Väter hatte. Der Roman Noir erlebt heute in Italien eine außergewöhnliche

Blütezeit. Noir-Autoren wie Massimo Carlotto (*Die Wahrheit des Alligators,* 2000), Giuseppe Genna (*Im Namen von Ismael,* 2002), Loriano Machiavelli (*Unter den Mauern von Bologna,* 2003) und zahlreiche andere werden seit Jahren in der ganzen Welt übersetzt, gelesen und geschätzt. Das besondere an diesem Genre ist, dass sich der Autor nicht darauf beschränkt, einen Mordfall zu erzählen und zu lösen. Die Lösung des Kriminalfalls kann sogar in den Hintergrund treten, während der Leser dazu aufgerufen wird, über die soziale Ordnung nachzudenken, die am Schauplatz der Kriminalgeschichte herrscht. In der Regel handelt es sich um zwielichtige Milieus, Figuren aus der großstädtischen Unterwelt agieren in einer Welt, in der Desillusion, Grausamkeit, Zynismus, Korruption und schmutzige Geschäfte triumphieren und es geradezu prinzipiell unmöglich scheint, dass sich Wahrheit und Gerechtigkeit durchsetzen. Der italienische Noir-Roman hat als Hauptfiguren ambivalente Helden, die manchmal sogar zur Korruption neigen. Der Schluss spendet niemals Trost und verschafft keine Erleichterung. Oft bleibt die Erzählung sogar am Ende offen. Der Leser wird meistens dazu gebracht, die Perspektive der Kriminellen zu übernehmen. Der Erfolg des Noir-Romans in seinen zahlreichen Variationen ist so groß, dass sich das Genre gerade erweitert und durch regionale Ausprägungen bereichert wird. Sehr beliebt beim italienischen Publikum sind Geschichten, die im Mailand des Wirtschaftswunders, im dekadenten Rom der 70er und 80er Jahre oder in der Peripherie von Bologna in den 90ern spielen, aber auch im kriminellen Neapel von heute, in kleinen malerischen ligurischen Dörfern oder auf dem Land im Nordostitalien.

Nichtsdestotrotz gibt es Literaturkritiker, für die die zeitgenössische Schreibkunst qualitativ und inhaltlich weit vom Niveau der Literatur der vergangenen Jahrzehnte entfernt ist. Das Italien von heute warte noch darauf, in einem zeitlosen Meisterwerk erzählt zu werden, wie es Elio Vittorini, Alberto Moravia oder Pier Paolo Pasolini im Italien der 50er, 60er und 70er Jahre taten. Es fehle also noch ein großes Porträt von Berlusconis Italien. Savianos *Gomorrha* überschreitet eindeutig die Grenzen des italienischen Noir und der NIE sowie insgesamt die Horizonte der zeitgenössischen literarischen Produktion in italienischer Sprache. Der neapolitanische Camorra-Experte kehrt zur historischen Verantwortung und zur zivilisatorischen Funktion des Schriftstellers zurück. Die zentrale Botschaft seines Roman-Essays ist ein Aufruf zum sozialen Engagement des Intellektuellen, der die Pflicht hat, seine Mitbürger aus ihrem tiefen Schlaf wachzurütteln. Der außerordentliche Erfolg des Werks, der von der dramatischen privaten Situation des jungen Autors nicht zu trennen ist – wegen Morddrohungen der Camorra lebt Roberto Saviano unter ständigem Polizeischutz versteckt an wechselnden Orten, die er etwa alle zwei Tage verlassen muss –, ist ein hoffnungsvolles Signal in diese Richtung. Saviano ist sicher kein einsamer Rufer in der Wüste, aber im Augenblick ist er doch eine Ausnahmeerscheinung in der Literaturwelt Italiens.

Die italienische Filmkunst wurde nach dem Zweiten Weltkrieg zu einer der meistgeliebten und -gepriesenen der Welt. Das *Cinema italiano* eroberte sich schon in den frühesten Nachkriegsjahren einen Ehrenplatz im Pantheon des großen Autorenkinos und prägte das Bild Italiens maßgeblich, nicht zuletzt im Ausland. Über die bewegten Bilder von bekannten Regisseuren wie Federico Fellini, Luchino Visconti, Michelangelo Antonioni lernten Millionen Zuschauer in aller Welt die italienische Kultur und Gesellschaft kennen. In der Geschichte des modernen Italien hat der Film zur Entstehung eines starken zivilgesellschaftlichen Bewusstseins sowie einer kritischen Sicht auf die eigene Gesellschaftsordnung entscheidend beigetragen. Die Wirklichkeit wiedergeben, deren Widersprüche und Probleme in einer Form darstellen, die für die meisten zugänglich ist, war bereits in der zweiten Hälfte der 40er Jahre das Hauptanliegen des Neorealismus, einer der berühmtesten Schulen in der Geschichte der internationalen Filmkunst. Die neorealistische Filmbewegung entstand schon in den letzten Jahren des Faschismus, erreichte aber ihren Höhepunkt nach 1945, als sie sich vornahm, das Leben und das Leiden von einfachen Leuten im durch den Krieg zerstörten und verarmten Italien zu erzählen. Typisch für die Filmschule des Neorealismus ist das Mitwirken nichtprofessioneller Schauspieler. Die Darsteller sind meistens Laien, gewöhnliche Menschen, gedreht wurde nicht im Studio, sondern an Originalschauplätzen. Der erste Film, der dem italienischen Neorealismus internationale Resonanz bescherte, war *Roma città aperta* (*Rom, offene Stadt,* 1945) von Roberto Rossellini, der das schwierige Thema des Widerstands der römischen Bevölkerung gegen die deutsche Besatzung im Zweiten Weltkrieg behandelte. Internationale, zeitlose Meisterwerke der Filmkunst folgten: *La terra trema* (*Die Erde bebt,* 1948) von Luchino Visconti, *Sciuscià* (*Schuhputzer,* 1946) und *Ladri di biciclette* (*Fahrraddiebe,* 1948) von Vittorio De Sica, *Paisà* (1946) auch von Rossellini.

Anfang der 50er Jahre begann sich die italienische Filmkunst vom Neorealismus zu emanzipieren. Im vom Wirtschaftswunder erfassten Italien wechselten die richtunggebenden Filmemacher von der reinen Wiedergabe alltäglicher Situationen zu existentiellen Thematiken. Es war die Geburtsstunde des klassischen italienischen Autorenfilms, der Anfang der goldenen Zeit des *Cinema italiano*. Die Filmindustrie erlebte in den 60er und 70er Jahren einen einmaligen Aufschwung. Die großen Namen der italienischen Filmkunst machten Schule in der ganzen Welt. Das internationale Publikum lernte die psychologisch-existentiellen Filmwerke von Antonioni (*L'avventura,* 1960; *Blow up,* 1966; *Professione: Reporter,* 1975) sowie den magisch-visionären Stil von Federico Fellini schnell kennen und schätzen. Einige Filme Fellinis wie *I vitelloni* (*Die Müßiggänger,* 1953), *La strada* (*Das Lied der Straße,* 1954), *Otto e mezzo* (1963), *Satyricon* (1969) wurden durch ihre unvergesslichen Bilder und Soundtracks zum Sinnbild einer ganzen Epoche. Ein Beispiel: das Bad von Filmdiva Anita Ekberg in Roms berühmtem Trevi-Brunnen in *La dolce vita* (1960), weltweit eine Ikone, nicht nur der italienischen Filmkunst, sondern Italiens selbst. Es gab darüber hinaus die großen Epen von Luchino Visconti: *Senso* (*Sehnsucht,* 1954), *Rocco e i suoi fratelli* (*Rocco und seine Brüder,* 1960), *Il Gattopardo* (*Der Leopard,* 1963) und die Verfilmung von Thomas Manns *Tod in Venedig* (1971). Ein besonderer, ja exzentrischer Fall in der italienischen Filmlandschaft jener Jahre war der Dichter, Journalist und Romanautor Pier Paolo Pasolini, der neben dem Roman auch das Medium Film benutzte, um den Konformismus und die herrschende Moral des Konsumismus im Italien des Wirtschaftswunders scharf zu kritisieren. Pasolinis Filme – *Mamma Roma* (1962), *Il Vangelo secondo Matteo* (*Das 1. Evangelium – Matthäus,* 1964), *Uccellacci e uccellini* (*Große Vögel, kleine Vögel,* 1966), mit dem populären neapolitanischen Schauspieler Totò, bis hin zu *Decameron* (1970) und *Salò o le cento giornate di Sodoma* (*Die 120 Tage von Sodom,* 1975) – lösten aufgrund ihrer heiklen und sensiblen Themen sowie der öffentlich bekannten marxistischen Orientierung des Regisseurs große Skandale und heftige Polemiken aus. Es kam auch zu juristischen Folgen, manchmal gar zur Zensur. 1963 wurde der Film *La Ricotta (Der Weichkäse)*, eine Darstellung der Passion Christi, am Tag der Premiere von der Polizei verboten und beschlagnahmt. Pasolini musste wegen Verunglimpfung der Staatsreligion vor Gericht und wurde zu vier Monaten Haft verurteilt. Der mit ihm befreundete Schriftsteller Alberto Moravia kommentierte das Urteil mit bitterer Ironie: »Es wäre gerechter gewesen, den Regisseur dafür verantwortlich zu machen, die kleinbürgerlichen Werte der italienischen Bourgeoisie verunglimpft zu haben.«

Die 60er Jahre waren auch die Blütezeit der anderen – neben dem Autorenfilm – tragenden Säule des *Cinema italiano*: der *Commedia all'italiana.* Das einmalige Zusammenkommen einer ganzen Generation von Filmemachern und Drehbuchautoren internationalen Ranges mit großen Schauspielern, die Lastern und Tugenden der Italiener in einer Zeit des raschen Wandels Gesicht gaben, war ausschlaggebend für den erstaunlichen Erfolg der italienischen Komödie. Es handelte sich damals um eine ganz neue Filmgattung, die nicht nur in Italien, sondern auch im Ausland die Kinokassen füllte. Filme wie *La Grande Guerra* (*Man nannte es den großen Krieg,* 1958) von Mario Monicelli oder *Il sorpasso* von Dino Risi (*Verliebt in scharfe Kurven,* 1962) wurden, wie schon die Klassiker des Neorealismus, Denkmäler der italienischen Filmkunst. Eine Kunst, die das Antlitz von außerordentlichen Künstlern der filmischen Darstellung trug, wie etwa Marcello Mastroianni, Alberto Sordi, Sophia Loren, Vittorio Gassman, Gina Lollobrigida, Ugo Tognazzi, um nur wenige zu erwähnen. Die *Commedia all'italiana* gefiel jedem, denn sie war direkter und zugänglicher als der intellektuelle Autorenfilm oder der politische Film, was aber nicht hieß, dass sie sich nicht ernsthaft mit aktuellen Themen der damaligen Gesellschaft auseinandersetzte. Manche Komödien wie *Divorzio all'italiana* (*Scheidung auf Italienisch,* 1961) von Pietro Germi über das heikle Thema des Ehrenmordes in Italien, *Il medico della mutua* (1968) von Luigi Zampa über die Probleme des italienischen Gesundheitssystems oder *Detenuto in attesa di giudizio* (1971) von Nanni Loy, der vom italienischen Justiz- und Gefängnissystem handelte, erregten nicht nur großes Aufsehen, sondern trugen auch dazu bei, die öffentliche Debatte über diese gesellschaftsrelevanten Themen zu stärken. Die radikale Kritik an der soziale Ordnung im vom Wirtschaftswunder erfassten Italien erlebte zwischen 1967 und 1974 eine Glanzzeit mit der politisch engagierten Filmkunst von Francesco Rosi – *Il caso Mattei (Der Fall Mattei)* von 1972 diente noch Jahrzehnte später als Modell für *JFK* von Oliver Stone – und den im Ausland mit mehreren Preisen bedachten Meisterwerken von Elio Petri *Indagini su un cittadino al di sopra di ogni sospetto* (*Ermittlungen gegen einen über jeden Verdacht erhabenen Bürger,* 1970) und *La classe operaia va in paradiso* (*Die Arbeiterklasse geht ins Paradies,* 1971). Beide Filme, die den legendären Gian Maria Volonté als Hauptdarsteller hatten, waren ergreifende Porträts eines Italien, in dem der soziale Konflikt in politische Gewalt ausartete. Zur gleichen Zeit triumphierte der sogenannte Italo- oder Spaghetti-Western mit der unvergänglichen Dollar-Trilogie von Sergio Leone mit Clint Eastwood und den Soundtracks von Ennio Morricone: *Per un pugno di dollari* (*Für eine Handvoll Dollar,* 1964), *Per qualche dollaro in più* (*Für ein paar Dollar mehr,* 1965) und *Il buono, il brutto, il cattivo* (*Zwei glorreiche Halunken,* 1966). Diese Filme verliehen dem Genre des Western neuen Glanz. Deren Einfluss auf das Hollywood-Kino ist heute noch zu spüren, zum Beispiel in den Filmen von Quentin Tarantino.

Der Wandel der sozialen, wirtschaftlichen und politischen Lage im Italien der 70er Jahre, insbesondere die Verschärfung des sozialen Konfliktes durch den Terrorismus und die Wirtschaftskrise, führte dazu, dass der optimistische Humor der klassischen *Commedia all'italiana* allmählich durch eine ernüchterte und bittere Sicht der Wirklichkeit ersetzt wurde. Bereits 1975 revolutionierte Mario Monicelli mit seinem Film *Amici miei (Ein irres Klassentreffen)* die traditionelle Struktur der Komödie durch den Verzicht auf das Happyend und die Einführung einer traurigen und zynischen Ironie. Parallel dazu, im Laufe der 70er Jahre, geriet die italienische Komödie mit der sogenannten *Commedia sexy* auch zum reinen Unterhaltungsgenre, die zwar inhaltlich arm, aber beim Publikum sehr erfolgreich war. Die idealistisch inspirierte Gesellschaftskritik begann damals von einer nackten Darstellung der Laster der italienischen Bourgeoisie abgelöst zu werden. Diese schien keine Lust mehr darauf zu haben, über sich selbst zu reflektieren, und wollte sich nur noch dem herrschenden Hedonismus der 80er Jahre hingeben.

Ende der 70er Jahre geriet das *Cinema italiano* in eine tiefe Krise, die unter anderem auch mit der Verbreitung des Privatfernsehens zusammenhing. Erst in den 90er Jahren, die zwar kommerziell von den millionenschweren Kinoerfolgen der Trash-Movies beherrscht wurden, versuchte die italienische Autorenfilmkunst wieder zum einstigen Glanz zurückzufinden, indem neue vielversprechende Regisseure an die Tradition der *Commedia* anknüpften. Besonders auffällig war allerdings die Schwierigkeit für die neuen Generationen von Filmemachern, die komplexen Probleme der italienischen Gesellschaft direkt anzugehen. Erst zu Beginn des neuen Millenniums schien – nicht zuletzt dank massiver staatlicher Unterstüzung, die maßgeblich zum Aufkommen einer neuen Generation junger Filmemacher und Drehbuchautoren beigetragen hat – das *Cinema italiano* wieder Mut zu fassen. Seitdem besteht wieder der Anspruch, Unterhaltung mit Gesellschaftsanalyse und Vergangenheitsbewältigung zu verbinden. Zwei Beispiele, beide von 2008: *Il Divo* von Sorrentino, über die Figur des die Zeit der Ersten Republik prägenden Politikers Giulio Andreotti, und *Gomorrha* von Garrone, die Verfilmung des Bestsellers von Roberto Saviano über die Geschäfte der Camorra. Der herausragende Publikumserfolg sowie die internationale Anerkennung, der sich beide Filme erfreuen konnten, lassen für die Wiedergeburt einer italienischen Autorenfilmkunst hoffen, die es wieder schafft, die Öffentlichkeit in Italien sowie im Ausland für die Probleme der italienischen Gesellschaft zu interessieren.

La vita è bella. Das Leben ist schön. Eine einfache Aussage, vielleicht auch etwas banal. Und doch haben diese Worte eine besondere Bedeutung und eine außerordentliche Popularität errungen, seitdem der berühmte Komiker Roberto Benigni sie für den Titel seines unvergesslichen Films über den Holocaust wählte. Das Filmwerk, das den toskanischen Narr zum Inbegriff einer lauten und gestikulierenden italienischen Menschlichkeit machte, wurde Ende der 90er Jahre von der internationalen Kritik sowie von den renommiertesten Filmjurys zum Meisterwerk gekürt. Die Bilder von der Nacht, als sich Benigni, mit drei Oscars und einer ganzen Reihe von Nominierungen ausgezeichnet, wie ein Irrer über die Sessel des Dorothy-Chandler-Pavillons springend durch ein Meer von klatschenden Kinostars den Weg zur Bühne bahnte, um von den Händen einer strahlenden und bewegten Sophia Loren die goldene Academy-Award-Statuette entgegenzunehmen, gingen um die Welt. Witzig und zutiefst bewegend: Das ist die Wirkung des Filmes *Das Leben ist schön,* der wie eine märchenhafte Romanze beginnt und in die unfassbar sinnlose Tragödie des Holocausts mündet. Mit *La vita è bella* brachte Benigni italienische Filmkunst wieder an die Spitze der Kinowelt. Jedoch ist Benigni vielmehr als dieser außerordentliche Erfolg. Die Italiener kennen und lieben ihn bereits seit den 70er Jahren, vor allem wegen seiner Fernsehmonologe, in denen er mehrere Generationen von Machthabern und anderen einflussreichen Persönlichkeiten – von Bettino Craxi, über die populären TV-Moderatoren Raffaella Carrà und Pippo Baudo bis selbstverständlich Prodi und Berlusconi – hemmungslos verlacht hat. Im Ausland machte ihn seine Zusammenarbeit mit dem amerikanischen Regisseur Jim Jarmusch bekannt. Großartig ist sein Auftreten in der »römischen« Episode in *Night on Earth* von 1991. Er spielt einen extravaganten Taxifahrer, der nachts mit Sonnenbrille durch Rom rast. Um sich die Zeit zu vertreiben, flirtet er am Funk mit einer Mitarbeiterin der Taxizentrale und nimmt einen Priester mit. Das ist für ihn die Gelegenheit, um seine bizarren sexuellen Erfahrungen mit Kürbissen und Schafen zu beichten. Der »Bischof«, wie der Taxifahrer den Priester fortlaufend nennt, stirbt dabei auf dem Rücksitz einen langsamen Tod. Ein Sketch zum Totlachen – meiner Ansicht nach eines der besten Stücke in der Karriere von Roberto Benigni.

Ein originelles und von Italienern aller Altersklassen sowie auch im Ausland sehr geliebtes Produkt der italienischen Musikkultur ist die *Canzone italiana.* Das Erfolgsgeheimnis der italienischen Tradition der *cantautori* – Sänger und Sängerinnen, die selbstgeschriebene und -komponierte Lieder vortragen – liegt in der Verbindung zwischen einfachen Texten, die von Themen und Situationen des Alltags handeln, und eingängigen Melodien. Die Italiener trällern und pfeifen gern, unter der Dusche, beim Kochen oder Autofahren. Die *Canzone italiana,* eine Art musizierte Lyrik, bringt auf eine besonders direkte und unkomplizierte Weise lyrische Seiten, ja die Poetik des täglichen Lebens zum Ausdruck, sie gibt Gefühlen wie Liebe, Melancholie oder anderen menschlichen existentiellen Empfindungen eine Stimme, Worte und Bilder, die für jeden zugänglich sind. Und die Italiener, seit jeher ein sehr musikalisches Volk, sind stolz auf ihre *canzoni,* die sie tagtäglich bei jeglicher Verrichtung begleiten. Die Rolle, die die *cantautori* für die kulturelle Bildung des Durchschnittsitalieners gespielt haben, ist enorm und mit keinem anderen Land vergleichbar.

Es gibt, das ist wohl wahr, ähnliche Traditionen in Frankreich, Spanien, Nordamerika und teilweise auch in Deutschland, aber die außerordentliche Popularität, der sich die italienischen *cantautori* und deren Lieder in ihrem Land erfreuen, ist einmalig. Texte und Melodien sind so gut wie jedem Italiener bekannt, dazu haben auch die zahlreichen musikalischen Quizshows beigetragen, die das italienische Fernsehen füllen.

Der nicht zuletzt kommerzielle Triumph der *cantautori* begann in den 60er Jahren, als eine erste Generation von Liedermachern, unter ihnen Luigi Tenco, Gino Paoli, Sergio Endrigo, Giorgio Gaber, mit der bisherigen Tradition der italienischen Schlager brach. Der Vater der italienischen *cantautori* ist einer der berühmtesten Sänger der Nachkriegszeit, zweifellos die weltweit bekannteste italienische Stimme: Domenico Modugno. Sein Lied *Nel blu dipinto di blu* aus dem Jahr 1958, im Ausland auch als *Volare* bekannt, wurde rasch zum bekanntesten italienischen Lied nach *'O sole mio* und das einzige Stück der italienischen Musikgeschichte, das die Spitze der amerikanischen Hitparade eroberte, wo es ganze 13 Wochen lang blieb – ein historischer Rekord, der bis heute unübertroffen ist. Laut der SIAE, der italienischen Gesellschaft für musikalische Urheberrechte, ist *Nel blu dipinto di blu* seit 1958 das meistgespielte Lied auf der ganzen Welt. Es ist in Dutzende von Sprachen übersetzt und oftmals neu interpretiert worden.

Die erste Generation von *cantautori* wurde sowohl vom französischen Chanson als auch von den regionalen Traditionen der italienischen Volkslieder beeinflusst. Mitte der 60er Jahre prägte auch der Beat den Stil von Liedermachern, die am Anfang ihrer Karriere standen, wie Lucio Dalla und Francesco Guccini. Zu Beginn der 70er Jahre kam der endgültige Durchbruch dieser Musikgattung. Das Panorama von Künstlern und Stilen erweiterte und bereicherte sich rasend schnell. Die *Scuole cantautoriali* entstanden: Schulen, Richtungen mit regionaler Zuordnung und eigenen stilistischen Merkmalen. Unter den produktivsten war die Schule von Genua, die unter dem starken Einfluss der französischen Chansonniers stand und von anarchistischen Idealen inspiriert war. Ihr Hauptvertreter war Fabrizio De André, dessen Texte wahre Lyrik sind. Eine andere wichtige Schule ist die römische, die in den 60er und 70er Jahren traditionelle Volksmusik mit dem Musikstil eines Bob Dylan oder Leonhard Cohen kombinierte. Die Texte der römischen *Cantautori,* wie Francesco De Gregori, Antonelli Venditti, der überaus originelle Rino Gaetano, aber auch Claudio Baglioni und Riccardo Cocciante, waren weniger existentiell als die der Genueser, aber genauso aufmerksam sozialen Themen gegenüber. Darüber hinaus gab es die bolognesische Schule von Lucio Dalla und Francesco Guccini, die mailändische sowie die besonders traditionsreiche Schule des neapolitanischen Liedes.

Im Laufe der 70er Jahre beherrschten *cantautori* wie Lucio Battisti, De André, De Gregori und Guccini nicht nur die musikalische Szene Italiens. Sie waren regelrechte Ikonen der Unterhaltungsmusik sowie der musikalische Identität der Italiener. Im von heftigen sozialen Konflikten zerrissenen Italien erfreute sich das Genre des »Protestliedes« *(Canzone di protesta),* das streikenden Arbeitern und revoltierenden Studenten eine poetische Stimme verlieh, jahrelang einer sehr großen Popularität. Damals waren die Italiener auch empfänglich für die gelehrten und philosophischen Texte von Franco Battiato sowie für feinere, anspruchsvollere Klänge und Stile, beispielsweise mit Jazz- oder Swing-Einflüssen wie bei Paolo Conte oder Angelo Branduardi, die auch beide sehr populär in Deutschland sind. Sehr beliebt waren ebenfalls weibliche Stimmen, vor allem die von Patty Pravo und Mina. Letztere Sängerin erreichte in den

60er und 70er Jahren in Italien eine bis heute unübertroffene Popularität. In den 80ern öffnete sich die *Canzone italiana d'autore* neuen Tendenzen wie etwa dem Rock, dem Rap und sogar dem Ska und dem Punk.

Vasco Rossi begann seine außergewöhnliche Karriere als Rockstar mit italienischen Texten. Bis heute schafft er es immer wieder, in unvergesslichen Konzerten Tausende von Jugendlichen in den Fußballstadien Italiens zu versammeln. An Rockklängen orientierte sich auch die in Deutschland sehr populäre Gianna Nannini. In den 80ern hatte sein Debüt auch Eros Ramazzotti, der heute als eine der bekanntesten Popmusiker auf der ganzen Welt gilt. Seine Liebeslieder sind heute praktisch in fast jedem Kaufhaus Europas als Hintergrundmusik zu hören. Typisch für die 80er und 90er Jahre war das Kombinieren der Tradition der *Canzone italiana* mit besonderen und teilweise ungewöhnlichen internationalen Stilrichtungen wie etwa dem Soul (Zucchero), den lateinamerikanischen Rhythmen (Paolo Conte), der Fusion (Pino Daniele) oder der elektronischen Musik (Battiato). Auch durch das jährliche von den Italienern gleichermaßen geliebte wie gehasste Festival della canzone italiana im ligurischen Sanremo – ein Medienspektakel, das in der Regel in Februar über mehrere Abende live vom Staatsfernsehen RAI übertragen wird und als Bühne für neue Talente dient – genießt die Tradition der *Canzone italiana* bis heute trotz der Flut internationaler Musik eine ungebrochene Popularität. Künstler wie Jovanotti, Carmen Consoli, Elisa, Vinicio Capossela sind nicht nur zu Hause berühmt, sie sorgen auch auf musikalischem Gebiet dafür, dass *Made in Italy* weit über die Grenzen des Landes hinaus geschätzt wird.

Eine alltägliche Kunst: die Italiener und das Essen

Betrachtet man den Kunst- und Kulturreichtum Italiens von gestern und heute, darf man eine typische italienische Kunst nicht vergessen – die Kunst, die allen Italienern am meisten am Herzen liegt: Kochen, Essen, *l'arte del sapore,* die »Kunst des Geschmacks«. Die italienische Küche, seit Jahrhunderten eine der populärsten der Welt, ist ein Spiegel der heterogenen geographischen und historischen Verhältnisse des Mittelmeerlandes sowie der multiethnischen Prägung der Kultur Italiens. So wie auf fast allen kulturellen Gebieten hat auch in der Küche bzw. den Küchen der Halbinsel die jahrhundertelange Anwesenheit fremder Völker ihre Spuren hinterlassen. Von den alten Griechen über die Langobarden, Araber, Normannen bis hin zu den Österreichern, Franzosen und Spaniern haben alle Eroberer und Besatzer Italiens ihren Beitrag zum beinahe grenzenlosen Reichtum an regionalen Rezepten und Zubereitungsarten geleistet, aus der sich die italienische Kultur des *mangiar bene* zusammensetzt. Die italienische Kochkunst ist der beste Ausdruck des genießerischen Lebensgefühls, das die Italiener weltweit auszeichnet.

Vielleicht hat die Modernität Italien in gewisser Weise durcheinandergebracht. Die großen Probleme der italienischen Gesellschaft, die kulturelle und soziale Desorientierung der letzten Jahrzehnte, von der in diesem Buch ausgiebig berichtet wurde, all das kann als Produkt der heftigen Umbruchzeiten gesehen werden, die Italien im 20. Jahrhundert durchmachen musste. Im Mittelpunkt des modernen Lebens in der westlichen Welt stehen Werte wie Schnelligkeit und Unterordnung des Lebens unter die Rhythmen der Arbeit und der produktiven Effizienz. Dem westlichen Menschen wird nicht viel Zeit gelassen, um alltägliche Freuden des Lebens wie die Vorbereitung eines Mahls mit guten Zutaten zu genießen. Auch in Italien hat die amerikanische Fast-Food-Kultur Fuß gefasst, doch gerade auf diesem Gebiet haben sich die Italiener als zähe Widerständler erwiesen. Eine unleugbare und leicht erkennbare Tatsache für jeden, der sich auch nur für kurze Zeit in Italien aufhält oder mit Italienern in Berührung kommt, ist, dass die Italiener an der Speisetafel nicht nur die gute Laune, sondern sich selbst wiederfinden. Die Koch-, Ess- und Tafelkultur stellt heutzutage zweifellos das stärkste Identitätsmoment der *italianità* dar.

Italiener sind ein »esszentrisches« Volk. Allen Sorgen des täglichen Lebens zum Trotz verbringen Millionen Italiener jeden Tag einen guten Teil ihrer Zeit damit, darüber nachzudenken, was sie kochen wollen, was sie dafür brauchen, einzukaufen, die Speisen zuzubereiten und schließlich zu verzehren. Jedes italienische Mahl ist streng strukturiert und sieht mindestens zwei

Gänge vor. Sonst ist es kein Mahl. Dennoch würden die Italiener am liebsten, wenn sie die Möglichkeit dazu hätten, immer wie am Sonntag oder an Feiertagen und bei Festlichkeiten essen: zumindest ein *antipasto*, ein *primo*, in der Regel Pasta, ein *secondo*, Fleisch oder Fisch, und ein *contorno*, meistens Gemüse oder Kartoffeln, dann Käse, Obst, ein Dessert und zum Schluss Kaffee und *ammazzacaffé*, sprich: einen Likör, Grappa, Sambuca oder Derartiges. Das Ganze muss selbstverständlich von einem guten und passenden Wein begleitet werden. Bei Festessen, Hochzeiten, Erstkommunionen und sonstige Anlässen kann die Anzahl der Menügänge dermaßen erhöht werden, dass die Gäste bis zu acht Stunden lang an der Tafel sitzen. Mehrere Zigarettenpausen sind selbstverständlich gestattet. Je größer die Anzahl der Gänge, desto angenehmer ist das Essen und desto besser der Gastgeber.

An der Tafel können Italiener ihre Ironie und ihr Konversationstalent präsentieren. Am Esstisch versammelt sich die Familie vollzählig und wehe, jemand kommt zu spät oder gar nicht. Als ob das schon nicht genug wäre, ist das Essen auch eines der beliebtesten Gesprächsthemen zwischen Italienern. An jeder Straßenecke stößt man auf Menschen, die sich darüber unterhalten – manchmal sogar heftig debattieren –, was sie am vorigen Tag gegessen haben und was sie heute kochen und auch noch, was sie am nächsten Tag oder demnächst zu sich nehmen und wie sie es zubereiten werden. Italiener tauschen ständig Rezepte und Kochtipps aus, manchmal gelten diese als wertvollste Geheimnisse. Der Höhepunkt sind dann Konversationen beim Essen über das Essen. Nur um den Genuss zu steigern.

Im Lauf der letzten Jahrzehnte hat die italienische Küche buchstäblich die Welt erobert. Köstlichkeiten wie etwa *pesto, mozzarella, gorgonzola, sugo alla bolognese*, um hier nur wenige zu erwähnen, sowie die zahlreichen Weinsorten sind die populärsten und willkommensten Botschafter Italiens im Ausland. Dank seiner Küche – und nicht zuletzt durch die Emigranten, die egal wo auf der Welt in der Gastronomie immer eine Wirtschaftsnische zum Überleben gefunden haben – ist Italien so gut wie allgegenwärtig geworden. Mittlerweile findet man ein bisschen Italien in fast jeder Stadt, in Deutschland genauso wie in Australien oder Japan.

Das Geheimnis des außerordentlichen internationalen Erfolgs der italienischen Kochkunst, vom billigen Eckitaliener bis zum teuersten und schicksten Edelitaliener, liegt in der relativen und scheinbaren Einfachheit der Rezepte. Die Betonung liegt auf relativ. Praktisch alle Italiener wissen, dass Kochen eine feine Kunst ist – ebenso wie glücklich leben lernen. Insofern sind alle Italiener kleine Künstler. Egal ob Mann oder Frau, jeder lernt in Italien schon als Kind den Stellenwert des Essens im Leben sowie den Umgang mit Kochherd und Ofen kennen. Die meisten lernen direkt von der Mutter oder Großmutter kochen. Die mündliche Überlieferung von Rezepten und Zubereitungsarten ist für die italienische Kultur so zentral wie für die Märchen und Volkssagen im Mittelalter. Heutzutage gibt es auch eine beachtliche Produktion von Kochbüchern, die reichlich gekauft und gern verschenkt werden. Doch wenn man sich ein italienisches Kochbuch näher anschaut, begreift man sofort, dass die Autoren solcher Werke prinzipiell davon ausgehen, dass ihre Leser keine Ahnungslosen oder Anfänger der Kochkunst sind. Sind die Anweisungen in englisch- oder deutschsprachigen Kochführern meist sehr genau und exakt, so gilt das für italienische Kochbücher nicht. Man verwendet recht poetisch klingende, für Kochlaien durchaus geheimnisvolle Ausdrücke, wie etwa *un pizzico di pepe* (eine Prise Pfeffer), *una manciata di sale* (eine Handvoll Salz), *una spruzzata di balsamico* (einen Spritzer Balsamico-Essig), *una spolverata di zucchero a velo* (mit Puderzucker bestreuen); Anweisungen, die nur einer erfolgreich befolgen kann, der seit seiner frühesten Kindheit den Eltern oder Großeltern am Herd zugeguckt hat und mit gewissen Gesten vertraut ist.

Die italienische Küche ist eine wahrhaft wundersame Kombination zweier wesentlicher kultureller Erkennungsmerkmale aller Italiener, unabhängig von ihrer geographischen oder sozialen Herkunft: Tradition und Phantasie. In Italien stehen diese nicht in einem Gegensatz zueinander. Einerseits halten sich Italiener sehr gewissenhaft an die von Generation zu Generation überlieferten Rezepte, andererseits sind sie auch ausgesprochen experimentierfreudig beim Kombinieren von Zutaten und erfinden stets neue Soßen oder ganze Gerichte. Kreativität und Phantasie sind zwar dabei angesagt, man darf allerdings bestimmte

Grenzen nicht überschreiten. Es gibt Speisen, Gewürze, Produkte, die mit anderen auf keinen Fall vermischt werden dürfen usw. Man erfindet nicht in völliger Freiheit, sondern unter Beachtung einiger Prinzipien. Eine eingeschränkte, gefesselte Phantasie? Man sollte das lieber so formulieren: Kreativität im Rahmen eines Wissens über Geschmack und Aromabildung, das über Jahrhunderte entstanden ist. Diese seltsame Kombination von Tradition und Kreativität überrascht umso mehr, wenn man sich die einfachen Hauptkomponenten der italienischen Küche(n) vor Augen hält: frisches Obst und Gemüse, Olivenöl, Knoblauch, Gewürze und Fisch. In einem Wort: Die italienische Kochkultur entspricht im Großen und Ganzem einem Ernährungsmodell, das sich in den letzten Jahrzehnten in Europa sehr erfolgreich als Gegenstück zur US-amerikanischen Ernährungskultur verbreitet hat: dem Modell der Mittelmeerdiät.

Als Vater der mediterranen Ernährung gilt der Genueser Lorenzo Piroddi. Schon 1939 entdeckte der Arzt den Zusammenhang zwischen Ernährung und Häufigkeit von Gefäßerkrankungen und Fettsucht. In der Folge konzipierte Piroddi das Modell einer gesunden, ausgewogenen, als Dauerernährung geeigneten Mischkost mit geringem Anteil an gesättigten Fetten (Butter, Schweineschmalz, Milchprodukten, rotes Fleisch). Piroddis Theorien wurden vom amerikanischen Physiologen Ancel Keys, im Zweiten Weltkrieg als Ernährungsarzt für die US-Army tätig, bestätigt und weiterentwickelt. Nach dem Krieg ließ sich Keys in Pioppi, einem Dorf in der kampanischen Provinz Salerno, nieder. Dort begann er an seiner später berühmt gewordenen »Sieben-Länder-Studie« zu arbeiten, eine wissenschaftliche Untersuchung, bei der die Ernährungsmodelle von rund 12 000 Menschen im Alter zwischen 40 und 59 Jahren in sieben unterschiedlichen Ländern (Finnland, die Niederlande, Griechenland, Italien, Jugoslawien, Japan und USA) unter die Lupe genommen und miteinander verglichen wurden. Dabei wurde die Häufigkeit von Gefäß- und Krebserkrankungen untersucht. Die Ergebnisse, die Keys in einer Reihe von Publikationen, unter anderem in dem Buch *Eat well and stay well, the Mediterranean way* öffentlich machte, waren einleuchtend: Die Sterblichkeitsrate aufgrund von Herzerkrankungen war deutlich niedriger bei Mittelmeervölkern. Ancel Keys setzte seine Untersuchungen vorwiegend in Süditalien fort, wo er über 40 Jahre lang lebte. Er selber wurde 100 Jahre alt – der beste Beweis für die Richtigkeit seiner Erkenntnisse. 2004 verlieh ihm der italienische Staat eine offizielle Auszeichnung für seine Verdienste auf dem Gebiet der öffentlichen Gesundheit. 2008 haben die Ministerien für Landwirtschaft, Fischerei und Ernährung von Spanien und Italien die mediterrane Diät als Kandidaten für die Aufnahme in die Liste des UNESCO-Welterbes präsentiert: Die Mittelmeerdiät als immatrielles »Kulturerbe der Menschheit«.

Die Verbreitung des mediterranen Ernährungsmodells außerhalb der Mittelmeerländer ist eine Sache der 90er Jahre, als die westliche Kultur damit begann, Widerstand gegen die angelsächsischen Ernährungsgewohnheiten zu leisten, die sich in den Jahren des Wirtschaftsbooms nach dem Zweiten Weltkrieg weltweit verbreitet hatten. Coca Cola und Hamburger haben auch in Italien ihren Einzug gehalten, Erdnussbutter oder Cornflakes zum Frühstück hatten aber weit weniger Erfolg. Seit den 80ern hat das Interesse vieler Italiener für die einheimischen gastronomischen Traditionen sowie für Weinkunde zugenommen.

Zahllose Verbände sind entstanden, die sich für die Wiederentdeckung sowie für die Rettung untergehender regionaler Kochkulturen in Italien einsetzen. 1986 wurde im piemontesischen Bra die Non-Profit-Organisation Arcigola gegründet, aus der kurz darauf die Slow-Food-Bewegung entstand. Ziel dieser Organisation ist die Förderung einer Esskultur, die das Essen und Trinken als eine wichtige Lebensfreude und -quelle betrachtet. Als Antwort auf die Verbreitung der Fast-Food-Kultur sowie insgesamt auf die Beschleunigung des modernen Lebens entwickelte sich die Slow-Food-Bewegung rasch zu einem internationalen Netzwerk, das weltweit die unterschiedlichen lokalen landwirtschaftlichen und gastronomischen Traditionen dokumentiert, schützt und fördert. Im Mittelpunkt des Manifests der Bewegung, das Ziele wie den Erhalt der Biodiversität und das Recht aller Völker auf »Konsumsouveränität« propagiert und Widerstand gegen Geschmackshomologisierung und Genmanipulation fordert, steht die Idee, ja das Bewusstsein, dass Ernährung und Genuss nicht nur eine Lebensnotwendigkeit und eine Lebensfreude sind, sondern auch ein politischer Akt.

Bevor jede Speise serviert ist, sind politische Entscheidungen getroffen worden – auf Feldern, Fischerbooten sowie in Sitzungsräumen von Ministerien. Was dieses Bewusstsein angeht, gehört Italien, zumindest auf diesem Gebiet, zur Avantgarde in der Welt.

Anhang

Literaturverzeichnis und Lesetipps

Borker-Delcarlo, O.: Italien für Anfänger, Lohmar (Millin) 2007.

Brütting, R. (Hg.): Italien-Lexikon. Schlüsselbegriffe zu Geschichte, Gesellschaft, Wirtschaft, Politik, Justiz, Gesundheitswesen, Verkehr, Presse, Rundfunk, Kultur und Bildungswesen, Berlin (Erich Schmidt) 1997.

Camilleri, A./Wagenbach K. (Hg.): Italienische Verhältnisse, Berlin (Wagenbach) 2005.

Dickie J.: Cosa Nostra: Die Geschichte der Mafia, Frankfurt/M. (Fischer) 2007.

Dickie J.: Delizia! Die Italiener und ihre Küche. Geschichte einer Leidenschaft, Frankfurt/M. (Fischer) 2009.

Doran, P./Werner, U.: Der Tag, an dem der Italiener in mir erwachte, München (Bastei Lübbe) 2006.

Ganser, D.: Nato-Geheimarmeen in Europa: Inszenierter Terror und verdeckte Kriegsführung, Zürich (Orell Füssli) 2008.

Gavazzi, F.: Lobby d'Italia, Mailand (BUR) 2005.

Ginsborg, P.: A History of Contemporary Italy: Society and Politics 1943–1988, New York (Penguin History) 1991.

Ginsborg, P.: Berlusconi, Berlin (Wagenbach) 2005.

Große, E. U./Trautmann G.: Italien verstehen, Darmstadt (Primus) 1997.

Harrison, C./Burkhardt, C.: Siesta italiana: Meine neue italienische Familie, München (Goldmann) 2008.

Hausmann, F.: Die Deutschen und ihre Nachbarn: Italien, München (C.H. Beck) 2009.

Hausmann, F.: Garibaldi. Die Geschichte eines Abenteurers, der Italien zur Einheit verhalf, Berlin (Wagenbach) 2005.

Hausmann, F.: Kleine Geschichte Italiens: Von 1943 bis zur Ära nach Berlusconi, Berlin (Wagenbach) 2006.

Igel, R.: Terrorjahre: Die dunkle Seite der CIA in Italien, München (Herbig) 2006.

Klüver, H.: Gebrauchsanweisung für Italien, München (Piper) 2008.

Köppl, S.: Das politische System Italiens. Eine Einführung, Wiesbaden (Verlag für Sozialwissenschaften) 2007.

La Palombara, J.: Die Italiener oder Demokratie als Lebenskunst, München (Heyne) 1992.

Lodato, S./Scarpinato, R.: Il ritorno del Principe, Mailand (Chiarelettere) 2008.

Lupo, S.: Die Geschichte der Mafia, Düsseldorf (Patmos) 2005.

Maiwald, S.: Laura, Leo, Luca und ich: Wie man in einer italienischen Familie überlebt, München (dtv) 2007.

Malerba, L.: Das nachdenkliche Mafia-Huhn, in: Malerba, L.: Die nachdenklichen Hühner, Berlin (Wagenbach) 1984 (NA 2009).

Pellegrino, G./Fasanella, G.: La guerra civile italiana, Mailand (BUR) 2005.

Petersen, J.: Quo vadis, Italia? Ein Staat in der Krise, München (C.H. Beck) 2008.

Reinhardt, V.: Geschichte Italiens. Von der Spätantike bis zur Gegenwart, München (C.H. Beck) 2003.

Saviano, R.: Gomorrha: Reise in das Reich der Camorra, München (dtv) 2009.

Schönau, B.: Calcio: Die Italiener und ihr Fußball, Köln (Kiepenheuer & Witsch) 2005.

Schönau, B.: Gebrauchsanweisung für Rom, München (Piper) 2010.

Severgnini, B./Genzler, B.: Überleben in Italien: ... ohne verheiratet, überfahren oder verhaftet zu werden, München (Karl Blessing) 2007.

Sirokay, M.: Leben und arbeiten in Italien, Bonn (Interna Aktuell) 2008.

Stille, A.: Citizen Berlusconi, München (C.H. Beck) 2006.

Stille, A.: Die Richter. Der Tod, die Mafia und die italienische Republik, Frankfurt/M. (Fischer) 1999.

Turi, R.: Gladio Rossa. Una catena di complotti e delitti, dal dopoguerra al caso Moro, Venedig (Marsilio) 2004.

Nützliche Informationen

Allgemein

http://de.wikipedia.org/wiki/Portal:Italien
Nationales Institut für Statistik: http://www.istat.it
http://www.italien.info
http://www.mein-italien.info
http://www.italien.com
http://www.lacucinaitaliana.it

Botschaften
Italienische Botschaft in Berlin: http://www.ambberlino.esteri.it
Italienisches Konsulat in Bern: http://www.consberna.esteri.it
Italienische Botschaft in Österreich: http://www.ambvienna.esteri.it

Anmeldung, Rechte und Pflichten für ausländische Staatsbürger
Innenministerium: http://www.interno.it
Außenministerium: http://www.esteri.it

Kreditinstitute
http://www.bancaditalia.it
http://www.poste.it
http://www.unicreditgroup.eu/en/home.htm
http://www.intesasanpaolo.com

Wohnungs-/Immobiliensuche
http://www.immowelt.de
http://www.casa.it
http://www.casaclick.it

Tourismus
http://www.italia.it/de/home.html
Italienische Zentrale für Tourismus in Deutschland:
http://www.enit-italia.de
http://www.comuni-italiani.it
http://www.comune.roma.it/was/wps/portal/pcr
http://www.comune.napoli.it/home
http://www.comune.torino.it
http://www.comune.milano.it/portale/wps/portal/CDMHome

http://www.regione.sicilia.it/
http://www.regione.lombardia.it/
http://www.regione.toscana.it/
http://www.comune.fi.it/home.htm
http://www.regione.campania.it

Fluggesellschaften
http://www.blu-express.com
http://www.clubair.it/
http://www.meridiana.it/de/index.aspx
http://www.volawindjet.it/
http://www.alitalia.com

Züge und Autobahnen
http://trenitalia.it/
http://www.autostrade.it/

Wirtschaft und Arbeit

Italienischer Industrieverband: http://www.confindustria.it
Größte italienische Gewerkschaft: http://www.cgil.it
Staatliche und private Arbeitsagenturen:
 http://www.cerco-lavoro.info/lavoro/ufficio-collocamento.html
 http://www.avantjob.it/agenzie_lavoro.asp
 http://www.linklavoro.it/Agenzie_interinali.asp
Staatliche Krankenversicherung: http://www.ministerosalute.it
Sozialversicherung: http://www.inps.it
Steuerbehörde: http://www.agenziaentrate.gov.it

Kultur

Bücher ausleihen
Zentralverzeichnis der italienischen Bibliotheken:
 http://opac.sbn.it/opacsbn/opac/iccu/base.jsp

Bücher kaufen
Buchhandelskette Feltrinelli:
 http://www.lafeltrinelli.it/fcom/it/home.html
Ein italienisches »Amazon«: http://www.unilibro.it

Größte Verlage
http://www.feltrinellieditore.it/
http://www.mondadori.it/

Museen
http://www.museionline.it/
http://www.musei.it/
http://www.museitaliani.org/
http://www.museicapitolini.org/
http://www.uffizi.com/

Tageszeitungen
http://www.repubblica.it
http://www.lastampa.it
http://www.corriere.it
http://www.gazzetta.it
http://www.ilsole24ore.com

Studieren und Forschen

Homepage des Ministeriums für Schule, Universität und Forschung: http://www.miur.it
Allgemein über Forschung und Universitätswahl: http://www.ricercaitaliana.it/scuole_eccellenza.htm

Universität Neapel »Federico II«: http://www.unina.it
Universität Neapel »L'Orientale«: http://www.unior.it
Universität Rom »La Sapienza«: http://www.uniroma1.it
Universität IUAV von Venedig: http://www.iuav.it
Universität Venedig »Ca'Foscari«: http://www.unive.it
Universität Trient: http://portale.unitn.it/ateneo/
Technische Universität Mailand (Politecnico): http://www.polimi.it
Technische Universität Turin (Politecnico): http://www.polito.it
Freie Universität Bozen: http://www.unibz.it
Universität Mailand »Bocconi«: http://www.unibocconi.it
Katholische Universität Mailand: http://www.unicattolica.it
Hochschule »Normale« von Pisa: http://www.sns.it
Galileo-Hochschule von Padua (Scuola galileiana): http://www.scuolagalileiana.unipd.it
Internationale Hochschule für Fortgeschrittene Studien von Triest: http://www.sissa.it

Hochschule IUSS von Pavia: http://www.iusspavia.it
Universität Bologna: http://www.unibo.it
Universität Florenz: http://www.unifi.it
Universität Palermo: http://portale.unipa.it
Gregorianisch-Päpstliche Universität (Università gregoriana pontificia): http://www.unigre.it
Europe Business School ESCP von Turin: http://www.escpeurope.eu
European University Institute von Florenz: http://www.eui.eu
Päpstliche Universität »Tomas von Aquin« von Rom: http://www.angelicum.org
Internationale Hochschule für Theoretische Physik von Triest: http://www.ictp.it/
Ausländer-Universität Perugia: http://www.unistrapg.it
Ausländer-Universität Siena: http://www.unistrasi.it

Abbildungsnachweis

Ulf Buschmann: hintere Klappe
imago/Anan Sesa: vordere Klappe unten
imago/imagebroker: vordere Klappe oben
Christopher Volle: Karte S. 7

Basisdaten Italien (2010)

Fläche: 301 338 km²

Einwohner: 60 054 000

Bevölkerungsdichte: 199,3 Einwohner pro km²

Religion: Überwiegend römisch-katholisch, außerdem über 1 Mio. Muslime, rund 120 000 Buddhisten, rund 50 000 Protestanten, rund 40 000 Juden

Staatsform / Regierungsform: Republik, parlamentarische Demokratie mit Zweikammersystem

Verwaltungsstruktur: 20 Regionen (davon fünf mit besonderen Formen der Autonomie: Sizilien, Sardinien, Trentino-Südtirol, Friaul-Julisch Venetien, Aosta-Tal), die sich jeweils in Provinzen und Gemeinden gliedern

Staatsoberhaupt: Presidente della Repubblica

Regierungschef: Presidente del Consiglio

Parlament: Camera dei deputati (630 Mitglieder), Senato della Repubblica (315 Mitglieder)

Hauptstadt: Rom, 2 718 000 Einwohner

Nationalfeiertage: 25. April – Tag der Befreiung, 2. Juni – Tag der Republik

Amtssprache: Italienisch

Regionale Amtssprachen: Deutsch, Französisch, Ladinisch, Slowenisch

Italiener im Ausland: 3,6 Mio.

Staaten mit den meisten italienischen Staatsangehörigen: Deutschland 580 000, Argentinien 525 000, Schweiz 500 000, Frankreich 350 000

Bruttoinlandsprodukt: 1572,2 Mrd. Euro (2008)

Größte Städte: Rom (2,7 Mio. Einwohner), Mailand (1,3 Mio.), Neapel (970 000), Turin (908 000), Palermo (660 000), Genua (610 000), Bologna (370 000), Florenz (364 000)

Höchster Berg: Monte Bianco di Courmayeur, 4748 m

Wichtigste Flüsse: Po, Etsch, Arno, Tiber

Quellen: www.auswaertiges-amt.de; www.interno.it; Fischer Weltalmanach 2010.